徹底比較
日本語文法と英文法

畠山雄二 編

平田一郎　寺田　寛　岸本秀樹
本田謙介　田中江扶　今仁生美

くろしお出版

目　次

まえがき vii

第Ⅰ部　文の基本要素：文の骨格

第1章　動詞と助動詞 3
1　助動詞と動詞の語順　〜みんなに褒められるだろう〜 4
2　動詞／形容詞と助動詞の間　〜無いものは見えないよ〜 6
3　スルとアル　〜若くもあり，よく食べもする〜 8
4　認識の助動詞　〜誤りもありぬべし〜 10
5　助動詞の過去形　〜助けることもできるけど〜 12
6　動詞の意味を補完する名詞　〜雪が降り，ときどき吹雪くでしょう〜 14
7　名詞由来の動詞　〜もうググってみた？〜 16
8　自動詞と他動詞の交替　〜なぜばなる〜 18
9　動詞の使い分け〜ねえ，見て，ほらね〜 20
10　軽動詞　〜結婚をする〜 22
　　おすすめの本と論文 24

第2章　名詞と代名詞 27
1　可算名詞と冠詞　〜3匹の侍〜 28
2　不可算名詞と冠詞　〜1つの証拠〜 30
3　名詞を限定する要素　〜あの私の車 vs. 私のあの車〜 32
4　名詞の特定性　〜3人の赤ん坊 vs. 赤ん坊3人〜 34
5　名詞化　〜患者の検査〜 36
6　再帰代名詞　〜もし患者が自分自身だったら〜 38
7　相互代名詞　〜困ったときはお互いさま〜 40
8　名詞句内部の代用形　〜いつものを頼むよ〜 42
9　空主語代名詞　〜タバコを吸うのは健康に悪い〜 44
10　束縛代名詞と指示表現　〜明日は明日の風が吹く〜 46
　　おすすめの本と論文 48

第3章　格助詞と形容詞 51
1　場所格交替　〜本棚(の本)を片づける〜 52
2　場所の主語化　〜ここからは山がよく見える〜 54
3　二重目的語動詞の受け身　〜与えられるものは何？〜 56

4	心理述語の形式 〜彼の行動が僕を驚かせた〜	58
5	「教える」の交替 〜いったい何が教えられる？〜	60
6	状態性の度合い 〜「背が高い」と「不機嫌だ」〜	62
7	否定接辞の品詞転換 〜「意味」と「無意味」〜	64
8	分離不可能所有 〜彼女は長い足をしている〜	66
9	動作を表す形容詞 〜太郎が忙しくしている〜	68
10	結果述語 〜花瓶が粉々に壊れる〜	70
	おすすめの本と論文	72

第Ⅱ部　文の補助要素：文の筋肉

第4章　時制と相 ... 77

1	現在形 〜映画を見る〜	78
2	過去形 〜映画を見た〜	80
3	アスペクト 〜結婚している〜	82
4	名詞修飾節内のテンス 〜美しかった妻〜	84
5	時制と主格 〜ドラえもんがどら焼きを食べた〜	86
6	現在完了形 〜アメリカに行ったことがある〜	88
7	過去完了形 〜手紙を書いていた〜	90
8	仮定法の時制 〜晴れれば，出かけている〜	92
9	アスペクトとムード 〜明日は，予定が入っていた〜	94
10	テンスと事実 〜単語を覚えさせられていた〜	96
	おすすめの本と論文	98

第5章　疑問詞と副詞，そして終助詞 ... 101

1	疑問詞 〜誰か来たけど誰が来たの〜	102
2	こそあどの「ど」〜そこ，どこ？〜	104
3	疑問詞疑問文 〜優子は誰と結婚したの〜	106
4	wh疑問文の成立 〜美咲は何を食べたと思いますか〜	108
5	譲歩節 〜何が起こっても〜	110
6	カラ節・if節の曖昧性 〜来てから，来たから〜	112
7	「まで」とuntilの否定 〜10時まで寝なかった〜	114
8	理由節と否定 〜金持ちだから結婚しない〜	116
9	疑問・命令の終助詞 〜見たの？　見ろ！〜	118
10	語順が厳しく制限される品詞 〜見たわね，見たわよ〜	120
	おすすめの本と論文	122

第6章　態と否定 ... 125
1. 英語にない受動態　〜赤ん坊に泣かれた〜 ... 126
2. 動詞の形容詞的用法　〜尖った耳〜 ... 128
3. 状態受動　〜鍵が壊れている〜 ... 130
4. 非能格動詞と非対格動詞　〜水が凍った〜 ... 132
5. 被害や恩恵のニュアンス　〜動物園に連れて行かれた〜 ... 134
6. 否定と連言　〜カエルもヘビも飼っていない〜 ... 136
7. 否定と選言　〜トマトかイチジクが野菜ではない〜 ... 138
8. 否定の位置　〜太郎は何も食べなかった〜 ... 140
9. 準否定　〜東京にはめったに行かない〜 ... 142
10. 否定極性　〜富士山はとても美しくない〜 ... 144

　　おすすめの本と論文 ... 146

第Ⅲ部　構文から見た日本語文法と英文法

第7章　単文レベルの構文 ... 151
1. 単文の成立条件　〜太郎が泣き，次郎が笑う〜 ... 152
2. 単文の成立要件としての述語　〜若く，丈夫で，よく働く〜 ... 154
3. 単文の重なり　〜太郎は泣いたが，次郎は笑った〜 ... 156
4. 省略のある構文　〜食べてみてよ〜 ... 158
5. 単文と複文の狭間の分詞構文　〜そうはいっても，幸せだ〜 ... 160
6. 尊敬と丁寧を表す構文　〜ご紹介致します〜 ... 162
7. 命令文と文法制約　〜少年よ，大志を抱け〜 ... 164
8. 付加疑問文　〜泣いたのではないですか？〜 ... 166
9. 存在文　〜庭にたくさんの犬がいる〜 ... 168
10. 状態述語と様態の副詞　〜いっしょにいると幸せだね〜 ... 170

　　おすすめの本と論文 ... 172

第8章　複文レベルの構文 ... 175
1. 例外的格標示　〜彼をバカだと思う〜 ... 176
2. 話題化文　〜あの人は去った〜 ... 178
3. 叙実動詞　〜彼はそのことを悔やんだ〜 ... 180
4. 上昇構文　〜あの人が走っている〜 ... 182
5. コントロール構文　〜下級生がアイスを買ってもらった〜 ... 184
6. 総称的解釈　〜朝早く起きることはいいことだ〜 ... 186
7. 難易構文　〜この辞書が一番使いやすい〜 ... 188
8. 縮約　〜今日もあの人は走ってる〜 ... 190

	9 認識構文 〜あの子がかしこく思える〜	192
	10 使役構文 〜母親が子供に本を読ませた〜	194
	おすすめの本と論文	196

第9章　関係節と関連構文 …………………………………………199

1	関係節化 〜先生が本をあげた学生〜	200
2	付加詞の関係節構文 〜ケーキを切ったナイフ〜	202
3	主要部削除型関係節構文 〜アイスが冷凍庫にあるの〜	204
4	条件節の隠れた関係節構文 〜やせる薬〜	206
5	非制限的用法 〜笑顔がステキな上戸彩〜	208
6	曖昧な関係節構文 〜太郎が壊した家の窓〜	210
7	複合関係詞 〜好きな人は誰でも〜	212
8	縮約関係節 〜カナダからの手紙〜	214
9	強調構文 〜送ったのは昨日だ〜	216
10	関係節と同格節 〜優介が爆笑した話〜	218
	おすすめの本と論文	220

第10章　日英語構文のミスマッチ ………………………………223

1	存在と出現 〜このビルの2階には高齢者が働いている〜	224
2	存在と所有 〜誠也はタバコを手に街を歩いた〜	226
3	数量詞の位置と種類 〜学生が部屋に3人入ってきた〜	228
4	擬似目的語 〜遥菜はきれいな目をしている〜	230
5	「純粋な」二重目的語 〜航太は友香の成功を羨んだ〜	232
6	能動文と受動文の中間の文 〜窓が開けてある〜	234
7	極性表現 〜リンゴなんか食べない〜	236
8	全文否定と部分否定 〜桃子のように英語ができない〜	238
9	全体解釈と部分解釈 〜ゴミ箱がいっぱいだ〜	240
10	順次解釈と同時解釈 〜酒を飲んで運転した〜	242
	おすすめの本と論文	244

参考文献 …………………………………………………………………247
あとがき …………………………………………………………………255

まえがき

　英語ができるようになるにはあれこれいろいろしないといけない。「あれ」のなかには単語を覚えることが，そして「これ」のなかには文法を学ぶことが含まれる。単語力があっても文法力がなければ（なんとなく書いてあることがわかるにしても）正確かつ精確な読みはできないし，それに誤解のないまともな文を書くことはできない。また，文法力があっても単語力がなければ，たとえ文法的には正しくてもチーチーパッパのレベルの文しか書けない。このことからわかるように，というか普通に考えれば誰でもわかるように，ああだこうだいっても，英語をそれなりに極めようと思ったら，単語力と文法力の２つの力は絶対に軽視することができない。が，どういうわけか，単語力の強化はよく叫ばれるものの，ここ10年ぐらい，文法力を軽視する動きというか文法力をバカにする動きがかなりある。というか，日増しにこの傾向が強くなってきているともいえる。ちなみに，文法力をバカにしている人のほとんどが文法嫌いの人だったりする。

　英文法が軽視されるのはロジカルに考えてまったく理解できないが，英文法が毛嫌いされるのは，感情レベルで考えると，それなりに理解できたりする。というのも，英文法オタクというか文法フェチといった特殊な嗜好性をもつ人ならばともかく，そうでない一般的な人にとっては，英文法（というか総じて文法）というものは至極つまらないものであるからだ。でも，だからといって，英文法からずっと逃げ続けていると，しまいには英語の方があなたから逃げていってしまう。そうならないためにも，たとえ毛嫌いする相手ではあっても，英文法に自分の方から積極的に近づいて（そしてできたら攻めて）いった方がよい。では，どのようにして英文法にアプローチしていったらいいのだろうか。そして，教員は生徒や学生にどう英文法を教えてやったらいいのだろうか。

　英文法をいきなり教え，英語という言語がどういった言語かダイレクトに教えてやるのもいいであろう。というか，英文法を教えるといった場合，普通，この教え方がとられる。が，これまでの英語教育の成果というか効果からもわかるように，これがうまくいっていないのである。そうであれば，押してダメなら引いてみろではないが，英文法をダイレクトに教えるのではなく，インダイレクトに教えてやるのもひとつの手だ。つまり，「何か」を間に挟んだ形で英

文法を教えてやるのである。では，何を間に挟んでやったらいいのだろうか。そう，勘のいい人ならもうわかるかと思うが，日本語文法なのである。日本語文法と英文法には，似ているところがあれば（表面的には）似ても似つかないところもある。そこで，まずは，日本語の文法の特徴をしっかり教えてやった上で，日本語と英語の類似点と相違点を指摘してやりながら，英文法の本質を教えてやるのである。

　2つの言語の文法を比べながら外国語をマスターするこのやり方 ── 実は，これはもう，皆さんは既に経験済みのことかと思う。勘のいい人ならもうお気づきかと思うが，第二外国語を学んでいるとき，まさにこの学習方法を知らず知らずのうちにやっていたのだ。たとえば，ドイツ語や中国語を勉強しているとき，「あっ，これは英語と似ているけどあの部分は日本語と似ているな」と思いながらドイツ語や中国語を勉強していたのではなかろうか。そして，他の言語との類似点や相違点に気づいたとき，一気に，そして速度を増して，外国語の学習がスムースに進み始めたのではなかろうか。

　同じことが英作文の勉強というか指導にもいえる。たとえば，「太郎は肉を生で食べた」や「太郎は素っ裸でジョギングした」といった文を訳す場合，はたして，皆さんはどう作文するであろうか。「肉を生で」や「素っ裸で」が状況を表しているからといって，付帯状況のwithでも使って書くだろうか。あるいは，1文に命題が2つあるからといって，分詞構文や従属節を使って書くだろうか。もちろん，そのようにして書いてもかまわないし，そしてそのようにして書けないこともないが，でもそうしてしまうと，元の日本語のニュアンスがビミョーに違ってきてしまうのだ。では，どう書いたらいいのだろうか……。

　実際にどう書いたらいいのかについては，『くらべてわかる英文法』（くろしお出版）や『ことばの仕組みから学ぶ 和文英訳のコツ』（開拓社）を参照してもらいたいのだが，大事なのは，和文英訳をするにしても，日本語のしくみというか日本語の文法をそれなりに知っていないとこなれた訳をすることができないということだ。つまり，本物の英語力をつけるためには，実は，日本語文法の知識がどうしても必要になってくるのだ。これは和文英訳だけにいえることではなく，英文和訳についてもいえることである。というのも，ある英文を日本語に訳すなり解釈するにあたっては，日本語文法の知識なしには正確な訳をつくることも正しい解釈をすることも実はできないからだ。これらのことからわかるように，英語力つまり英文法の力をビルドアップしようと思ったら，意外に思うかもしれないが，日本語文法の知識をどうしても身につける必要があ

るのだ．ハッキリいってしまうと，日本語文法の知識のない英文法の知識というのは使えない知識である．

　これでもうおわかりかと思うが，英文法を攻略するためには，まずは日本語文法をしっかりおさえ，それから英文法をマスターしていくに限るのだ．つまり，まずは日本語がどういった言語であるのかを知り，そして日本語との類似点や相違点を意識しながら英文法を学んでいくのだ．これが，実は，英文法への正しいアプローチであり英文法を攻め落とす正攻法でもあるのだ．

　さて，本書はこのような考えのもとにつくられたのであるが，本書を見ていただけるとわかるように，本書は1つの(英)文法の項目を見開き2ページで紹介している．また，上で紹介した英語教育観のもと，左ページには日本語文法の解説を，そして右ページには，その日本語文法の解説を踏まえた上で，英文法の解説を行っている．さらに，右ページの上ではポイントとなるところをコンパクトにまとめている．つまり，たった見開き2ページの項目を読むだけで，英文法はもとより日本語文法もマスターでき，しかも「文法とは何か」そして「言語とは何か」といった深遠な問いに対しても答えが得られるようになっている．

　本書は，これまでにない新しいタイプの英文法の本である．文法に抵抗がある人は，本書をきっかけに，少しでも文法を身近なものに感じてもらえたらと思う．また，英文法を毛嫌いしている人は，本書をきっかけに，英文法アレルギーが少しでも緩和されればとも思っている．さらに，文法ならびに英文法が好きで好きでたまらない人は，本書をきっかけに，文法オタクのレベルをさらにアップしてもらえたらとも思っている．

　読者諸氏の健闘を祈る．

平成28年春
畠山　雄二

第 I 部

文の基本要素：
文の骨格

動詞と助動詞

```
1  助動詞と動詞の語順 〜みんなに褒められるだろう〜
2  動詞／形容詞と助動詞の間 〜無いものは見えないよ〜
3  スルとアル 〜若くもあり，よく食べもする〜
4  認識の助動詞 〜誤りもありぬべし〜
5  助動詞の過去形 〜助けることもできるけど〜
6  動詞の意味を補完する名詞 〜雪が降り，ときどき吹雪くでしょう〜
7  名詞由来の動詞 〜もうググってみた？〜
8  自動詞と他動詞の交替 〜なせばなる〜
9  動詞の使い分け〜ねえ，見て，ほらね〜
10 軽動詞 〜結婚をする〜
```

第1章　動詞と助動詞

1 　助動詞と動詞の語順 〜みんなに褒められるだろう〜

> 日本語の場合

日本語の文には必ず動詞（か形容詞か形容動詞か名詞＋断定の助動詞「だ」）が1つ必要である。

(1) 　みんなが太郎を褒める。
(2) 　太郎がリンゴを食べる。
(3) 　太郎が花子に手紙を送る。

これらに加え，**動詞に意味を追加する目的で使われるのが助動詞**である。日本語の助動詞には受け身を表す「れる・られる」，希望を表す「たがる」，推量を表す「だろう」などがあり，これらが用いられると(1)-(3)の文は(4)-(6)のようになる（(1)は受動態の文に書き換えている）。

(4) 　太郎がみんなに褒められる。　　　　　　　　（褒める＋<u>られる</u>）
(5) 　太郎がリンゴを食べたがる。　　　　　　　　（食べる＋<u>たがる</u>）
(6) 　太郎が花子に手紙を送るだろう。　　　　　　（送る＋<u>だろう</u>）

それぞれの例からわかるように，助動詞は単に必要に応じて使われるというだけではなく，**必ず動詞の後ろにくる。**
　また，動詞の場合には1つの述部に1つの動詞しか用いることはできないが，助動詞の場合（まったく無制限にいくつも組み合わせて使うことができるわけではないにせよ），**1つの述部に複数の助動詞を用いることができる。**

(7) 　太郎が褒められるだろう。　　　　　（褒める＋られる＋だろう）
(8) 　太郎がリンゴを食べたがるだろう。　（食べる＋たがる＋だろう）

(7)では受け身の「られる」と推量の「だろう」が，(8)では希望の「たがる」と推量の「だろう」が，同じ述部の中で用いられている。

> 日本語でも英語でも，動詞に意味を追加する目的で用いられるのが助動詞である。助動詞と動詞の前後関係は英語と日本語で逆転するが，それぞれの言語内では一定である（日本語は「動詞 - 助動詞」，英語は「助動詞 - 動詞」）。

英語の場合

英語の場合も，1文に必ず1つの動詞が含まれる。

(9) Everyone praises Taro.
(10) Taro eats an apple.
(11) Taro sends Hanako a letter.

日本語の場合と同様，**助動詞は動詞に意味を追加するために用いられる**。英語の助動詞には受動態に使われる be や完了相に現れる have のような助動詞と，can や must や will のような法の助動詞がある。それぞれの文に適宜助動詞を追加してみる（(9)は受動態の文に書き換えている）。

(12) Taro is praised by everyone.　　　　　　　(be + praised)
(13) Taro has eaten an apple.　　　　　　　　　(have + eaten)
(14) Taro will send Hanako a letter.　　　　　　(will + send)

動詞と助動詞の順番の一貫性に注目してほしい。常に**助動詞が動詞に先行している**。

　日本語と英語では，文の基本語順が逆になることが知られている。たとえば，日本語の動詞は常に目的語に後続するが（リンゴを食べる），英語は逆に動詞が目的語に先行する（eat apples）。助動詞と動詞の位置関係でも同じことがいえる。(4)-(6)のように，**日本語では常に助動詞が動詞に後続する**。これに対し(12)-(14)のように，**英語では常に助動詞が動詞に先行する**。

　また，英語でも日本語同様，助動詞が1つの述部の中で複数現れる場合がある。(15)は，日本語の(7)に対応した英語である。(7)の「褒める＋られる＋だろう」の順番が，(15)ではちょうどその逆（will + be + praised）になっている。

(15) Taro will be praised by everyone.　　　　　(will + be + praised)

2 動詞／形容詞と助動詞の間 〜無いものは見えないよ〜

> 日本語の場合

　日本語の「無い」は形容詞として用いられる。

　　(1)　机の上には何も無い。

(1)では「無い」の他に述語は現れておらず，これは典型的な形容詞文である。「ない」は，他の述語について**助動詞としても使われる**(形容詞の場合と区別するためにひらがなで表記している)。

　　(2)　暗闇の中では何も見えない。

(2)の「ない」の直前には「見える」があるので，この場合「ない」は形容詞ではなく助動詞である。「無い」と「ない」は活用の点から見るとほとんど同じである(形容詞型の活用を示す)。
　しかし「無い」と「ない」では違いもある。まず，日本語には古い形の否定の助動詞「ぬ」があるが，これは助動詞の「ない」とだけ交替が可能である。

　　(3)　机の上には何も ｛無い／*ぬ｝。
　　(4)　暗闇の中では何も見え ｛ない／ぬ｝。

また，連用形を使って等位接続構造をつくる場合(連用中止法とよばれる)，形容詞の「無い」は「無く」と変化するのに対し，助動詞の「ない」は「ず」となる。

　　(5)　机の上には何も無く，机の下にも何も無い。
　　(6)　暗闇の中では何も見えず，何もできない。

　このように**音としては同じ「無い」と「ない」でも形容詞の場合と助動詞の場合で微妙な区別がある**。

> 日本語の「無い／ない」は，形容詞の用法と助動詞の用法がある。英語の have も同様に一般動詞の用法と助動詞の用法がある。

英語の場合

英語の **have** は日本語の「無い／ない」と似たような二面性を示す。(7)のように英語の法の助動詞(can, will, must など)は，一般動詞と違い，三人称単数現在形の -s がつかない。

(7)　　Taro {can/*cans} do that alone.
(8)　　Taro has a lot of friends.
(9)　　Taro has done that alone.

have の場合，(8)のように一般動詞として用いられた場合でも，(9)のように完了の助動詞として用いられた場合でも，三人称単数現在の形(has)に変化する。この点で完了の助動詞 have は一般動詞と同じ性質をもっている。

しかしその一方で，完了の助動詞 have は法の助動詞と共通する性質ももっている。

(10)　　Taro cannot do that alone.
(11)　　Can Taro do that alone?

法の助動詞 can は，(10)のように否定辞の not に先行し，さらに(11)のように主語との倒置を起こす。(12)-(13)が示すように，完了の助動詞として用いられた場合，have は法の助動詞と同じように否定辞の not に先行し，主語との倒置を起こす。

(12)　　Taro has not done that yet.
(13)　　Has Taro done that yet?
(14)　*Taro has not a lot of friend.
(15)　*Has Taro a lot of friend?

対照的に，(14)-(15)のように，一般動詞の have は法の助動詞とは反対の性質を示す。

7

第1章 動詞と助動詞

3 スルとアル 〜若くもあり，よく食べもする〜

> 日本語の場合

　日本語の独立文には動詞，形容詞，「名詞＋断定の助動詞」（形容動詞）のうちのどれか1つが必ず必要である。しかし，**形容詞と「名詞＋断定の助動詞」は，さらにこの2つが一緒になって，動詞と対立する1グループを形成している**と考えられる。その理由の1つが，助動詞（伝統的な国語学では一般的に「補助動詞」とよばれる）の使い分けである。日本語の述語は，副助詞の「さえ」や「も」や，係助詞の「は」を用いて語幹と時制の形態素を分離することができる。

(1) 　太郎が　よく　食べる　／　食べも　する。
(2) 　太郎が　若い　／　若くも　ある。
(3) 　太郎は　医者だ／医者でも　ある。

(2)の形容詞「若い」と(3)の名詞＋断定の助動詞「医者だ」の場合，副助詞の「も」が語幹と時制要素の間に入ると，（補）助動詞「ある」が現れる。これに対して，(1)の動詞「食べる」の場合，副助詞の挿入によって（補）助動詞「する」が現れる。形容詞と「名詞＋断定の助動詞」は「ある」が用いられるという点で共通していて，「する」が用いられる動詞に対立する1グループになっている。

　またアクセントの点でも，形容詞と「名詞＋断定の助動詞」の文は，動詞の文と区別される。日本語は「ない」を述語につけることによって否定形をつくるが，「〜ない」とした場合のアクセントの現れ方が，形容詞や「名詞＋断定の助動詞」の場合と動詞の場合で異なる。

(4) 　tabE-nai　（動詞）　　　　　Eで下降調となる
(5) 　wakAku-nAi　（形容詞）　　　AとAで下降調となる
(6) 　isyAde-nAi　（形容動詞）　　AとAで下降調となる

(4)のように，動詞の否定の場合には動詞と独立して「ない」がアクセントをもつことがない。これに対し，(5)の形容詞や(6)の「名詞＋断定の助動詞」の否定の場合には，これらと別に「ない」も独立してアクセントをもつ。

> 日本語でも英語でも，(一般)動詞の文と形容詞や名詞を主たる述語とする文では，別々の助動詞が用いられる。さらに日本語では，否定形にした場合のアクセントの現れ方でも，動詞と名詞や形容詞を中心とした述語は区別される。

英語の場合

では，今度は英語の独立文を考えてみよう。中学校で英語を習い始めると，**英語の文が一般動詞の文と be 動詞の文に分かれている**と習う。

(7) Taro eats apples.
(8) Taro is cool.
(9) Taro is a nice boy.

日本語では形容詞と形容動詞（名詞＋断定の助動詞「だ」）の文が動詞の文と対立する形になっていた。同様に英語でも，(8)のような形容詞文と(9)のような名詞が補語となる文では，(7)のような一般動詞の文と対立する形で be 動詞が現れている。(2)や(3)の副助詞を用いた日本語の例に「ある」が現れているのと同じ状況で（形容詞や名詞が述部となっている状況で），一般動詞と対立するように be が現れている点が興味深い。

では，一般動詞のほうはどうだろうか。英語でも日本語の「する」のような（補）助動詞が一般動詞の文に現れることがあるだろうか。英語の場合，否定辞 not が現れると一般動詞の文に助動詞 do が現れる。

(10) Taro does not eat apples.

(10)のような否定文だけではなく，(11)のような疑問文や(12)のような付加疑問文，さらに(13)のような強調文にも do は用いられ，たしかに**一般動詞文に助動詞 do が現れる**ことがわかる。

(11) Does Taro eat apples?
(12) Taro eats apples, doesn't he?
(13) Taro DOES eat apples.

第1章　動詞と助動詞

認識の助動詞 〜誤りもありぬべし〜

:日本語の場合:

「れる・られる」は可能を表す助動詞である。「れる・られる」が用いられた文では，(1)のように主語の「あることがらを実行する能力」がいい表される。

(1)　太郎が100メートル泳げる。

このような**主語の能力**に関する意味とは別に，「れる・られる」には**文全体に対して話者がコメントを述べるような使い方**がある。

(2)　太郎が当選者でありえる。

(2)では，「る」が(主語である太郎の能力ではなく)「太郎が当選者であること」が可能だ，という文全体に対する話者の判断を示している。
　次に，当然を表す助動詞「べき」の例を見る。

(3)　太郎は100メートル泳ぐべきだ。

(3)は，主語の太郎が「100メートル泳ぐ」という行為を遂行するのが当然であるという，主語に課せられている義務を「べき」がいい表した文である。現代日本語の「べき」には，明確に文全体に対して話者がコメントするような用法は見られない。しかし古語には，そのような用法があった。

(4)　おのづから誤りもありぬべし。

(4)は徒然草の中の一文で，おおむね「自然と間違えることもあるに違いない」という意味である。主語である「誤り」に対して「あるべきだ」と義務づけているとは考えられないから，この「べき」は「おのづから誤りもあり(自然と間違えることもある)」という文全体に対して，話者がそういうことが起こるに違いないと推量していると考えることができる。

> 日本語も英語も，助動詞は主語に対する話者の考えを述べる場合と，文全体に話者がコメントする場合がある。英語の場合，この2つは構文によって区別することができる。

英語の場合

　英語の法の助動詞にも，**主語に対する**（能力や義務の有無といった）**判断を示す用法**と，**文全体に対する話者のコメントを示す用法**がある。(5)は may を使った，どちらの用法とも解釈できる例である。

　　　(5)　The doctor may examine the patient.

(5)には，主語に対する話者の許可を表す読み（医者が患者を診察してよい）と，may を除いた文全体（the doctor examine the patient）に対する話者の推量（医者が患者を診察するかもしれない）を表す読みがある。
　英語のおもしろい点は，助動詞を除く文全体に対して話者がコメントする意味となる場合でも，助動詞はその真ん中（主語と動詞の間）に現れることである。またそのような場合，助動詞と他の要素を that 節によって分けた，(6)のような文への書き換えが可能である。

　　　(6)　It may be (the case) that the doctor examines the patient.

(6)の形は，話者が文全体に対しコメントする推量の用法の時だけ可能である（(6)は許可の意味に解釈できない）。このような書き換え文の存在は，助動詞によって，話者が文全体に対してコメントする用法があることを明確に示しているといえる。
　次に，(5)を受動態にした文を見てみよう。

　　　(7)　The patient may be examined by the doctor.

(7)は(5)と同様に許可と推量との意味であいまいである。推量の意味の場合，(5)と(7)は単に能動であるか受動であるかだけが異なる。しかし，許可の意味の場合，(5)は（主語である）医者に対する許可をいい表すのに対し，(7)は（主語である）患者に対する許可をいい表す。

第1章　動詞と助動詞

5　助動詞の過去形 ～助けることもできるけど～

日本語の場合

　日本語の可能を表す助動詞は「れる・られる」である。たとえば，(1)のような動詞文に対して，(2)のように「られる」をつけることによって，単純な行為の描写ではなく，主語名詞句のもつ潜在能力をいい表すことができる。

(1)　太郎が重い金魚鉢を持ち上げる。
(2)　太郎が重い金魚鉢を持ち上げられる。

　さらに，これらの文を過去形にすると，当然「過去にそのようなことが起こった」ことと「過去にそのような能力をもっていた」ことがいい表される。

(3)　太郎が重い金魚鉢を持ち上げた。
(4)　太郎が重い金魚鉢を持ち上げられた。

(4)では，可能の助動詞「られる」が過去形になって過去に「太郎がそのような能力を持ち合わせていたこと」が述べられている。

　しかし(4)には，もう1つ別の解釈がある。太郎が過去に重い金魚鉢を持ち上げる能力を持ち合わせていた，という(2)の過去形の解釈に加え，太郎が過去に実際重い金魚鉢を持ち上げることに成功した，という解釈もある。この解釈の場合，太郎の潜在的能力ではなく，1回の出来事として太郎が金魚鉢を持ち上げることに成功したことがいい表される。

　(1)のような(r)u で終わる動詞は(過去ではないという意味で)普通現在形とよばれる。しかし，「太郎が医者である」のような状態を表す動詞を除くと，動詞の現在形は実際起こっていない出来事をいい表す。(1)の「持ち上げる」の場合にも，持ち上げるという出来事はまだ起こっていない。そのため，(2)のように「られる」をつけても，文は可能性だけをいい表す。しかし，(4)のような**過去形の場合には，起こる可能性があった場合と実際にその出来事が起こった場合とで2つの解釈が生まれる**。「持ち上げる潜在能力がある」のが過去の場合と「実際に首尾よく持ち上げる」のが過去の場合とがあるからである。

> 日本語と違い，英語の助動詞には仮定法の形がある。一見助動詞の過去形に見える形は，多くの場合仮定法の形で，過去の意味はもたない。

英語の場合

では，次に英語の例を見てみよう。

(5) They save the people in need.
(6) They can save the people in need.

現在形の場合，日本語と同じく，普通の文の(5)に can がつくと，事態を引き起こすことが可能であるという意味の(6)の文がつくられる。過去形にしてみるとどうなるだろうか。

(7) They saved the people in need.
(8) They could save the people in need.

単純過去の(7)は予測通り「困っている人を助けた」という意味である。(8)は，適切な文脈を与えれば「困っている人を助ける潜在的能力があった」と解釈することができるものの，「困っている人を助けることに成功した」という意味にはならない。(8)の最も自然な解釈は「今現在(そうしようと思えば)困っている人を助けることもできる」という意味である。どうしてそうなるのか。それは英語の **could** が，can の過去形であると同時に can の仮定法の形も兼ねているからだ。仮定法の意味は「現実的には起きていないがそのようなことも起こりうる」という意味である。(6)と(8)の違いは，(6)が単なる可能性をいっているのに対して，(8)にはより実現の可能性が低いことが含意されていることである。

現代英語でも過去形とは別に仮定法の語形があることは，If I were you のような表現からもわかる。単純に過去形を仮定法に使うだけなら，この場合の be 動詞は was でなければならないはずだ。この were がまさに仮定法の語形なのである。

もちろん could を単なる can の過去形として用いることもできる。(8)の潜在能力をいい表す場合に加え，smell, hear, feel のような知覚に関する動詞が述語として用いられている場合や，could not save のように否定の場合には，日本語と同じように could が単純に can の過去の意味で用いられる。

6 動詞の意味を補完する名詞
〜雪が降り，ときどき吹雪くでしょう〜

日本語の場合

　世界はモノと出来事でできている。ことばの世界でモノを表現するのは主に名詞で，出来事を表現するのが動詞である。両者が互いに補完し合うことで，ことばは成立している。文の中心となるのは動詞で，これで出来事が表現される。その出来事に参加しているモノを表現するのが名詞である。このように，**動詞の意味を補完するために文に現れる（主として）名詞を「項」という**。動詞のとる項の数は動詞によって異なる。

　(1)　雪が　降る。
　(2)　太郎が　リンゴを　食べる。
　(3)　太郎が　花子に　花束を　贈る。
　(4)　太郎が　花子から　1万円で　ギターを　買った。

(1)の「降る」であれば，雪とか雨とかみぞれのように降る対象が必要である。(2)の「食べる」であれば，食べる人と食べる対象が必ず必要である。(3)では，動詞の「贈る」という出来事が「太郎」「花子」「花束」という3つの項を出来事の参加者として要求している。(4)の「買う」は4つの項を必要とする（買い手，売り手，品物，金銭）。**項のいくつかが表面的に（音として）現れていない場合でも，話し手と聞き手の間で暗黙のうちにその存在が了解されている**。「太郎がギターを買った」という文では，「売り手」と「金額」が現れていない。それでも，必ず売り手がいて，ギターの代価として一定額の金銭がやりとりされたことが話し手と聞き手の間で了解されている。

　おもしろいのは，モノとしての「項」が出来事となって動詞の形で現れた場合である。

　(5)　吹雪く／時雨れる。

(5)では，本来モノである「吹雪」と「時雨（しぐれ）」が出来事である動詞となって，動詞単体で出来事が成立している。したがって，これらの文には項が現れることはなく，いわゆる**主語のない文**となる。

> 文は出来事を表す。出来事を表すにはその出来事に参加するモノ（項）が必要である。文中に必要とされる項の数は動詞によって決まっている。英語の場合，動詞がまったく項をとらない場合でも形式主語が必要となる。

英語の場合

では，今度は英語の動詞の場合について考えてみよう。

(6)　Taro jogged.
(7)　Taro eats apples.
(8)　Hanako sent Taro a bouquet of roses.

(6)-(8)では，それぞれ jog, eat, send が一項動詞，二項動詞，三項動詞として用いられている。
　仮に項が表面的に現れていない場合でも，その項によって表されるモノの存在が暗黙のうちに了解されることは日本語と同様である。

(9)　Taro bought a guitar.

(9)の buy は四項動詞であるが(買い手，売り手，品物，金銭が必要)，(9)には「売り手」と「金銭」が現れていない。それでもやはり，これらのモノが存在してはじめて buy という出来事が成立するので，「売り手」と「金銭」も buy の項である。すべての項を登場させると，(9)は(10)のように書き換えることができる。

(10)　Taro bought a guitar for 100 dollars from Hanako.

英語でも，モノとしての項がそのまま動詞として現れることがある。

(11)　It {rained/snowed}.

この場合，日本語とは違い，動詞の他に形式主語の it が必要となる。**英語は動詞の意味とは関係なく，必ず主語が必要な言語なのである。**

7 名詞由来の動詞 〜もうググってみた?〜

日本語の場合

　日本語では、他の品詞に属する単語が動詞に転換されて用いられることがある。擬音語・擬態語由来の「パクる」や「ボコる」がその一例である。その他、英語由来の名詞も動詞の形態素「する」を用いて動詞化することができる。

　　(1)　昨日その単語を(ヤフーで)ググってみたよ。

(1)の「ググる」は、インターネットの検索サービスであるGoogleの「ル」の語尾と、動詞「(す)る」とをつなぎ合わせて使っていると思われる。

　名詞がこのように動詞化してもただちに意味がわかるのはなぜだろうか。現代語辞典のようなものには、すでにこの使い方が1つの項目として記載されているであろう。しかし、この単語の使い方を辞書をひいてはじめて知ったという人は少ないだろう。ここでは実際2種類の言語知識が利用されていると考えられる。1つは、単語に関する**百科事典的な知識**である。Googleであれば、これがインターネット上の検索サービスであること、検索したい語句を入力してリターンキーを押し検索結果を得ることを私たちはすでに知っている。2つめは**構文に関する知識**である。日本語の多くの動詞はSOVの文型で使われる。そしてその大多数の場合、「動作主のS」が「対象のO」に働きかける意味となる。「太郎が参考書を読む」や「太郎がキーボードを打つ」などが典型的な例である。この2つの知識を組み合わせると、「ググる」が「動作主が(Googleという検索サービスを使って)情報の検索を行う」という意味であることがただちに理解される。

　さらに、日本語には「〜が〜を〜で調べる」という使い方がある。

　　(2)　昨日その単語を辞書で調べてみたよ。

(2)には目的語「その単語を」の他に、検索に用いた手段が「〜で」の形で現れている。この表現との類推から(語源であるGoogleを無視して)「その単語をヤフーでググってみた」という(1)の使い方も可能になるのである。

> 日本語でも英語でも，時として名詞由来の単語が動詞として用いられる。そのような場合，文の意味は転用された単語に関する百科事典的知識と構文の意味を組み合わせることで導き出される。

英語の場合

　英語の場合，動詞につく形態素(三人称単数の -s や過去分詞の形態素 -ed など)や語順(主語と目的語の間に動詞がくること)などから，ある単語が動詞として用いられていることがわかる。このような**目印があるため，本来名詞である単語が動詞に転用されて使われるということが英語ではよく起こる**。

(3)　They bottle wine in this factory.
(4)　He was jailed.

(3)の bottle は，もともと名詞で「瓶」という意味である。しかしこの文では bottle が主語(They)と目的語(wine)の間に現れ，動詞として用いられていることがわかる。さらに，**百科事典的知識**(ワインはボトルに入れて販売される)と**構文的意味**(主語が目的語に対して働きかける)から，この場合は「ワインを瓶詰めにする」という意味であることが了解される。

　(4)では，名詞 jail が「be ＋ 過去分詞」という受動態の動詞の現れる位置に現れ，動詞として転用されていることがわかる。能動文(SVO の構文)は多くの場合，「動作主のS」が「対象のO」に働きかけるという意味をもつ。受動文では，対応する能動文の目的語が主語となるので，(4)の He のような受動文の主語は，動作や行為の対象となる。これが受動文の構文的意味である。そして jail には，「犯罪者を一定期間拘束する場所」という百科事典的知識がある。この2つを組み合わせることで，(4)から「彼は拘置所に入れられていた」という意味が引き出されることになる。

　このように名詞が動詞化して用いられる場合，その意味は，もともとの名詞の百科事典的知識に大きく依存する。本来名詞である bug(虫)が He bugs me. のように他動詞として用いられると，「悩ませる／うるさがらせる」という意味になる。「虫はしつこく人や家にたかって困らせる」という百科事典的知識があり，この知識と構文の意味が組み合わさって「悩ませる／うるさがらせる」という意味が生まれるのである。

8 自他動詞と他動詞の交替 〜なせばなる〜

> 日本語の場合

日本語ではよく(1)のようないい方をして人を励ます。

(1) 何事もなせばなる。

(1)の「なす(なせ)」は他動詞で「何事も」はその目的語である。後半の「なる」は「なす」の自動詞の形で，主語(何事も)は省略されている。その他にも「割る／割れる」や「乾かす／乾く」など，**日本語は自他交替(自動詞と他動詞が語尾の形の違いで入れ替わる現象)が広く見られる言語**である。

しかし，他動詞に対して常に自動詞の形が存在するわけではない。

(2) a. 太郎が歌を歌う。　　　b. *歌が歌わる。
(3) a. 太郎が動物を愛する。　b. *動物が愛る。

(2)の「歌を歌う」は，もともと誰か歌う人間がいてはじめて成立する行為であるから，これに対する自動詞文はつくれない。(3)の「動物を愛する」も同じで，愛する側の存在しない自動詞の形はありえない。

日本語の自他交替でおもしろいのは，**自然には起こりえないような他動詞も，時として自動詞化する**ことである。

(4) a. みんなが私を助けた。　　　b. みんなのおかげで助かった。
(5) a. 会社がたくさんの家を建てた。b. たくさんの家が建った。

(4)の「助ける」も(5)の「建てる」も，人為的に働きかける主体がないと普通は成立しない。それにもかかわらず，これらには「助かる」「建つ」といった自動詞表現が存在する。(4)-(5)と(2)-(3)の違いは，動詞が目的語の状態の変化を含意しているか否かである。「歌う」や「愛する」と違い，「助ける」や「建てる」では，必ず目的語の状態が変化する。このような場合，日本語では自然に起こりえないような動詞でも自他交替が可能なのである。

> 日本語にも英語にも自他交替（自動詞と他動詞がペアとなって使われる現象）が見られる。日本語では英語よりも自他交替が起こりやすいが，これは日本語がナル型の言語であることが原因であると考えられる。

英語の場合

では，今度は英語の自他交替について考えてみよう。**英語の場合，日本語とは違い，語形の変化をいっさい受けることなしに自他交替が可能である**。(6)はbreakによる自他交替の例である。

(6) a. Taro broke the window.　　b. The window broke.

日本語の(2)-(3)の例で，「働きかける主体」なしには成立しないような他動詞表現の場合，日本語では自動詞表現が存在しないという制約を見た。この制約は英語にもあてはまる。

(7) a. Taro sings songs.　　b. *Songs sing.
(8) a. Taro loves animals.　　b. *Animals love.

興味深いのは，(9)-(10)のような例である。

(9) a. They helped me.　　　　　　　b. *I helped.
(10) a. The company built a lot of houses.　　b. *A lot of houses built.

(9)-(10)は日本語の(4)-(5)に対応する例である。**英語ではこのような場合（状態の変化をともなうが，自然には起こりえないような意味の動詞の場合），自他交替が起こらない**。この差は，スル言語とナル言語の違いの反映であると考えられる。ナル型の言語である日本語は，ことばで状況を描写する際に「自然と〜となった」と表現することが多い。たとえば結婚の報告などでも，「今度結婚することになりました」と自動詞のナルを用いて表現することが多い。スル型の言語である英語では，そのような場合，We decided to get married. のように他動詞のdecideを用いて表現する。日本語が英語よりも自他交替が自由であるのは，2つの言語のこうした類型の違いを反映していると考えられる。

第1章 動詞と助動詞

9 動詞の使い分け～ねえ，見て，ほらね～

> 日本語の場合

　日本語には尊敬語がある。「読む」に尊敬の形態素「お～になる」をつけると「お読みになる」という尊敬語をつくることができる。このような尊敬の形態素を用いる方法に加え，一部の動詞には，その動詞の尊敬語が独立した語彙として存在する。たとえば「いう」の尊敬語は「おっしゃる」で，「食べる」の尊敬語は「めしあがる」である。

(1)　田中先生がそういった。
(2)　田中先生がそうおっしゃった。

(1)の「いった」に対して(2)のように「おっしゃった」とすることで，話者の「田中先生」に対する敬意が表現される。ところが(1)も(2)も英語にするとProf. Tanaka said that. と同じ形になってしまう。両言語の違いは「世界の切りとり方」の違いと考えることができる。**日本語では，自分が尊敬する人が「いう」という行為をした場合と普通の人が「いう」という行為をした場合に何らかの質的違いを見い出し，そこに切れ目を入れて別の動詞で表現しているのである。**

　同様に，日本語では主語が「動物」か「それ以外」であるかによって，存在の動詞「いる」と「ある」を使い分けている。

(3)　公園にたくさんの犬が ｛いる／*ある｝。
(4)　公園にたくさんの桜の木が ｛*いる／ある｝。
(5)　公園にたくさんの水飲み場が ｛*いる／ある｝。

(3)の犬は動物なので「いる」，(4)の桜の木や(5)の水飲み場は動物以外なので「ある」が用いられる。英語の存在は there + be や exist で表現される。どちらの場合も動物であるか否かによって表現が変わることはない。「動物」なのか「それ以外」なのかで存在を分け，それぞれを質的に別の事態と捉えるのは，英語にはない，日本語だけにある世界の切り分け方であるといえる。

> 日本語には，英語で意識されないような差に基づいて動詞が使い分けられる場合がある（「ある」と「いる」）。逆に英語でも，日本語では意識されないような差に基づいて動詞が使い分けられる場合がある（look（at）と watch と see）。

英語の場合

　次に，英語の動詞による世界の切り分け方が日本語よりも細かい例を見ていこう。**日本語の「見る」にあたる英語は，look（at）と watch と see の3つがある。**これらはどのような切り分け方で使われているのだろうか。これらの単語にはもちろん共通点がある。たとえば，どの単語も the TV を目的語としてとることができる。

　　（6）　Taro looked at the TV（set）.
　　（7）　Taro watched the TV（show）.
　　（8）　Taro saw the TV.

（6）-（8）のどの例文も「太郎がテレビを見た」と訳しても大きな間違いはない。しかし，それぞれの文は**互いに少しずつニュアンスが異なる**。（6）の looked（at）は，テレビで放映されている番組を見たというよりも，部屋の中の他の方角から（電化製品としての）テレビに「目を向けた」という意味である。（7）の watched は，テレビ番組を「見て楽しんだ」という意味になる。（8）の saw は，テレビ番組が放映されていて，それが「気づいてみると視界に入ってきていた」というニュアンスになる。あるいは，テレビ番組ではなく電化製品としてのテレビが部屋にあって，それが視野に入った，という場面でも適切な表現である。
　整理しておこう。look（at）は「意図的に視線を変えて目標物を視野に入れる」というのが基本的な意味である。「何が起きているのか知るために対象を見る」のが watch である。see は「対象が視野に入ってきてそれを意識した」というニュアンスとなる。これらの動詞は，会話で単独の形のまま使われることがあるが，その使われ方は，それぞれの動詞の基本的な意味をよく反映している。Look! と単独で使うと「ねえ，よく考えてごらん」という（視点を変える）意味となる。Watch! というのは，「これから何かするからそれをよく見て」という意味である。See? は，語尾を上げて疑問として使われ，「ほらね，わかったでしょ？」という感じである。「わかる」というのは，自分の意思で自由にできることではなく，「理解が当人に訪れる」ことなので，see がもっともこの意味に近いことになる。

10 軽動詞 〜結婚をする〜

> 日本語の場合

「する」は非常に多様な目的語をとる他動詞である。「恋をする」「旅行をする」「結婚をする」などはほんの一例である。普通，文の中心的な意味は動詞が担う。しかしこのような「目的語＋する」の構文では，「する」よりもむしろ目的語に文の中心の意味がある。そのことは，目的語が「する」と一体化して，「恋する」「旅行する」「結婚する」のように複合動詞となることからもわかる。複合動詞文の場合，もちろん複合動詞全体が文の中心的な意味を担うことになる。そして複合動詞内部では，明らかに「する」の部分よりもそれに先行する名詞部分に意味の中心がある。「恋をする」の「する」のような，**意味が通常よりも軽い動詞は「軽動詞」とよばれる**。

軽動詞文に直接目的語以外の要素が現れる場合，その要素の形（格助詞）を決めるのは軽動詞ではなく直接目的語になる。

(1) a. 名前も知らない人に恋をする。　　b. 名前も知らない人に恋する。
(2) a. 京都へ旅行をする。　　　　　　b. 京都へ旅行する。
(3) a. 幼なじみと結婚をする。　　　　b. 幼なじみと結婚する。

(1)-(3)の左の例文は軽動詞文で，直接目的語以外に下線部分の要素が現れている。右の例文はそれに対応する複合動詞文である。「恋する」「旅行する」「結婚する」という複合動詞の場合，これらの複合動詞がそれぞれ「知らない人に」「京都へ」「幼なじみと」の形を決めている。「恋する」対象は「知らない人に」であって「知らない人へ」ではない。「京都へ」「旅行する」ことはできるが，「京都と」旅行することはできない。「結婚する」のは「幼なじみに」ではなく，「幼なじみと」である。複合動詞によってそれぞれこれらの形が決まっているのである。

各例の左は軽動詞を用いた文である。動詞はすべて同じ「する」である。それでも各文で，複合動詞を用いた右の例と同じ形の要素が選ばれている。これは，**軽動詞を用いた文では，文の中心の意味が「する」ではなく直接目的語の方にあるからだ**と考えられる。直接目的語が文の意味の中心となって，文中の他の要素の形を決めているのである。

日本語にも英語にも，文の実質的な意味を目的語が担うような「軽動詞」が存在する。軽動詞文に現れる目的語は，文中のその他の要素の意味と形を実質的に支配する。

英語の場合

では，今度は英語の軽動詞について考えてみよう。英語にも「実質的な文の意味を目的語が担っている」という意味でのさまざまな軽動詞が存在する。

(4) Taro made the decision.
(5) Taro took one step forward.

(4)の make，(5)の take の他，give, have, do なども軽動詞として用いられる。日本語の場合と同じく，**英語でも目的語の意味に深く関係する前置詞(句)（日本語の格助詞に相当する単語）が軽動詞文に現れる。**

(6) Taro made a donation to the charity.
(7) Taro made a cynical comment on the project.

(6)でも(7)でも動詞は同じ made であるのに，前置詞句はそれぞれ to the charity と on the project，と別々の形が選ばれている。これら前置詞句が，名詞句の一部ではなく，文または動詞句の直接の構成要素となっていることは，次のような例からわかる。

(8) Taro made a donation last year to the charity.
(9) Taro made a cynical comment yesterday on the subject.

(8)と(9)では，副詞の last year と yesterday が，目的語の donation と comment と，これらが選択していると思われる前置詞句 (to the charity と on the project) との間に現れている。副詞をまたぐ形で目的語と前置詞句が名詞句を形成しているとは考えにくい。これらの前置詞句は，donation や comment によって（動詞を通じて）選択され，文または動詞句の直接の構成素になっていると考えるのが自然であろう。

第1章　動詞と助動詞

おすすめの本と論文

※論文の掲載ページなど詳細は巻末の参考文献を参照のこと。

■ 北原保雄『日本語助動詞の研究』大修館書店 1981 年

　伝統的な国語学(最近では日本語学という方が普通である)の研究を受け継ぎながら，著者独自の分析を提示した助動詞に関する体系的な研究書である。国語学的な助動詞の研究は，多くが助動詞だけに焦点をあてて用法や意味，前後の接続関係を論じる。しかし著者は，生成文法を想起させるような文全体の構造を視野に入れながら日本語の助動詞を徹底的に論じている。動詞だけではなく，助動詞も文の内部構造に積極的な役割を担っているという提案が本書の核心である。いい換えれば，助動詞もある種の(展叙と統叙という用語によって記述される)補文構造をとるという分析である。英語との比較が体系的になされているわけではないが，英語の助動詞に関心がある読者には一読の価値がある。

■ 時枝誠記『国語学原論』岩波書店 1941/2007 年

　伝統的な国語学を別とすれば，ある意味，日本の言語研究の歴史は欧米の言語研究の輸入の歴史である。ヨーロッパやアメリカで，時代時代に流行となっている研究方法なり研究の立場を翻訳して紹介し，日本語にも応用するという形がこれまでとられてきた。それは今でもあまり変わらない。しかしこの時枝博士の論考は，そうした型にまったくあてはまらない例外中の例外である。そして何よりも 1941 年という，生成文法も認知文法も語用論もまったく存在しなかった時代に，そうした研究の枠組みの重要な概念のいくつかを先取りした先駆的革新的な論考となっている。博士の唱えた詞と辞の入れ子構造は，機能範疇が語彙範疇に覆い被さる形で投射するという，現在の生成文法で広く想定されている句構造と基本的な趣旨が同じである。日本にも偉大な言語学者がいたことを知る上でも，ぜひ一読してもらいたい著作である。

■ Murphy, Raymond. *English grammar in use*. Cambridge University Press, 2004.

　これは研究書ではなく英語を外国語として学ぶ人のための学習書である。しかし，内容は非常に濃く，「ただ英語の規則を知って覚える」という立場ではなく「英語の考え方を理解した上で，英語の運用能力を高める」という姿勢で書かれている。たとえば，will と be going to との違いや，can と be able to との違いを読者の皆さんはどのくらいはっきりと理解しているであろうか。本書は豊富な例と練習問題を用いてこのような「ニュアンスの違い」を詳しく解説している。翻訳も出ているが，英語の考え方を英語で学ぶという意味からも，ぜひ原著に挑戦してほしい。

■ 吉田正治『続・英語教師のための英文法』研究社 1998 年

　本書は，著者が文部(科学)省検定教科書の Teacher's Manual を作成する過程で，その

主な内容を質問と解答という形にしてまとめたものである。仮想の「一問一答」の形となっていて，項目ごとに読んで楽しめ，大変便利である。could が単純な can の過去形としては用いられない場合が多いことや，must と have to の違い，「昔はよく〜したものだ」という意味で使われる used to と would の差など，日本人英語学習者なら必ず抱く疑問を平易に，そして詳細に解説してくれる。『英語教師のための英文法』(研究社 1995 年)と併せて読むとより包括的な知識が得られる。

■ 由本陽子「英語の名詞転換動詞と統語」『レキシコンに潜む文法とダイナミズム』開拓社 2011 年

　Tom used the knife on the chicken. という場合，use は「ナイフを使って切る」という意味である。しかし Sally has used soft contact lenses since college. では，同じ単語である use が「コンタクトレンズを使ってものを見る」という意味になっている。このように，同じ動詞も目的語やその他の言語環境によって多種多様な意味となる。このような現象を形式的に一貫した形で捉えようとした先駆的研究として *The Generative Lexicon.* (Pustejovsky, James 1995, MIT Press)がある。本書は，その成果を取り入れつつ，(They microwaved pumpkins. のような) 名詞が動詞化して用いられる場合に，転換された動詞の意味がどのように引き出されるかを説明する。Pustejovsky (1995) の理論の入門としても役に立つであろう。

■ 影山太郎『動詞意味論：言語と認知の接点』くろしお出版 1996 年

　(動かす／動く，のように)他動詞と自動詞が語彙的に関係のあるペアとして存在することは英語でも日本語でも見られる(自他交替)。しかし，日本語は英語よりもはるかに広く自他交替の現象が観察される。著者は語彙概念構造の理論を足がかりとしながら，この違いがどこで生まれるのか考察していく。(使役の意味をもつ)他動詞を反使役化することで自動詞がつくられるという点は日本語も英語も同じであるが，自動詞を使役化によって他動詞にするという方向の派生は日本語にだけ存在するというのが著者の論点である。この違いは，英語がスル言語であり，日本語はナル言語であるという両言語の類型の違いに基づくものであると主張される。具体的な言語現象の背後に大きな類型的差が潜むという見方が味わい深い。

■ 福井直樹「日・英語比較統語論」『日本語文法小辞典』大修館書店 1989 年

　日本語と英語にはさまざまな「目立つ」違いがある。(It rained yesterday. のように)動詞からの意味的な要請がなくても，英語では主語が必ず必要である。その他にも，句の中心となる語(主要部)が句の先頭に現れるのか(英語)，句の末尾に現れるのか(日本語)，あるいは語順に厳しい制約があるのか(英語)，比較的自由なのか(日本語)などが明らかな両言語間の違いである。これらをただ現象として併記するのではなく，その根源的な理由を究明するのが日英比較言語学の究極の目的であろう。この本(のこの節)で著者は，日本語

第1章 動詞と助動詞

と英語のさまざまな違いが，機能範疇(それだけでは実質的な意味をあまりもたない形式的な言語要素)の違いから生まれると主張する。議論のもとは著者自身がMITに提出した博士論文に基づいているので，興味をもった読者はぜひそちらも読んでみてほしい。

■ Grimshaw, Jane, & Armin Mester. Light verbs and theta-marking, *Linguistic Inquiry, 19*, 1988.

普通，文の意味の中核を担うのは動詞である。しかし，時として動詞ではなく動詞の直接目的語が文の中核の意味を担うことがある。「羽田から出発をした」という文であれば，「羽田から」という意味は「した」ではなく「出発(を)」と強く結びついていると感じられる(このような場合「した」は軽動詞とよばれる)。この論文の著者たちは，このような場合，「出発(を)」のもつ意味の一部(項構造)が主動詞「する」に転移されると主張する。軽動詞構文の意味を考えるにあたって出発点となる論文である。また，日本語のデータが言語学研究に重要な貢献をしていることを確認する上でも，ぜひ一度読んでおきたい論文である。国際的な学術雑誌の論文ではあるが，日本語を母語とする読者であれば，難しいとは感じないであろう。

■ Kishimoto, Hideki. Negative scope and head raising in Japanese. *Lingua, 117,* 2007.

日本語の否定辞「ない」が(単に音としてひとまとまりになるだけでなく)統語的に時制要素と結びつけられている，というのがこの論文の核心である。しかしその前段階として，否定辞としての「ない」と形容詞としての「ない」の性質の違いがきれいに整頓され，データとして示されている。また，その際に英語の(助動詞としての)haveやbeと日本語の否定辞としての「ない」の性質の共通点が示されている。英語と日本語を比較する上でどのような点に注意を払うことが必要か，どんな点を比較すると各々の言語の違いが明瞭になるかを示してくれる，お手本のような優れた論文である。ただし，内容は高度なので，ある程度の生成文法の知識がないと歯が立たないであろう。

■ **今井邦彦『語用論への招待』大修館書店 2001 年**

He may apply for the scholarship. に現れるmayには2つの解釈がある。1つは可能性を表す解釈で，「奨学金に応募するかもしれない」という解釈，もう1つは許可を表す解釈で「奨学金に応募してもよい」という解釈である。この2つの意味がmayにあることは偶然なのであろうか。近年，こうした助動詞の個々の意味は文脈の中で決まるという考えが有力となりつつある。本書では，語用論の中の1つの理論的枠組みである関連性理論を紹介しながら，助動詞の解釈のプロセスを説明している。語用論の入門書であると同時に，関連性理論の成果を紹介しているので，「関連性理論的」言語学の見方の練習になる。

名詞と代名詞

1 可算名詞と冠詞 〜3匹の侍〜
2 不可算名詞と冠詞 〜1つの証拠〜
3 名詞を限定する要素 〜あの私の車 vs. 私のあの車〜
4 名詞の特定性 〜3人の赤ん坊 vs. 赤ん坊3人〜
5 名詞化 〜患者の検査〜
6 再帰代名詞 〜もし患者が自分自身だったら〜
7 相互代名詞 〜困ったときはお互いさま〜
8 名詞句内部の代用形 〜いつものを頼むよ〜
9 空主語代名詞 〜タバコを吸うのは健康に悪い〜
10 束縛代名詞と指示表現 〜明日は明日の風が吹く〜

第2章 名詞と代名詞

1 可算名詞と冠詞 〜3匹の侍〜

日本語の場合

日本語では，数えられる名詞の数を表す場合に，名詞に**数詞**(1, 2, 3...)だけをつけるのではなく，**助数詞**をつける。助数詞は類別詞と計量詞に分けられる。

(1) 前科3犯の犯人が，拳銃2丁で男女2組を脅して人質に取り，バス1台で120キロの道のりを逃走した。

ここで，「犯」「丁」「台」は**類別詞**であり，「組」「キロ」は次節で扱う**計量詞**である。類別詞には他に(2)のようなものがある。

(2) 秒，時，日，週，月，年，個，つ(例，1つ)，本，枚，通，滴，杯，羽

類別詞が名詞を修飾することで，その名詞をどう数えればよいかがわかる。「ハサミ」や「牛丼」は，それぞれ，「1挺（ちょう）」や「1人前」と数える。

さらに**類別詞**は，それが修飾している名詞のクラスを明確にする働きがある。たとえば，人間を表す場合には「人」や「名（めい）」が，動物を表す場合には「匹」や「頭」が，馬に乗った人には「騎」が使われる。それゆえ，類別詞は，それが修飾する名詞がなくても，その名詞を復元する機能をもつ（影山 2011）。「三匹荒野を行く」という映画の題名から，動物（実際は，犬2匹と猫1匹）がその作品の主人公であることがわかる。

(3) 「三匹の侍」「三匹が斬る！」「痛快！三匹のご隠居」「レッツゴー3匹」

これらは，時代劇や漫才コンビの名称である。ここでは，「3匹」が人間を「擬獣化」して，彼らが野生的な性質をもっていることを表現しようとしている。

「社会の一員」とか「私の一存で」という表現があるが，「員」や「存」は助数詞ではない。これらは普通名詞であるので，助数詞のように生産的に使うことができない（たとえば「*諸君は社会の30員だ」「*国民の1億2760万存で憲法改正を！」）。また，「*全部で何員ですか？」のような疑問文もつくれない。

> 日本語では名詞の数を表すには数詞と助数詞を使う。英語では集団を表す場合を除いて，可算名詞の複数形の前に数詞をおく。日本語とは異なり，英語では単数形の可算名詞の前には冠詞や限定詞をつけなければならない。

英語の場合

英語では，名詞は**固有名詞**と**普通名詞**に分類される。固有名詞は Noam Chomsky, Japan, Jupiter などのように唯一無二の存在物を表し，通常，**無冠詞**である。例外的に，地名，時代，史実などは定冠詞がつく固有名詞である（例：the USA, the Nile, the Iron Age, the Norman Conquest）。

普通名詞は，**可算名詞**（複数形になることができる）と，次節で取り上げる**不可算名詞**（複数形になることができない）に分類される。可算名詞には数詞や few, many などをつけて修飾することができる。日本語とは異なり，**単数形の可算名詞には，冠詞（a(n) や the）や some や Ben's などの限定詞がつかなければならない**。

(4) Jane gave Ben {a fish/two chickens/three apples} yesterday.

この例で Jane が Ben に与えたものは，まる1匹の魚や2羽のニワトリ，3個のリンゴであり，これらはもともとの姿を保ったものである。これらの名詞を無冠詞単数形で表現した (5) を見られたい。

(5) Jane gave Ben {chicken/apple} yesterday.

この例では，chicken や apple などは原形をとどめておらず，肉や切り身になっている。日本人は，単数形可算名詞を無冠詞で表してしまう誤りをよく犯す。たとえば，I love cats. というべきところで，I love cat. という学生が多い。これでは，猫の肉を好んで食べていると聞き手に誤解されてしまう。

英語は，生き物の集団を表す**グループ類別詞**をもっている。たとえば，a flock of birds（鳥の群れ），a herd of cows（乳牛の群れ），a crowd of people（人の群れ）などがある。日本語と異なり，英語には単体を表す類別詞はないとされる（影山 2011）。ゆえに，「3姉妹」や「7人の侍」を英語では，n persons of などの表現をつけずに，それぞれ three sisters や seven samurai と表現する。

2　不可算名詞と冠詞 〜1つの証拠〜

> 日本語の場合

　日本語の**助数詞**には，前節で扱った類別詞以外に**計量詞**がある。たとえば，米は1粒ずつ数えることができるが，リンゴに比べると粒が小さすぎるため，山盛りにすると，もはや粒の数がわからなくなってしまう。液体も同じで，1滴ずつ数えるわけにはいかない。**数えることができないものを量の単位で計りとるのが計量詞**であり，次のようなものがある。

(1)　米10俵，砂糖大さじ2杯，トイレ紙12ロール，堆肥5袋，12センチ，ミネラルウォーター3リットル，酒4合，苺3パック，ぶどう4房

　助数詞の中には，類別詞なのか計量詞なのか判別が難しいものがある。影山(2011: 18-22)によると，両者は以下の方法で区別することができるという。

(2) a.　3足の靴下，1膳の箸，1双の屏風，ひとつがいの白鳥
　　b.　にら3束，新聞3束，リンゴ2山，土2盛り

(2a)における助数詞は，それがついている名詞の数量を表しているというよりも，特定の意味をもつものに限って使われるため，類別詞とみなされる。たとえば，「3足」は両足に，「1膳」は箸(あるいは，茶碗にもった白米)に限定される。(2b)における助数詞は，従来，類別詞として扱われてきたが，その対象が特定の意味をもつものに限らず，さまざまな物質に使えるため，計量詞とみなされる。

　類別詞を含む名詞句が計量詞となる場合もある。「トラック50台分のがれき」や「風呂桶10杯分の水」という場合がこれにあたる。類別詞をともなった「トラック50台」や「風呂桶10杯」という名詞句が計量詞となって，がれきや水の大まかな量を計っている。

　類別詞と違って，計量詞には「〜の分量」という表現をつけることができる。「バケツ5杯の分量」は文法的なので「杯」は計量詞である。それに対して，「*靴下3足の数(量)」や「*箸3膳の分量」は非文法的なので，「足」や「膳」は類別詞である。

> 日本語でも英語でも，数えられない名詞の量を表すには計量詞を使う。日本語では数えられても英語では数えられない名詞がある。

英語の場合

　前節で述べたように，名詞には**可算名詞**と**不可算名詞**がある。不可算名詞は，具体的な事物を表す**物質名詞**と抽象的な事物を表す**抽象名詞**に分けられる。

　不可算名詞としても可算名詞としても使える名詞がある。バナナまるごと1本は可算名詞であるので，a banana のように冠詞をつけるが，バナナを切って原形を失くしてしまうと，バナナの切り身は不可算名詞となり，無冠詞で banana となる。このように，「姿かたち」をもつか否かが重要であり，**beer, wine, coffee, chocolate, cake, pizza, glass, iron, education, work** などは物質あるいは原材料あるいは抽象概念として使われると不可算名詞であるが，これが商品や製品あるいは具体化・特殊化されたものとして一定の形を得ると可算名詞になる。three coffees や thirteen beers といえば，コーヒーカップ3杯あるいは3缶のコーヒーや，ビアジョッキ13杯あるいはビール瓶13本のビールであるし，a cake や a pizza といえば，ホールのケーキ（アントルメ）やピザのまるごと1つである。a glass といえば，ガラスという物質名詞ではなく，ガラスコップという**普通名詞**である。a good {education/work} といえば，「教育一般」あるいは「仕事一般」ではなく，より具体的あるいは意味が特殊化された「よい教育」あるいは「よい作品」である。

　これらとは異なり，**advice, evidence, furniture, information, luggage, money, news, weather** などは，可算名詞としての用法をもたない不可算名詞である。これらは，**a** や **an** をつけて単数形名詞として，あるいは，数詞をつけて複数形名詞として使うことはできない。それゆえ，(a) little や much などの数量形容詞をこれらの不可算名詞につけて，それらの量を表せるようにするという方法がとられる（例：You spent too much money.）。不可算名詞の量を表すには，英語では，グループ類別詞ではなく(3)のように計量詞をもちいる。

(3)　a piece of {advice/furniture}, six pieces of evidence, a slice of lemon

coffee にも計量詞をつけることができ，a cup of coffee は数えられない液体の量をコップという容器の数で表している。「1つの証拠」という表現を英語に訳す場合に *an evidence というのは間違いである。

3 名詞を限定する要素 〜あの私の車 vs. 私のあの車〜

日本語の場合

名詞句の内部に現れて名詞を限定する要素には，(1a-d)のようなものがある。

(1) a. 数詞＋類別詞あるいは数詞＋計量詞(例：「3個の」「5キロの」)
　　b. 数量詞(例：「すべての」)　　c. 指示詞(例：「この」「その」)
　　d. 属格主語(例：「花子の」)

これらの要素の語順は一見，自由である。「あの」や「私の」や「すべての」は，互いの順番が入れ替わることができる。しかしこれらは，名詞の後ろに現れない。

(2) ｜あの私の車／私のあの車／私のすべての車／すべての私の車｜ が壊れた。
(3) ｜*私の車あの／*あの車私の／*私の車すべての｜ が壊れた。

数詞と類別詞あるいは計量詞からなる「3冊」などの句は，名詞の前だけでなく，後ろにも現れることができる。(4)の例文の「領地を三国」は，名詞句の外へ「三国」が遊離したものであり，これは名詞句内部の語順とはいえないが，参考までに例をあげておく。

(4) 太郎は｜三国の領地を／三国領地を／領地三国を／領地を三国｜ 治めた。

実は，これらの要素が現れる語順には制約がある。

(5) 太郎は｜何の手柄も／何も手柄を／*手柄何もを／*手柄何をも／手柄を何も｜ 立てなかった。　　　　　　　　　　(cf. Watanabe 2006)
(6) 太郎は｜三国の領地すべてを／*すべての領地三国を／*領地すべて三国を／領地三国すべてを／領地三国をすべて｜ 失った。(cf. Ochi 2012)

(5)のように，「何」が名詞の後ろに現れたり，(6)のように，「すべて」が「三国」より前に現れると，非文になる。

> 日本語は，名詞を限定する要素どうしの順序は自由であるように見えるが，数量詞や類別詞と名詞の語順には制約がある。一方，英語では，名詞を限定する要素の語順には制約があり，(i)前位限定詞，(ii)中央限定詞，(iii)後位限定詞の順に要素が並ぶ。

英語の場合

前節までで見た冠詞は，名詞を限定する要素の1つであり，限定詞という。Quirk et al. (1985)によれば，限定詞には，(i)前位限定詞，(ii)中央限定詞，(iii)後位限定詞がある。(i)には all，both，half などの数量詞が含まれる。(ii)には，定冠詞(the)，指示詞(this, that, these, those)，属格(my, your, his, Mary's)，不定冠詞(a, an)，選択限定詞(either, neither)，全称限定詞(every, each)，数量限定詞(some, any, enough)が含まれる。(iii)には基数詞(one, two, three など)，序数詞(first, second, third など)と不定数詞(many, much, few, little, several など)がある。

これらが名詞句の前に現れる際，(i)前位限定詞，(ii)中央限定詞，(iii)後位限定詞の順に現れ，これらの後ろに形容詞，そして名詞の主要部が続く。

  (7) {all the five/ *the five all} pretty women

(7)からわかるように，(i)数量詞 all は(iii)数詞 five の前に現れなければならない。

英語では，「学生10人」のように数詞が名詞の後ろに現れることはできない(*The students three will swim. は非文)。しかし，all と both と each などの数量詞は名詞の後ろに現れることが許される(The students both will swim. は適格文)。

日本人は，「このジョンの時計」や「彼のおのおのの娘」といおうとして，(8)のような誤った形式をよく使うが，中央限定詞が複数現れることはできない。

  (8) *this John's watch, *his each daughter

正しくは，this watch of John's や each daughter of his である。同様に，数量詞どうしが複数現れることはできない(*all both the tables)。

第 2 章　名詞と代名詞

　名詞の特定性　〜3 人の赤ん坊 vs. 赤ん坊 3 人〜

> 日本語の場合

名詞には特定的な解釈と非特定的な解釈が見られる。

(1) a.　ジョンはおととい電動式自転車を買った。
　　b.　電動式自転車があれば，この坂を楽に登っていけるのになあ。

(1a)の「電動式自転車」は，それが，他ならぬどの電動式自転車かが特定され，話し手が頭の中に思い浮かべている特定の 1 台の自転車である。このような解釈を「特定的な解釈」という。それに対して，(1b)の「電動式自転車」は，坂を楽に登れる電動式自転車であればなんでもよく，特定の 1 台の自転車を念頭においているのではない。このような解釈を「非特定的な解釈」という。

前節で見たように，数詞+類別詞は名詞の前後に現れてよい。「2 つの立場を考えてみよう／立場を 2 つ考えてみよう」という場合に，「2 つの立場」は特定の立場と不特定の立場のどちらにも解釈できるが，「**立場を 2 つ**」（ただし，これは数量詞遊離の例）**では，不特定の立場しか意味しない**（神尾 (1977)）。

また Huang and Ochi (2011) は，興味深い観察を行っている。「3 人の赤ん坊が」は特定の赤ん坊と，不特定の赤ん坊のどちらにも解釈できる。それに対して，「**赤ん坊 3 人が**」は，**特定の赤ん坊を表す傾向が強い**という。

(2)　平均すると，この病院では毎週，{ a.　3 人の赤ん坊が生まれている。
　　　　　　　　　　　　　　　　　　b.　赤ん坊が 3 人生まれている。
　　　　　　　　　　　　　　　　　　c.*赤ん坊 3 人が生まれている。 }

(2a)と(2b)では，特にどの乳児かに言及しない不特定の解釈が得られる。それに対して，(2c)の「赤ん坊 3 人が」は，そのように解釈することはできず，特定の赤ん坊として解釈されてしまう。そのため，(2)のように(特定の乳児ではなく)平均的な乳児の出生数を述べる文脈では，(2c)は非文である。同じ理由で，神尾 (1977)の例文「*立場 2 つを考えてみよう」も排除される。これに対し，「先週この病院では赤ん坊 3 人が生まれた」のように，特定の赤ん坊について述べる文脈で「赤ん坊 3 人が」は適格である。

> 不定冠詞のついた名詞が特定的に解釈されるか，非特定的に解釈されるかは，それが現れる環境に左右される。日本語は，英語に比べて語順が自由だが，名詞の直後に数詞＋類別詞を置くことができ，その場合には特定的な解釈が好まれる。

英語の場合

英語の限定詞には，2.2-2.3節で見たように，定冠詞と不定冠詞がある。不定冠詞はどのように使われるのだろうか。話し手である自分が，話し相手である聞き手に，ある事物について話すとしよう。その事物を聞き手がまだ知らない情報だと話し手が思っている場合に用いるのが不定冠詞である。(3)を見てみよう。

(3)　Ben bought a bicycle. The bicycle is cool.

この文で最初の文のbicycleに不定冠詞がつくのは，会話の中で，はじめてBenが買った自転車が話題に上っているからである。この最初の文を発するとき，話し手は，その自転車が聞き手にとって未知の情報だとみなす。2つめのbicycleに定冠詞がつくのは，それが話し手と聞き手にとっての共通知識になっているからだ。一般に，聞き手にとって未知なら不定冠詞を，既知なら定冠詞をつける。

さて，不定冠詞がついているからといって，それが非特定的な解釈をもつとは限らない。たとえば，(3)の最初のa bicycleは不定冠詞がついた名詞だが，その自転車は不特定の自転車というわけではなく，ジョンが買った他ならぬ1台の自転車を指し，それゆえ特定的な解釈をもつ。

不定冠詞のついた名詞が非特定的な解釈をもつかどうかは，それが現れる環境に依存している。**既成の事実を述べる場合には，特定的な解釈が与えられる。**たとえば，(3)のBen bought a bicycle.のような過去形の文に現れるa bicycleがそうである。聞き手が知らない情報なので不定冠詞がついてはいるが，既成の事実を述べているので，自転車には特定的な解釈が与えられる。それに対して，(4)のように，**現実でない事柄を表す場合や不確定な内容を表す場合には，不定名詞は非特定的な解釈をもつことが可能になる。**すなわち，「どんなヘルメットでもよいから～だ」という意味になる。

(4)　a.　Ben wants to buy a helmet.
　　 b.　Wearing a helmet might reduce the risk of head injury.

5　名詞化 〜患者の検査〜

> 日本語の場合

　動詞が名詞になる現象はよく知られている。そのような現象は名詞化とよばれる。**名詞化によってつくられる名詞には，大きく分けて2種類あり，(i) 結果名詞や単純出来事名詞と (ii) 複雑出来事名詞である**(Grimshaw 1990, 影山 1993)。

　主語や目的語など，動詞が必要とする要素を項という。結果名詞や単純出来事名詞は，動詞の連用形をそのまま名詞として使ったものだけでなく，漢語や外来語もある。もともとの動詞がとっていた項を必要としなくなったものが結果名詞である。影山(2011)によれば，「追いはぎ」や「スリ」などの結果名詞は，動詞から派生し，そのような行為だけでなく，それを行う人も表す。**結果名詞は項をとらなくてもよいため**，目的語をつけて「*金品の追いはぎ」という必要はない。

　結果名詞とは異なり，**単純出来事名詞は，もとの動詞の項を引き継いでおり，「の」をつけた形でもとの動詞の項を具現することができる**(影山 2011)。たとえば，「食いつく」に由来する「食いつき」は，もとの動詞の項に「の」をつけて表すことができる(「エサの食いつきが違うわね」)。結果名詞あるいは単純出来事名詞に属するものに，「読み」「祭り」「飾り」「縛り」「救急」「警報」「尊厳」「郷愁」「ハッピーエンド」「モデル」などがある(目的語に「の」がついた例として，「芝目の読みを間違う」「鍵の救急」「生命の尊厳」「祖国への郷愁」「民主化のモデル」などがある)。また，これらは名詞句に「を」をつけて目的語としてとることができない(たとえば，「*ピンで髪を飾りの最中に」「??気象庁が大雨を警報の際に」)。さらに，これらの名詞の直後には「する」をつけることができない(たとえば，「*祭りする」「*尊厳する」「*ハッピーエンドする」)。

　複雑出来事名詞は，漢語にも(「偵察」「散策」「削減」「放送」「印刷」「試行錯誤」)，和語にも(「あら稼ぎ」「あら探し」「横流し」)，外来語にも(「ドライブ」「キャンセル」「リサーチ」「サポート」)見られる。**複雑出来事名詞は，その直後に「する」を補うと動詞として使うことができる点で，結果名詞や単純出来事名詞と異なる**(たとえば，「上司から資金を横流しするよう命じられた」)。また，**他動詞的な複雑出来事名詞は，「を」のついた目的語をとることができる**(たとえば，「政府が防衛費をカット(の方針)」「妖怪グッズを発売」「深夜のデートをすっぱ抜き(で話題騒然)」など)。

> 複雑出来事名詞は，目的語をとるという点で日本語と英語で共通している。日本語では，「する」がつけられるなどの性質が観察されている。それに対して英語では，不定冠詞の a(n) や複数形の -s がつけられないなどの性質が見られる。

英語の場合

英語の他動詞が目的語を省略することができないことは，よく知られている。たとえば，*The doctor examined. (Grimshaw 1990: 47) という文は他動詞 examine の目的語が省かれているため，非文法的である。

名詞化によってできる名詞には，(i)結果名詞や単純出来事名詞と(ii)複雑出来事名詞の2種類があることはすでに述べた。たとえば，examine から派生した examination は(i)と(ii)の用法をもち，それぞれ(1a)と(1b)に対応している。

(1) a. The {examination/exam} {took a long time/was on the table}.
　　b. The examination of the patients {took a long time/*was on the table}. 　　　　　(Grimshaw 1990: 49, 51)

(1a, b)の examination は性質が異なる。まず，was on the table という述語の主語になれるのは(1a)であって，(1b)ではない。つまり，(1a)において，机の上にあった examination は「検査用紙」というモノを表しているのである。

また，Grimshaw (1990: 50) は，(i)の名詞の目的語を省略することができるが(The expression is desirable.)，(ii)の名詞の目的語は省略できない(*The frequent expression is desirable.)ことを観察している。この点で，(i)の名詞は，目的語(たとえば of one's feelings)を義務的にとるという動詞の性質を失っているのに対して，(ii)の名詞はこの性質を保持している。

さらに，(i)と(ii)の違いは，名詞の冠詞や数にも反映される(Grimshaw 1990: 54)。(i)の名詞は，不定冠詞(a や an)がついたり，複数形になったりする性質をもつことから，可算名詞としてふるまっている(たとえば，They studied an assignment. および，The assignments were long.)。一方，(ii)の名詞は**不定冠詞もつかないし，複数形にもなれないという性質をもち，不可算名詞としてふるまう**(たとえば，*They observed an assignment of the problem. および，*The assignments of the problems took a long time.)。

6 再帰代名詞 〜もし患者が自分自身だったら〜

日本語の場合

日本語では，再帰代名詞として，通常「自分自身」よりも「自分」を使うことが多い。

(1) 真優がいつも自分(自身)を {磨いている／見失わない} (こと)。
(2) 佳菜が先生に自分(自身)を {アピール／さらけ出} した(こと)。

(1)の例では，直接目的語位置に現れる再帰代名詞が主語を指している。(2)の再帰代名詞も主語を指しており，目的語である「先生」を指せない。このように，**再帰代名詞は主語志向的である**。

さらに「**自分**」は，直近の主語でなくとも，**遠距離の主語を指すことができる**。

(3) 聡子が [旧友が自分を {批判した／嫌っている} と] 聞いていた(こと)。

この例の「自分」を「自分自身」に置き換えると，主節の主語を指すのが難しいと判断する話者がいる。その点で**「自分自身」という複合形は，遠距離でなく直近の主語を先行詞にとる性質をもつ**と考えられる。

関西地区でよく知られているテレビ広告がある。その中で次の文が登場する。

(4) もし，患者が自分自身だったら，どうしますか。

これは，学校法人・専門学校大阪医専の2014年の広告である。運動場で倒れている患者に心臓マッサージをしている救急救命士の真剣な表情から，患者の顔へとカメラが切り替わり，患者の顔をよく見ると，何と，マッサージをしている救急救命士本人の顔だった，という内容である。(4)で，「自分自身」は「患者」を指しているように一見見えるのだが，実はそうではない。(4)の「自分自身だったら」は「あなた(自身)だったら」と解釈される。(4)は，「もし，患者があなた自身だったら，どうしますか」といい換えられるだろう。このような場合の「自分自身」は強調形であるとされる(Katada 1988)。

> 日本語の再帰代名詞「自分」は直近の主語を指せるだけでなく，遠くの主語を指すこともできる。一方，英語の再帰代名詞 himself は直近の先行詞しか指せず，遠くの先行詞を指せない。「自分」はいつも self 形で表せるわけではない。

英語の場合

英語の self 形再帰代名詞は，主語志向的ではない。**himself** が動詞の目的語に現れるとき，主語でも目的語でも指すことができる。

(5) a. Ben defended himself.
   b. Ben showed May herself in the mirror.

日本語から英語に訳すときに，「自分」を self 形で，「彼」を he で表現するのはいつも正しいとは限らない。たとえば，「ベンは自分をイケメンだと思っている」といおうとして，ついつい himself を使ってしまわないだろうか。

(6) a. Ben considers (that) {he/*himself} is handsome.
   b. Ben considers himself (to be) handsome.

(6a)のように，that 節の主語位置に himself が現れることはできず，主語を代名詞 he にする必要がある。どうしても再帰代名詞を使おうとすれば，(6b)のように consider の後ろには，不定詞節や小節（つまり，主語名詞句と述語形容詞句のみからなる節）をもってくる必要がある。また，**再帰代名詞は，直近の主語を飛び越えてより遠くの先行詞を指せないという性質をもつ**。例として(7)を見られたい。

(7) a. Tim expected Ben to criticize himself.
   b. Tim likes Ben's picture of himself.

(7a, b)で，himself は必ず Ben を指し，Tim を指すことはできない。これに対して日本語では，「Tim は Ben が自分を批判すると思った」および「Tim は Ben が所有する自分の写真を気に入った」という場合，「自分」は Tim を指すことができる。

7 相互代名詞 〜困ったときはお互いさま〜

> 日本語の場合

「(お)互い」は，二者以上の間で**相互的**な出来事が起きる場合に用いられることが多いが，**並行的**な出来事が起こる場合にも用いることができる。(1a)では，陽(あきら)が愛をほめ，愛が陽をほめるという相互的な関係を表しており，(1b)では，陽は陽を，愛は愛をほめるという並行的な関係を表している。

(1) a. 陽と愛が互いをほめた(こと)。
    b. 陽と愛が互いに自慢した(こと)

「お互い」の性質を見てみよう。「お互い」は，主語志向的(常に主語を指す)ではない。(2)で，「お互い」は目的語「宏樹と雅子」を指すからである。

(2) 私が宏樹と雅子にお互いを|推薦した／紹介しなかった|（こと）。

また，「お互い」は，長距離先行詞を指すことができる。(3)-(4)では，従属節内の「お互い」が，主節の要素を指している。

(3) ジョンとビルは［メアリーがお互いに惚れている］と思い込んでいた。
　　　　　　　　　　　　　　　　　　　　　　　　　　　　　　(Hoji 2003)
(4) (哲也と美穂は最近婚約した。)しかし，彼らは［仲人ご夫妻がお互いを嫌っている］ことに悩んでいた。　　　　　　　　(三原・平岩 2006)

このように，相互代名詞は，主語志向的でない点，従属節の目的語位置からも主節の先行詞を指せる点で，再帰代名詞とは異なる性質をもつ。
　「困ったときはお互いさまじゃないですか」「そのセリフ，そっくりあなたにお返ししますよ。これでお互いさまですね」「感じが悪いのはお互いさまでしょ」のように，「お互いさま」を使う場合，その先行詞は何であろうか。「自分」や「自分自身」が，会話の話し手や聞き手を含む登場人物を指すのによく使われる(前節の(4)を参照)のと同様に，上記の例の「お互いさま」は会話における話し手と聞き手をひとまとめにして，その先行詞としている。

> 日本語の相互代名詞「お互い」は従属節の主語位置にも目的語位置にも現れることができ，さらに主節の先行詞を指すことができる。一方，英語の相互代名詞 each other は that 節の内部から主節の先行詞を指すことができない。どちらも主語志向的でないという点では共通している。

英語の場合

英語の相互代名詞 each other は，同一文中の主語でも目的語でも指すことができる。つまり，**相互代名詞は主語志向的ではない。**

 (5) a. John and Ben defended each other.
   b. I showed John and Bill each other. (Jackendoff 1990)

「お互い」を each other で表現できない場合がある。たとえば，「彼らはお互いがそこにいると思っていた」を英訳しようとして，(6a)の文のように，each other を that 節の主語位置に登場させるのは誤りである。この点で，each other は，前節で見た self 形の再帰代名詞と同じ性質をもっている。ただし，(6b)のように，従属節が間接疑問文である場合には，たとえその節が定形節であっても，その主語位置に each other が現れることが許される。

 (6) a. *They expected [that each other would be there]. (Hicks 2009)
   b. We didn't know [what each other wanted]. (Bruening 2006)
   c. The candidates expected [each other to win]

どうしても従属節の主語位置に相互代名詞を登場させたいのならば，(6c)のように，従属節を不定詞節に変える必要がある。
 また，(7)のように，**相互代名詞は，直近の主語を飛び越えてより遠くの先行詞を指すことができない。**この点は，日本語と異なる((3)-(4)を参照)。

 (7) a. *The footballers believe [the supermodel to love each other].
   b. *The footballers laughed at [the supermodel's pictures of each other]. (Hicks 2009)

第2章 名詞と代名詞

8 名詞句内部の代用形 〜いつものを頼むよ〜

日本語の場合

代用形の「の」は，それに先行する名詞に置き換わり，**先行する名詞が単数形であっても，複数形であっても，数えられない名詞であってもよい。ただし，抽象的な意味をもつ名詞は「の」で置き換えることができない**(神尾 1983, 三原 1994)。

(1) a. 袋が不潔すぎる。もっと清潔なのを {1枚／10枚} もってきて。
    b. 金魚の飼育には水道の水でなく，塩素抜きのを使っています。
    c. {固い信念／*固いの} をもった青年

(2)で「酒」を「の」で置き換えると，「いつものの」という形が得られるが，これらの2つの「の」のうち，**通常は一方が削除される**(奥津 1974)。

(2) {いつもの酒／*いつものの／いつもの} を頼むよ。

また，(3)からわかるように，「の」は単独では現れず，**必ずその前に句をともなわねばならない。ただし，「あ(の)」「一種」「ある」「3本」などの決定詞や数量詞などは「の」の前に現れることはできない**(神尾 1983)。

(3) {*の／*あの／*一種の／*3本の／*あるの／特徴のあるの} が話題になっています。

動詞がそうであるように，名詞も**補部**として目的語をとる。(4a)では，名詞「修理」だけが「の」に置き換わり，名詞の補部「エアコン」は残されている。(4b)では名詞「予約」と補部「指定席の」とが「の」に置き換わっている。

(4) a. ?防犯装置の修理よりもエアコンのが急ぐ。
    b. 固定電話からの指定席の予約よりもパソコンからのが確実です。

このように，**補部を除外して名詞だけを「の」に置き換えることも可能である**。

> 日本語では，代用表現「の」は単独で現れることはできず(cf. (3))，「の」に置き換わるのは，抽象的ではない名詞一語(cf. (1c))あるいはそのような名詞と補部からなるまとまりである(cf. (4))。英語の one に置き換わるのは，可算名詞一語(cf. (5))あるいはそのような名詞とその補部からなるまとまりである(cf. (7))。

英語の場合

one は支柱語(prop word)とよばれ，代名詞としての働きをもつ。it が特定の名詞を指すのに対して，one は不特定の名詞を指す(2.4 節)。

(5)　Where did you buy that watch? I've been wanting to get one.

ここで話者は，腕時計なら何でもいいから 1 つ欲しいと述べている。この one を it に代えると，相手の所有物を自分が譲り受けたいということになる。
one は，単数と複数形のどちらにも使われるが，不可算名詞には使えない。

(6)　a.　This T-shirt is too small for me. Could you bring me a bigger one?
　　b.　There is a hole in your sock. Here, wear these new ones.（英辞郎）
　　c.　Swapping white rice for brown reduces diabetes risk.
　　　　　　　　　　　　　　　　　　(*The Telegraph, Health News*, 2010 年 6 月 15 日)

(6c)の brown の後ろに one が現れることはできない。rice は不可算名詞だからだ。
　one は代名詞とされ，上述の例では名詞だけを置き換えているように思われるが，(7)からわかるように，**名詞とその補部を含む構成素が one に置き換わる**。

(7)　a.　*This student of chemistry was older than that one of physics.
　　b.　This student of English is taller than that one.
　　c.　The student with short hair is dating the one with long hair.

(7a)が非文法的なのは，名詞 student の補部 of physics が one に含まれずに残されているからである。(7b)は文法的であり，名詞の補部 of English が one に含まれている。(7c)からわかるように，名詞の付加部 with long hair は one に含まれる必要はない。

9 空主語代名詞 〜タバコを吸うのは健康に悪い〜

> 日本語の場合

主語位置に現れる発音されない代名詞を**空主語代名詞**とよび，日本語では**定形節**（時制が表される節）の主語位置や，**不定詞節**（時制が表されない節）の主語位置に現れる。定形節に現れるのを **pro**（スモール・プロ）とよび，非定形節に現れるのを **PRO**（ラージ・プロ）とよぶ。

「〜し始める」や「〜し終える」などの複合動詞は，不定詞節と主節からなる(1)のような構造を形成し，その不定詞節の主語には PRO が現れる(三原 1994)。

(1) 娘たちが［{PRO／*めいめいが} 勤め］{始めた／終えた／上げた／かけた}。

この場合の PRO は主節の主語を指す。この PRO の位置には「めいめいが」などの明示的な主語が現れることができない。これは(2)の単文でも同じであり，主語位置に「娘たちが」が現れているため「めいめいが」が現れることはできない。

(2) *娘たちがめいめいが部屋を掃除した。

一方 pro は，(3)の定形節や，(4)-(5)の「こと」「よう(に)」「の」が導く従属節の主語位置に現れることができる(三原 1994, Uchibori 2000)。

(3) 娘たちが［{pro／めいめいが} デートに出かける］といった。
(4) a. 娘たちが［{pro／各々が} 目標を達成する{ことを／よう(に)}］試みた。
　　b. 母が娘たちに［{pro／めいめいが} 嫁ぐ{ことを／よう(に)}］勧めた。

(1)とは異なり，(3)-(4)では従属節の位置に，「めいめいが」などが現れてよい。これは，主語が PRO ではなく pro であるからだ。

pro には，特定の人やものを指さず，任意の指示をもつものもある。

(5) ［{pro／めいめいが} 好き勝手な料理を注文するの］は手間がかかる。

> 日本語では定形節と非定形節の両方の環境で空主語代名詞が現れるが、英語では（命令形などの環境を除いて）非定形節にしか空主語代名詞が現れない。

英語の場合

英語は，命令文などの限られた場合を除いて pro をもたないが，PRO をもっている。英語の非定形節（不定詞や動名詞や分詞などからなる節）には明示的ではない主語（意味上の主語とよばれてきたもの）が現れる。非定形節を選択する述語には，seem 型（繰り上げ述語），hope 型（**コントロール述語**），expect 型（例外的格標示述語）があるが，hope 型の述語がとる非定形節の主語は PRO である。

(6) a. Tim promised Ben [PRO to attend the meeting].
  b. Tim persuaded Ben [PRO to attend the meeting].

従属節の PRO 主語は，(6a)では主節の主語を先行詞にとるのに対して（**主語コントロール**），(6b)では主節の目的語を先行詞にとる（**目的語コントロール**）。このような違いは，主節の述語が promise 型か persuade 型かによる。**PRO は**(6b)のように，それが**直近の名詞を先行詞にとるという性質**と，(6a)や以下の(7)のように，**遠くにある名詞を先行詞にとるという性質**をあわせもっている。

(7) John thinks that it is believed that [PRO shaving himself] is important.
(8) It was believed that [PRO shaving] was important.

(7)では，PRO が直近の主語 it を越えて John を先行詞にとっている。また，(8)のように，**PRO が任意の名詞を先行詞にとる場合もある**(Hornstein 2001)。

PRO は，定形節の主語位置や，動詞や前置詞の目的語位置には現れない。

(9) a. Maria thinks that {*pro/*PRO/they} speak French.
  b. *Ben shot (at) PRO.

英語は pro をもたないので，(9a)には明示的な主語 they が現れねばならない。また，(9b)は定形節であるが，たとえ非定形節に変えたとしても，その文は非文である。

10 束縛代名詞と指示表現 〜明日は明日の風が吹く〜

> 日本語の場合

代名詞類は直近の名詞を先行詞にすることができない。たとえば、「千秋は千春が彼女をほめたといった」という文で、「彼女」は「千秋」なら指すことができるが、「千春」を指すことはできない。

次に、疑問詞「誰」と「そいつ」を含む例を見てみよう。

(1) a. 誰がそいつの母親を愛しているの？
    b. そいつの母親が誰を愛しているの？

(1a)の文は、「どの x について、ただし x はヒトであるが、x が x の母親を愛しているのか」という解釈をもつ。このとき、x は**変項**とよばれ、その値は「どの」や「あらゆる」などの疑問詞や数量詞の値とともに変化する。「そいつ」は**束縛変項**とよばれる。それに対し、(1b)の「そいつ」は、「誰」より前に現れる語句の一部になっていることが災いして、疑問詞の値に応じて変化する変項としての解釈は得られない((4e(ii))でも同様)。ここで、「彼」でなく「そいつ」を用いているのは、**「彼」には束縛変項としての用法がない**ためである(Hoji 1990)。

一方、「哲也」や「京都」などといった固有名詞および「先生」や「この犬」などは**指示表現**とよばれる。これらは代名詞とは異なり、それ自体で何を指示しているかがわかるため、**先行詞を通常とらない**。とはいえ、(2)のように、2つの「哲也」が同一人物を指示する解釈は、さほど強い非文法性をもたらさない。

(2) 哲也も哲也の周りの人々もみな幸せだ。哲也は哲也なりに頑張っている。

これに対して、「彼は哲也をかばう」などの文で、指示表現が代名詞をその先行詞とする解釈は強い非文法性をもたらす。これに関連して、「そいつは誰をかばっているの？」という文の「そいつ」には、「誰」の束縛変項としての解釈が許されない((5c)も同様)。それは、この代名詞が疑問詞より前に現れ、かつ、名詞句の一部ではなく全体を占めているためである(cf.(1b))。

> 日本語でも英語でも，代名詞は直近の名詞句をその先行詞とすることはできない。代名詞には束縛変項としての解釈があり，指示表現は先行詞をとらない。

英語の場合

he や them などの**代名詞類は，直近の名詞句を先行詞とすることができない。**

(3) a.　John criticizes him.
　　b.　John believes him to love Mary.

これらの文で，him は John を指すことができない。代名詞 he や his や him が先行詞 John を指せるのは，代名詞と先行詞の間に対格主語 Peter や所有格主語 Peter's や定形節の境界（接続詞 that など）が現れる (4a-c) のような場合や，代名詞が名詞句の所有格形 his として現れる (4d(i)) や (4e(i)) のような場合である。

(4) a.　John considers [Peter to like him].
　　b.　John dislikes [Peter's pictures of him].
　　c.　John considers [that he is handsome].
　　d.　{(i) John/(ii) Everyone} likes [his mother].
　　e.　His mother likes {(i) John/(ii) everyone}.

(4d(ii)) の場合には，(1a) と同じく，代名詞 his の値が everyone の値とともに変化する束縛変項として解釈が許されるが，(4e(ii)) の場合には (1b) と同じく，代名詞が束縛変項として解釈されることができない。

次に，指示表現に目を向けよう。**指示表現は先行詞をとらない。**

(5) a.　{John/He} criticizes John.
　　b.　{John/He} thinks that John loves Mary.
　　c.　He likes everyone.

(5a, b) で，John はそれに先行する John や he を指すことができない。また (5c) の he には，everyone の値に応じて he の値が変化する束縛変項としての解釈がない。

第 2 章 名詞と代名詞

おすすめの本と論文

※論文の掲載ページなど詳細は巻末の参考文献を参照のこと。

■ 久野暲,高見健一『謎解きの英文法 冠詞と名詞』くろしお出版 2004 年

「ジョンはギターを演奏します」は英語で John plays the guitar だと中学校で教わった読者が多いのではなかろうか。そういう読者は,John plays guitar という表現に出くわして当惑する。(他の楽器とは対比せずに)ジョンは職業としてギターを弾いているとか,ジョンはギターの弾き方を知っているという場合には the がつかない,と著者たちは明解に the の有無を説明している。冠詞だけでなく,a few と several の違い,every と any の違い,単数名詞と複数名詞など,名詞句についてひととおり知っておきたい知識を網羅している。

■ Abney, Steven. *The English noun phrase in its sentential aspect.* Doctoral dissertation, MIT, 1987.

名詞句と文の共通点があることは古くから知られていた。この事実をうまく捉えるためには,名詞句がどのような構造をしているかを明らかにしなければならない。文の構造は,まず動詞句 VP (verb phrase)があり,それに時制句 TP (tense phrase)が結合されて文ができている。Abney は,名詞句の構造を表す際,名詞句 NP (noun phrase)に限定詞句 DP (determiner phrase)が結合された構造を仮定することで,この難問を見事に解決した。世にいう DP 分析である。この章では取り上げることができなかった動名詞句の構造についても,Abney はこの DP 分析をあてはめてみせる。

■ Munn, Alan. The possessor that stayed close to home, *Proceedings of 24th Western conference on linguistics* (*WECOL 24*), 1995.

John's book では,John's は「本」の所有者や「本」の中身である。「男性客をよびよせるための写真」という意味の men's picture では,men's は「写真」の修飾語である。Munn はこの論文の中で,名詞の前に 2 つの's (アポストロフィー・エス) が現れてよいと述べており,Pierre Cardin's men's pictures という表現には「Pierre Cardin がもっている,男性客をよびよせるための写真」という意味はあっても,「Pierre Cardin を写した,男性客をよびよせるための写真」という意味はないという。's がもつ意味は,その名詞句の内部の構造とその成り立ちから説明することができると論じている。

■ van Hout Angeliek, Masaaki Kamiya, & Thomas Roeper. Passivization, reconstruction and edge phenomena: Connecting English and Japanese nominalizations. *Natural Language and Linguist Theory, 31*, 2013.

The election of nobody surprised me. という文には「誰も選挙に選ばれなかったが,

そのことに私は驚いた」という意味があるが，Last year's election of nobody surprised me. という文には，そのような意味はなく，「昨年の選挙に選ばれた人たちは，誰一人として私を驚かせなかった」という意味しかない。なぜ the を last year's に置き換えると意味が変わってしまうのかについて，この論文は, -tion のつく名詞の特性を用いて説明している。その際，日本語の名詞化に見られる数量詞の意味との違いをも明解に説明している点で，説得力のある論文になっている。

■ Watanabe, Akira. Functional projections of nominals in Japanese: Syntax of classifiers. *Natural Language and Linguistic Theory, 24*, 2006.

　日本語では，「3冊の本を買った」「3冊本を買った」「本3冊を買った」さらには，「本を3冊買った」とさまざまないい方をする。Watanabe は，これらの表現が互いに派生関係にあるという。すなわち，「本3冊を」から「3冊の本を」が生み出され，そこから「本を3冊」を経て「3冊本を」が派生される。これに対し，英語で「3冊の本」は three books のように表され，数詞が現れる位置が固定されている。これは，日本語に見られるようなさまざまな表現を生み出す派生のメカニズムが英語には欠けていることによるという。日本語の名詞句の構造を知りたい読者に読んでほしい。

■ 影山太郎（編）『日英対照　名詞の意味と構文』大修館書店 2011 年

　「学校での事故」とはいえても，「*学校での体育館」といえないのは，なぜだろうか。これは，「事故」という名詞が「出来事」を表す名詞であるのに対して，「体育館」という名詞が単に「モノ」を表す名詞であるという違いに由来している。「出来事」を表す名詞は，それが行われる場所を表現する際に「〜で(の)」という格語尾を用いるが，「モノ」を表す名詞はこれができない(2 章)。どの章でも日本語の広範な名詞表現の用法と意味について，英語と照らし合わせながら議論が進められる。筆者も本書の分析を 2.1-2.5 節で紹介させてもらっている。

■ Hornstein, Norbert. *Move! A minimalist theory of construal*. Blackwell, 2001.

　John tried to send e-mail. の try のように，to 不定詞をとる動詞がある。1つの文に動詞が2つ以上現れても，主語は1つしか現れない。この点に関して 2.9 節では，空の代名詞主語 PRO が send の意味上の主語として現れるという標準的な考え方を紹介した。それに対し Hornstein は，John がもとは send の主語であるが，文頭へ移動を受けることで tried の主語にもなるというおもしろい分析を行った。send の意味上の主語と try の主語の関係が，移動の関係と似た特性をもつことを明快に捉えた重要な分析だ。

■ 白畑知彦『第二言語習得における束縛原理：その利用可能性』くろしお出版 2006 年

　2.6 節で紹介したように，日本語の再帰代名詞「自分」は，英語の himself とは違って，主語を先行詞として指し示すという特性(主語指向性)を示す。また，「自分」は，すぐ

近くの名詞句を指し示すという特性(局所束縛性)のみならず,離れた名詞句も指し示すという特性(長距離束縛性)をもつ。白畑は,実験を通じて,日本語を母語とする子供が7歳頃までには,照応形「自分」の上述の3つの特性を習得できることを解明した。さらに白畑は,局所束縛性が低年齢から習得されることも明らかにしている。再帰代名詞「自分」の習得に関する驚くべき側面をつまびらかにする一冊である。

■ Reinhart, Tanya, & Eric Reuland. Reflexivity, *Linguistic Inquiry, 24*, 1993.

2.6節で見たherselfなどの再帰代名詞は,直近の先行詞を指し示す。また,再帰代名詞はherなどの代名詞類が現れない環境に現れる。これら2つの性質を説明するために,これまでの分析とは異なる分析をReinhartらは提案した。その分析は,述語とその主語と目的語という三者の関係から再帰代名詞や代名詞類の現れを捉える。形はhimselfであっても再帰代名詞とは違ったふるまいをする話者指示詞もこの考え方から説明されるという。

■ Grimshaw, Jane. *Argument structure*. MIT Press, 1991.

形容詞がどんな名詞を修飾できるかということを日ごろあまり意識していないだろう。たとえば,2.5節でも取り上げたexaminationという名詞の前にfrequentやconstantなどの形容詞が現れるときには,examinationの後ろに目的語が現れなければならない。すなわち,*The frequent examination was annoying.(頻繁に試験を行うのはうっとうしい)は非文であり,The frequent examination of the patient was annoying.(患者を頻繁に検査するのはうっとうしい)は文法的である。これらの形容詞は,複雑出来事名詞にのみ現れる。このほかにもさまざまな現象が名詞の項構造に関係づけられていることに驚かされる。2.5節は本書に負うところが大きい。

格助詞と形容詞

1 場所格交替 〜本棚(の本)を片づける〜
2 場所の主語化 〜ここからが山がよく見える〜
3 二重目的語動詞の受け身 〜与えられるものは何？〜
4 心理述語の形式 〜彼の行動が僕を驚かせた〜
5 「教える」の交替 〜いったい何が教えられる？〜
6 状態性の度合い 〜「背が高い」と「不機嫌だ」〜
7 否定接辞の品詞転換 〜「意味」と「無意味」〜
8 分離不可能所有 〜彼女は長い足をしている〜
9 動作を表す形容詞 〜太郎が忙しくしている〜
10 結果述語 〜花瓶が粉々に壊れる〜

1 場所格交替 〜本棚（の本）を片づける〜

日本語の場合

「片づける」という動詞は，2つの異なるタイプの名詞句を「を」目的語としてとることができる。たとえば，(1)の「本棚の本」は片づける行為が向けられる「**対象**」と解釈される。これに対して，(2)の「本棚」は片づけをする「**場所**」として解釈される（片づける「対象」としての解釈も可能である）。

(1) 彼は本棚の本を片づけた。
(2) 彼は本棚を片づけた。

(1)と(2)の文は，**基本的に同じ意味を表すが**，「対象」と「場所」という異なる名詞句が目的語に現れる。これは，**場所格交替**とよばれる構文の交替現象である。

「片づける」と一見同じような意味を表す「取り去る」の場合には，(3)のような形式は可能でも(4)のような形式は可能ではない。

(3) 彼は本棚の本を取り去った。
(4) *彼は本棚を取り去った。

「取り去る」では，取り去る「対象」となる「本棚の本」を「を」でマークできるが，取り去りを行う「場所」となる「本棚」を「を」でマークできない（もちろん，「本棚」が取り去る「対象」であるという解釈なら(4)は容認される）。

「片づける」と「取り去る」のふるまいの違いは，動詞の表す意味の違いに由来する。一般に，他動詞のとる目的語は行為が行われる対象を表す。「片づける」と「取り去る」は，ものを取り去るという意味がある。そのため，取り去りの「対象」となる名詞句を「を」でマークすることができる。

一方で，「片づける」には，何かを片づける行為を行い，その場所をきれいにするという意味もある。そのような意味があるため，「片づける」の場合には，「場所」を変化の対象として捉え，場所を表す名詞句を「を」でマークすることができる。これに対して，「取り去る」には，場所がきれいになるということは意味に含まれないので，「場所」を「を」でマークすることができない。

> 日本語の「片づける」や英語の clear は，何かを片づけるという行為と片づける行為によって引き起こされる場所の変化という2つの異なる意味を表すことができる。そのため，片づける「対象」あるいは片づける「場所」を目的語にとることができる。

英語の場合

英語にも日本語の「片づける」とよく似た交替を起こす動詞がある。その典型的なものが **empty** や **clear** のような動詞で，このタイプの動詞もやはり，「片づける」と同様に2つの文型をとることができる。

(5) John cleared the dishes from the table.
(6) John cleared the table of the dishes.

clear も何かを片づけるという行為の意味と片づけの結果，場所がきれいになるという意味を表す。clear が片づける行為を表す場合には，片づける「対象」を目的語にとる。場所がきれいになるという場所の変化を表す場合には，片づける「場所」を目的語にとる。なお，(6)の of は対象をマークする前置詞として働いている。wipe もまた，clear と同じように拭く「対象」と拭く「場所」を目的語にとることができる。ただし，(8)で示されているように対象を of でマークできない。

(7) John wiped the fingerprints off the wall.
(8) They wiped the wall (*of the fingerprints).

対象および場所を目的語にとることができる clear や wipe とは異なり，remove の場合には，場所を目的語にとる(10)の形式は容認されない。

(9) John removed the stain from the table.
(10) *John removed the table (of the stain).

remove は，取り去る行為の意味を表しても，取り去った材料の置かれていた場所に対する変化の意味を表さない。そのため，remove は，取り去る対象が目的語となる(9)の形式のみが可能なのである。

第3章 格助詞と形容詞

2　場所の主語化　〜ここからが山がよく見える〜

:::日本語の場合:::

　格助詞「が」は，文中の名詞句の文法関係を指定する。典型的には，主語を指定する。たとえば，(1)のような他動詞文では，主語が「が」でマークされ，目的語が「を」でマークされている。

　　(1)　野球選手がボールを投げた。

一般に，主語は，文が何について述べられているかを示す。通常，(1)のように，「が」でマークされる主語は，「から」や「まで」のような**後置詞**(格助詞の一種)をともなわない。しかし，通常は主語とはならないような場所句にも格助詞の「が」がつくことがある。その典型的な例には以下のようなものがある。

　　(2)　この展望台からが富士山がよく見える。
　　(3)　あの地点までが車が通行可能です。

(2)の「この展望台」や(3)の「あの地点」という場所句は後置詞「から」や「まで」をともなっている。そして，(2)や(3)には，(4)や(5)のような意味的に対応する文が存在する。

　　(4)　富士山がこの展望台からよく見える。
　　(5)　あの地点まで車が通行可能です。

(4)-(5)では，場所句は後置詞をともなっているが，「が」ではマークされていない。ところが，(2)-(3)では，場所句が「が」でマークされている。そして，(2)-(3)では，後置詞をともなう場所句が「が」でマークされることにより，場所について述べる文であることが指定される。

　(2)-(3)では，**場所句が「が」でマークされ主語化されている**といわれる。「から」や「まで」のような後置詞をともなう場所句が主語化された場合には，場所句にもともとついていた後置詞は消えずに残る。

> 日本語では，格助詞「が」を利用して，通常は主語としてふるまわない場所句を主語化することができる。一方，英語には，倒置によって場所句を文の主語位置に置く場所格倒置文がある。

英語の場合

英語では，(6)のように，前置詞をともなった場所句が文の主語位置に現れる構文がある。(6)と(7)とを比較するとわかるように，(6)では場所句が文の先頭に現れ，本来なら主語となる名詞句が動詞の右側に現れている。

(6)　On the hill is located a beautiful white cathedral.
(7)　A beautiful white cathedral is located on the hill.

(6)は，場所句が(倒置を起こし)主語位置に現れるため，**場所格倒置文**とよばれる。これと似た構文として意味のない there が現れる **There 構文**がある。

(8)　There is a book on the table.

場所格倒置文は，There 構文と似た性質を示す。たとえば，この2つの構文においては，動詞が右側に現れる名詞句と**数の一致**を起こす。

(9)　There {are/*is} books on the table.
(10)　On the table {are/*is} placed many interesting books.

appear to に埋め込まれた場合，There 構文では，虚辞の there が文の主語位置である appear to の左側にくる。場所格倒置文では場所句がその位置にくる。

(11)　John appears to behave like a child.
(12)　There appears to be a book on the table.
(13)　On the hill appears to be located a beautiful white cathedral.

(11)-(13)の例から，There 構文は虚辞の there が文の主語位置にあり，場所格倒置文は前置された場所句が文の主語位置にあることがわかる。

3 二重目的語動詞の受け身 〜与えられるものは何？〜

> 日本語の場合

　「与える」はものを誰かに渡すという**所有の転移**の意味を表し，**移動の対象物**（所有物）と**着点**（所有者）の2つの目的語をとるため，**二重目的語動詞**とよばれる。二重目的語動詞は，異なる所有の転移の方向性をもつ動詞（たとえば，「与える」と「もらう」）がペアとなり，**授受動詞**とよばれるクラスを形成することがある。

　　(1)　両親が子供に本を与えた。
　　(2)　両親が子供に本をもらった。

(1)は，**主語が出発点**であり，本が両親から子供に渡ることを意味する。これに対して，(2)は，逆に**主語が着点**で，子供から両親に本が渡ることを意味する。授受動詞のペアで特徴的な点は，「移動」の方向性にかかわらず，同じ「が‐に‐を」の格フレームをもつことである。

　二重目的語動詞は，「を」でマークする直接目的語と「に」でマークする間接目的語をとる。「与える」は，このいずれの目的語も（被害の意味ではなく中立の意味を表す）**直接受け身**の主語とすることができる。

　　(3)　子供があの人に本を与えられた。
　　(4)　この本が（あの人によって）子供に与えられた。

しかし，「（おこづかい）をねだる」のような動詞は，「に」名詞句を受け身の主語にすることができるが，「を」名詞句を受け身の主語にすることができない。

　　(5)　子供がお母さんにおこづかいをねだった。
　　(6)　お母さんが子供におこづかいをねだられた。
　　(7)　*おこづかいが子供によってお母さんにねだられた。

以上のように，主語以外に名詞句（目的語）を2つとる二重目的語動詞は，目的語を受け身の主語にする場合，動詞により異なるふるまいをする。

> 日本語の二重目的語動詞は主語が出発点あるいは着点となる2つのタイプがあるが，英語では主語が出発点となるタイプしかない。受け身文でどの名詞句が主語になれるかは，動詞の種類（日本語）や方言（英語）などによって変わる。

英語の場合

　英語にも日本語と同様に目的語を2つとる二重目的語動詞がある。日本語とは異なり，**英語の二重目的語動詞には，give のような主語が出発点を表すタイプのものしかない**。しかし，英語の二重目的語動詞は，(8)の形式以外に，**前置詞を用いる形式をとることもできる**。give の場合は(9)のような前置詞 to を用いる。

　　(8)　John gave Mary the book.
　　(9)　John gave the book to Mary.

どんな前置詞を用いるかは，二重目的語動詞のタイプによって異なる。buy では，受益者が利益を受けるという意味が表され，to ではなく for が使用される。

　　(10)　John bought Mary the book.
　　(11)　John bought the book for Mary.

　(8)の文の動詞 give を受け身にした場合には，(12)と(13)のように，直接目的語を受け身の主語とすることはできないが，間接目的語を受け身の主語にすることはできる。

　　(12)　*The book was given Mary.
　　(13)　Mary was given the book.

give の移動の対象物を表す the book を受け身の主語にする場合には，前置詞 to を用いる(9)の形式から，(14)のような受け身文をつくる必要がある。

　　(14)　The book was given to Mary.

これはアメリカ英語の場合であるが，イギリス英語では，(13)の受け身の形式だけでなく(12)の受け身の形式も可能である。

4 心理述語の形式 〜彼の行動が僕を驚かせた〜

日本語の場合

「驚く」「楽しむ」のような動詞は，心理状態を記述する**心理述語**で，**経験者**と**対象**を表す2つの項をとる。(1)と(2)のように，経験者を「が」，対象を「に」でマークするものと，経験者を「が」，対象を「を」でマークするものがある。

(1) 彼がその突然の発言に驚いた。
(2) 彼がその映画を楽しんだ。

心理述語には，これ以外にも「驚かせる」のような動詞があり，対象を「が」で，経験者を「を」でマークするものもある。

(3) その突然の発言が彼を驚かせた。

対象を主語にとるタイプの心理動詞には，(3)のように，多くの場合(「驚く」→「驚かせる」のように)使役の接辞「させ」がつく。また「(心理的に)追い込む」のような単純な形の動詞もある。さらに，(4)のような構文では，(5)と同様に，経験者の名詞句「政夫」が「自分」の先行詞になれるという特徴がある。

(4) 政夫が自分(＝政夫)のことに関する報道に驚いた。
(5) 自分(＝政夫)のことに関する報道が政夫を驚かせた。

通常の使役文では，(6)のように，「を」でマークされる名詞句は「自分」の先行詞にはなれない。

(6) ＊自分(＝政夫)の弟が政夫を走らせた。

(5)の「驚かせる」は，使役の「させ」形をとっている。しかし，(5)では，(6)とは異なり，「自分」は「を」名詞句を先行詞にとれるので，(5)の心理述語文は通常の使役文とは異なるふるまいをしていることがわかる。

> 日本語の心理動詞も英語の心理動詞も，経験者が主語として現れるタイプの表現と目的語として現れるタイプのものがある。経験者が目的語として現れるタイプの心理動詞では通常の動詞とは異なるふるまいが観察される。

英語の場合

英語にも心理状態を表す表現がいくつかある。その代表的な例が(7)-(9)のようなものである。

(7) Mary was surprised at the news.
(8) Mary was pleased with the pictures.
(9) The news surprised Mary.

(7)と(8)は経験者が主語であるが，受け身の形式をもつ心理表現である。対象を表す名詞句にともなう前置詞は動詞により異なる（surprise at, scared of など）。主語が経験者となる(7)-(8)に加えて，使役的な意味を表す心理表現(9)も存在する。(9)では，対象が主語，経験者が目的語として現れている。ただし，(7)と(9)の surprise の例からわかるように，日本語とは違い，英語の心理述語文では主語が経験者であっても対象であっても動詞の形は同じである。

使役の意味が表される(9)のタイプの心理述語では，日本語と同様に，目的語が self 形代名詞の先行詞となることができる。

(10) Pictures of herself (= Mary) surprised Mary.　　　(cf. (5))

また，心理動詞から派生された心理名詞では，(11)-(12)のように，項の順序が固定されるという現象も観察される。

(11) the children's surprise at the presents
(12) *the presents' surprise at the children

項の順序が「経験者 - 対象」となる(11)の形が可能であっても，逆の「対象 - 経験者」の順になる(12)が許されないということは，派生された心理名詞が使役の意味を表すことができないことを示している。

第3章 格助詞と形容詞

5 「教える」の交替 〜いったい何が教えられる？〜

日本語の場合

「教える」は異なる2つの文型をとることができる。たとえば，(1)では「学生」が「を」でマークされている。一方，(2)では，「学生」が「に」でマークされ，「数学」が「を」でマークされている。

(1) 山田先生が学生を教えている。
(2) 山田先生が学生に数学を教えている。

意味的な観点からいうと，(1)の「学生」は教育を受ける「対象（人物）」で，(2)の「数学」は，教育をする際の教える「内容（知識）」を表す。「教える」はこの2つのタイプの名詞句を「を」でマークする目的語としてとれるのである。

「教える」と似た意味をもつ「教育する」「伝授する」は，2つの文型のうちの一方の文型しかとれない。「教育する」は，（教育によって）「対象（人物）」に変化をもたらすという意味をもつので，(3)ではなく(4)の文型をとる。

(3) *山田先生が学生に数学を教育している。
(4) 山田先生が学生を教育している。

これに対して，「伝授する」は，情報を伝達するという行為の意味を表すために，(5)ではなく(6)の文型をとる。

(5) *山田先生が学生を伝授している。
(6) 山田先生が学生に料理のコツを伝授している。

「教える」は，(1)のような場合，「教える」ことによって「学生」に変化が現れるという**対象変化の意味**を表す。一方，(2)では，「数学」の知識（教える内容）が学生の頭に入るという**情報伝達の意味**を表している。このことから，「教える」は「教育する」と「伝授する」が表す2つの意味をもつために，(1)と(2)の文型が可能であることがわかる。

> 日本語の「教える」と英語の teach はともに,「対象(人物)」に変化を生じさせるという対象変化の意味と,「内容(知識)」を伝達するという情報伝達の意味の2つを表すことができる。

英語の場合

　英語の teach は日本語の「教える」と同じようなふるまいをする。日本語の「教える」と同様，英語の teach も，(7)に示されているように，教える対象(人物)を表す名詞句(Mary)を直接目的語にとることもできれば，(8)のように教える内容を表す名詞句(English)を直接目的語にとることもできる。

　　(7)　John taught Mary.
　　(8)　John taught English to Mary.

これは，teach が**対象変化の意味**と**情報伝達の意味**を表すことができるからである。英語の場合，これ以外にも 'John teaches.(ジョンは教えている＝教師をしている)' や 'John teaches school.(ジョンは学校で教師をしている)' なども可能である(ただし，*John teaches {university/college}. のようないい方はできない)。
　teach は，情報の伝達の意味を表す時には，到着点を to で表す(8)の形式とともに，直接目的語と間接目的語をとる(9)のような形式も可能である。

　　(9)　John taught Mary English.

(9)は(8)と同じ意味を表す。この2つの文では，Mary はともに知識(English)が伝えられる対象(人物)として解釈される。これは，give がとることのできる(10)と(11)の文型と同じである。

　　(10)　John gave the book to Mary.　　　　　　　　　(cf.(8))
　　(11)　John gave Mary the book.　　　　　　　　　　(cf.(9))

つまり，teach は **二重目的語動詞**であるため，(8)と(9)の2つの形式をとることができるのである。なお，(9)は「動詞＋間接目的語＋直接目的語」の並びをしており，(7)の「動詞＋直接目的語」の形式とは異なる点に注意する必要がある。

第3章 格助詞と形容詞

6 状態性の度合い 〜「背が高い」と「不機嫌だ」〜

> 日本語の場合

日本語の**形容詞**や**形容動詞**は(動的な出来事や変化を表すのではなく)変化しない**状態**を表す。(1)および(2)の「背が高い」や「不機嫌だ」は,一定の期間変化が起こらない「状態」を表している。

(1) この子はとても背が高い。
(2) この子は不機嫌だ。

状態を表す述語は,現在形で現れると,現在の状態を記述する。その意味的な性質から,(3)や(4)の文が示しているように,現在形の状態述語は「明日」のような未来を表す副詞と共起できない。これに対して,出来事を表す動詞は,現在形で未来の意味を表すので,(5)のように未来を表す副詞「明日」と共起できる。

(3) *この子は明日とても背が高い。
(4) *この子は明日不機嫌だ。
(5) この子は明日絵本を読む。

「不機嫌だ」と「背が高い」では,表す状態の性質が異なる。「不機嫌だ」はすぐに変化する状態を表すが,「背が高い」は恒常的な状態を表す。その意味的な性質のため,(6)-(7)で示されているように,「不機嫌だ」は,特定の時間を指定する「一日中」のような副詞と共起できるが,「背が高い」は,そのような副詞と共起できない(できたとしてもかなり特殊な状況を設定しなければならない)。

(6) この子は一日中不機嫌だった。
(7) *この子は一日中背が高かった。

「不機嫌だ」のように**一時的な状態を表す述語は場面レベル述語**(stage-level predicate)**とよばれる。これに対して,「背が高い」のように恒常的な状態を表す述語は個体レベル述語**(individual-level predicate)**とよばれる。**

> 状態を表す形容詞には一時的な状態を表すものと、恒常的な状態を表すものがある。日本語も英語も形容詞の意味の違いは(一定の時間枠を設定する)時間副詞が共起できるかどうかで判断できる。

英語の場合

　日本語と同様に、英語にも状態を表す**形容詞**がある。形容詞は、現在形で用いられると、現在において成り立っている状態を表す。

　　(8)　Mary is {intelligent/available}.

これに対して、出来事を表す述語(動詞)の現在形は、現在の出来事ではなく未来に発生する事態(出来事)を表す。

　　(9)　John leaves the town (this afternoon).

英語でも状態を表す形容詞に場面レベル述語と個体レベル述語の区別がある。intelligent は恒常的な状態を表す個体レベル述語であり、available は一時的な状態を表す場面レベル述語である。この２つの形容詞は、There 構文の最後に現れると、(10)のような容認性の違いを見せる。

　　(10)　There are firemen {available/ *intelligent}.

(10)の容認性の違いは、場面レベル述語と個体レベル述語の区別に由来する。この違いは、at the moment のような一定の時間枠を指定する時間副詞と共起できるかどうかで確認できる。

　　(11)　*The students are not intelligent at the moment.
　　(12)　The students are not available at the moment.

(11)-(12)の例から、intelligent が恒常的な状態を表し、available が一時的な状態を表すことがわかる。このことにより、(10)の **There 構文では、文の最後に現れる形容詞が一時的な状態を表さなければならないことがわかる**。

7 否定接辞の品詞転換 〜「意味」と「無意味」〜

日本語の場合

　日本語には，否定の意味を表す「無」「非」「不」といった**否定接辞**がある。これらの接辞は，**名詞について否定の意味を表す名詞をつくる**。一般に，名詞は「の」を入れて他の名詞と接続できる。否定接辞のついた名詞が他の名詞を修飾する場合には(1)のような形式をとり，(2)と同じような意味を表す。

(1)　無期限の延期／未体験の人／不登校の状況
(2)　期限のない延期／体験のない人／登校のない状況

表面上「名詞＋だ」の形式をもつ形容動詞に否定接辞がつく場合もある。名詞と形容動詞は区別しにくいが，名詞を修飾する形式を見ると区別がつく。形容動詞は，名詞を修飾する際に「な」形(連体形)になるからである。

(3)　不完全な答え　　←　　完全な答え
(4)　非日常的な生活　←　　日常的な生活
(5)　*不登校な学生　（←　*登校な学生）

形容動詞に否定接辞がつき全体が形容動詞として機能する場合には，(3)や(4)のように「な」形が現れる。一方，名詞に否定接辞がつき，全体が名詞として機能する場合には，(5)のように「な」形でうしろの名詞を修飾することができない。
　否定接辞がつくことによって**名詞が形容動詞に変わる**ことがある。その場合，否定接辞の有無によって「な」形の名詞修飾の可能性が異なってくる。

(6)　無意味な発言　　←　　*意味な発言
(7)　不節制な人　　　←　　*節制な人

「意味」と「節制」はもともと名詞なので，「な」形での名詞修飾はできない。しかし，否定接辞「無」や「不」がつくと形容動詞になるので，「な」形での名詞修飾ができる。このように，**否定接辞は品詞の転換を引き起こすことがある**。

> 日本語の否定接辞「無」「非」「不」は名詞や形容動詞につく。英語の否定接辞 un- は動詞や形容詞につく。日本語でも英語でも否定接辞は品詞の転換を引き起こすことがある。

英語の場合

　英語の un- のような形容詞につく**否定接辞は**，(happy（幸せだ）から unhappy（不幸せだ）のように）もとの形容詞の意味を打ち消す「否定」の意味を表す。

　　　(8)　　Mary is {happy/unhappy}.

(8)の場合には，happy と同じように，unhappy も形容詞として機能する。接頭辞の un- は動詞にもつく。**un- が動詞についた場合には，否定ではなく，動詞の表す行為とは逆の行為を行うという「反転」の意味を表す。**

　　　(9)　　John {tied/untied} his shoes.

(9)の tie は「結ぶ」という意味を表し，それに un- がついた untie は「結ばない」ということではなく，「ほどく」という「結ぶ」とは逆の行為を表す。
　ただし，(10)のように，動詞の過去分詞に un- がついた場合には，反転した行為ではなく否定の意味を表す。

　　　(10)　This car is unsold.

動詞の sell は「売る」という行為を表す。unsold は「売る」の反転の行為である「買う」という意味はなく，「売れていない」という否定の意味になる。これは，**un- のついた過去分詞形が，品詞の転換により形容詞として機能する**からである。unsold が形容詞であることは (11) の例から確認できる。

　　　(11)　This car remained {unsold/clean}.

remain の後ろの補語には形容詞しか現れない。そして，この位置に unsold が現れることから，(10)の unsold は形容詞として働いていることがわかる。

8　分離不可能所有　～彼女は長い足をしている～

日本語の場合

　日本語で人間の身体部位や人間の特徴・特性を記述する場合，「する」を用いて(1)や(2)のように表現することができる。

(1)　彼女は長い足をしている。
(2)　彼女は明るい性格をしている。

「長い足」や「明るい性格」は，人間の特徴・特性を記述している。人間の特徴は人から切り離すことができないので，(1)と(2)は**分離不可能な所有関係を表している**といえる。(1)と(2)の**分離不可能所有構文**では，特徴を表現する**修飾語が文法的に必要**であり，(3)と(4)のような例は容認されない。

(3)　*彼女は足をしている。
(4)　*彼女は性格をしている。

ちなみに，「身長」は分離不可能な特徴(所有物)を指しているが，(5)のように「する」と組み合わせて使うことができない。

(5)　*彼女は高い身長をしている。

「身長」の場合，(5)のような表現ではなく，「身長が高い」という表現を使わないといけない。また，分離不可能所有の表現は，「ある」という動詞とともに修飾語なしに用いることもできる。

(6)　彼女は身長がある。

身長はどのような人にでも備わっている性質であるため，(6)は文字通りの意味に解釈しても意味がない。そのため，(6)では，文字通りの解釈はなされず，「背が高い」という**特徴づけの意味が語用論的に付加される**。

> 日本語の「身体名詞＋している」構文は分離不可能所有の意味を表し，身体名詞の前に特徴づけをする修飾表現が必要である。英語の -ed 形容詞は，分離不可能な関係を表せるが，その場合でも修飾語なしに表現が成立することがある。

英語の場合

英語では，(7)や(8)のように，身体名詞に -ed をつけた表現(**-ed 形容詞**)を使って分離不可能所有や人の特徴づけを表す。

   (7)   a blue-eyed girl
   (8)   He is left-handed.

(7)や(8)に現れる -ed は動詞の時制を指定する屈折接辞ではなく，**名詞について形容詞を派生する派生接辞**である。名詞に -ed のついた表現は，名詞から形容詞への品詞転換が起こり，全体で形容詞として機能するために，(7)のように名詞を修飾することができ，また，(8)のように述語としても使用できる。

通常，-ed 形容詞の eyed は，身体部位を表す名詞につくと，単独で*an eyed girl などとはいわず，(7)のように -ed 形容詞の前に何らかの修飾表現を置く必要がある。しかし(9)のような例では，-ed 形容詞が単独で現れてもかまわない。

   (9)   honeyed pastry

(9)の honeyed は「蜂蜜がついたもの」というお菓子の特徴づけをする形容詞である。**honeyed** のような -ed 形容詞は，それだけで特徴づけの機能を果たすことができるので，他に修飾表現をつける必要はないのである。(10)や(11)も同様である。

   (10) an eyed needle
   (11) a bearded man

(10)の eyed は「穴があいている」という意味で，一種の分離不可能な関係を表す。eyed はそれだけで針の特徴づけをするため(10)の表現が可能である。また，髭は身体部分であるが，すべての人に備わっているものではないので，bearded は単独で用いても人の特徴づけができる。そのため，(11)のような表現も容認される。

第3章 格助詞と形容詞

9 動作を表す形容詞 〜太郎が忙しくしている〜

日本語の場合

　日本語の形容詞や形容動詞は，基本的に事物の状態の意味を表し，そのままでは動作の意味を表すことはできない。しかし，**形容詞や形容動詞に「している」を付加すると，一時的な動作の意味を表すことができる**。

(1)　太郎がおとなしい。
(2)　太郎がおとなしくしている。

(1)は，太郎のおとなしい性格・性質を記述している。これに対して，(2)は太郎が一時的におとなしくふるまっているという意味を表す。
　形容詞や形容動詞は，動詞とは異なり，命令できそうな事態(人間が制御できる事態)を表していても，命令文をつくることができない。

(3)　＊おとなしい！
(4)　おとなしく ｛しろ／しなさい｝ ！

形容詞や形容動詞だけでは(3)のように命令文をつくることができないが，(4)のように**命令形の動詞「しろ」や「しなさい」を付加すれば命令文をつくることができる**(ただし，(3)は詠嘆表現としてなら可能である)。また，(5)のように，一見，形容詞や形容動詞を単独で用いて命令文がつくれるように見えることがある。

(5)　部屋をきれいに！
(6)　部屋をきれいに｛しろ／しなさい｝ ！

しかし，(5)は，(6)から「しろ」あるいは「しなさい」が省略された表現であると考えられる。(5)の「部屋」が「を」でマークされていることがそのことを端的に示している。なぜなら，形容動詞単独で「＊部屋をきれいだ」のような文をつくっても容認されないからである。(5)で「部屋を」という表現が可能なのは，(5)が実際には(6)のような形式をもち，動詞「する」が表面的には省略されているからである。

> 日本語の形容詞文と形容動詞文では，動作の意味を表す動詞「する」を補うと命令文をつくることができる。英語の形容詞文では，be 動詞を進行形にすると動作の意味が表され，be 動詞を命令形にすると命令文をつくることができる。

英語の場合

　英語でも，形容詞は基本的に状態を表す。日本語とは異なり，形容詞は **be 動詞**とともに文中に現れ，**be 動詞**を進行形にすることにより一時的な動作の意味を表すことができる。

　　　(7)　John is nice.
　　　(8)　John is being nice.

(7)の nice は John の性格がよいことを記述している。これに対して，(8)は，John が一時的に自分をよく見せるふるまいをしているという意味を表す。

　形容詞と共起する be 動詞が進行形となって一時的な動作を表す場合，意図的な行為が表される。その場合，主語は意図的な行為を行える人(生き物)でなければならない。したがって，(9)は可能でも (10)のような文は容認されない。

　　　(9)　This peach is sweet.
　　　(10)　*This peach is being sweet.

(8)のように，行為者とみなすことができる John のような主語だと，be 動詞を進行形にして主語の行っている行為を表すことができる。しかし，(10)のように，主語(this peach)が行為者として認められない場合には，be 動詞を進行形にする表現は容認されない。

　また，日本語とは異なり，英語では (11)のように，**be 動詞を命令形にして形容詞文から命令文をつくる**ことができる。

　　　(11)　Be quiet!

(11)で命令文をつくることができるのは，(「静かにする」という) 人間が制御することができる事態を形容詞の quiet が表しているからである。

第3章 格助詞と形容詞

10 結果述語 〜花瓶が粉々に壊れる〜

> 日本語の場合

　形容詞や形容動詞は，修飾語として文に付加された時に，意味的に述語として働くことがある。たとえば，(1)のような文に対して，「粉々に」(形容動詞「粉々だ」の連用形)をつけ加えると(2)のような文ができる。

　　(1)　あの学生が花瓶を割った。
　　(2)　あの学生が花瓶を<u>粉々に</u>割った。

(1)はそれだけで完結する文である。したがって，(2)の「粉々に」は付加的な修飾要素であることがわかる。「粉々に」は目的語「花瓶」を修飾し，「花瓶が(割れて)粉々になっている」という結果状態を表すので**結果述語**とよばれる。
　結果述語は，典型的には，(2)のように他動詞の目的語を修飾する。しかし，(3)や(4)のような場合，結果述語は主語を修飾し，「花瓶が粉々である」という主語の結果状態を表している。

　　(3)　(学生によって)花瓶が<u>粉々に</u>割られた。
　　(4)　花瓶が<u>粉々に</u>割れた。

(3)の結果述語の修飾先はともに主語であるが，この主語は変化の対象を表している。これに対して，(5)の主語「彼女」は行為を行う人を表し，変化の対象を表さないので，結果述語「くたくたに」は「彼女」を修飾できない。

　　(5)　*彼女が<u>くたくたに</u>働いた。
　　(6)　彼女が<u>くたくたに</u>疲れる。

結果述語が叙述できる主語は，(6)の「彼女」のように，変化の対象を表すものに限られる。
　このように，結果述語は，変化の結果起こる状態を記述するため，**変化の対象を表す主語や目的語がその修飾先となる。**

> 結果述語は，変化の対象を表す主語または目的語を修飾する。これは日本語も英語も同じであるが，英語の場合，行為を行う人を主語にとる自動詞文では，目的語を無理矢理入れて結果述語の修飾先をつくることがある。

英語の場合

日本語と同じように，英語でも**形容詞**は，(7)のように，結果述語として使用できる。また，(8)のように，**前置詞句**が結果述語として使用されることもある。

(7) John pounded the metal flat.
(8) John broke the vase into pieces.

結果述語の修飾先が変化の対象を表す主語または目的語であることも日本語と同じである。典型的には，変化の意味を表す他動詞の目的語が結果述語の修飾先になるが，(9)や(10)のように，受け身の主語や自動詞の主語が変化の対象を表す場合，主語に対する修飾も可能である。

(9) The vase was broken into pieces.
(10) The vase broke into pieces.

これに対して，行為を行う人を表し，変化の対象とはみなされない主語には，(11)で示されているように，結果述語による修飾ができない。

(11) *Mary shouted hoarse.

(11)の shout はもともと目的語をとらない自動詞である。しかし，(12)のように，(動詞に選択されない)偽の目的語を無理矢理入れて，変化の対象を表す目的語として表出すると，それを結果述語で叙述することができる。

(12) Mary shouted herself hoarse.

(12)は，主語 Mary の声が(叫ぶことにより)かれてしまったという意味を表す。(12)では目的語の herself が変化の対象として認識され，結果述語が herself を修飾している。

第3章 格助詞と形容詞

おすすめの本と論文

※論文の掲載ページなど詳細は巻末の参考文献を参照のこと。

■ 奥津敬一郎「移動変化動詞文：いわゆる spray paint hypallage について」『国語学』127，1981 年

　同じような意味を異なる構文で表す交替現象の中でも，「壁をペンキで塗る」と「壁にペンキを塗る」に代表される構文交替は「壁塗り交替」とよばれる。本論文は，この「壁塗り交替」について考察した論文である。初期の生成文法の枠組みで壁塗り構文について書かれた多くの論文では，この構文交替が意味を変えない変形規則によって派生されるべきかどうかについて延々と議論されていた。本論文は，そのような理論的な背景とは別に書かれた論文で，構文の派生云々ということは書かれていないが，この2つの形式が異なる意味を表すことを明確に論じている。

■ 岸本秀樹「二重目的語構文」影山太郎（編）『＜日英対照＞動詞の意味と構文』大修館書店 2001 年

　直接目的語と間接目的語という2つの目的語をとる二重目的語動詞は，もちろん，日本語と英語の両方に存在する。日本語と英語の二重目的語動詞はかなり異なったふるまいをするが，その一方で，驚くほど似たふるまいもする。本論文では，英語および日本語の二重目的語動詞の先行研究にどのようなものがあるかを見た上で，日英語の二重目的語動詞がどのような文法特性を示すのかを解説している。このトピックで日英語の比較研究をする場合には，この論文を最初に読むとよいであろう。

■ Kuno, Susumu. *The structure of the Japanese language*. MIT Press, 1973.

　本書は，初期の生成文法の枠組みで日本語の構造について解説している。ここで議論されている現象は，もともと著者が日本語を教えている際に気づいたことがベースになっている。それだけに，日本人が日本で普段暮らしている中ではなかなか気づきにくい日本語に関する観察や一般化が数多く提示されている。本章で取り上げた主語化に関する現象も本書で取り上げられており，以降，いろいろと議論されている。本書は，日本語文法に関する（古典的であるが）バイブル的な研究書である。日本語の文法を研究しようとする人にとって必読の書である。

■ Birner, Betty, & Ward, Gregory. *Information status and noncanonical word order in English*. John Benjamins, 1998.

　英語の他動詞文の語順は通常「主語(S) - 動詞(V) - 目的語(O)」となるので，英語はSVO言語とよばれる。しかしながら，他動詞文の語順はそれに限定されるわけではなく，さまざまな文法的な要因によって，目的語が文頭に出たり主語が文末にきたりす

る．このような非規範的な語順をもつ構文には，本章で扱っている場所格倒置構文や There 構文などが含まれる．本書ではそのような特殊な語順をもつ文について，文の情報構造の観点から説明を試みている．本書を読めば，非規範的な語順をもつ構文がどのようなコンテクストで使用されるのかがわかる．

■ Landau, Idan. *The locative syntax of experiencers*. MIT Press, 2010.

自然言語の心理述語は，いろいろな面で常識とされる言語の一般化が通用しない特異な特徴を示し，常に言語学者の頭を悩ませている．本書では，心理述語の経験者が多くの言語で与格や場所格のマーキングを受けることから，経験者をすべて場所句と仮定する．そして，そのことによって心理述語のさまざまな特徴を説明しようとする．本書での提案により，心理述語がなぜ通常の述語とは異なるふるまいをするのかということに対して一定の説明ができるようになる点は，非常に興味深い．

■ Simpson, Jane. Resultatives. Lori Levin, Malka Rappaport & Annie Zaenen(Eds.), *Papers in lexical-functional grammar.* Indiana University Linguistics Club, 1983.

本論文は，結果述語に関する考察を行っている．本論文では，深層レベルで目的語の位置に現れる名詞句が結果述語の叙述の対象となるということを論じた最初のものである．この論文は，Lexical Functional Grammar という，日本では比較的馴染みの薄い文法理論の枠組みで書かれているが，実際には技術的な議論はそれほどないので，この文法理論を知らない人でも読みやすい．比較的古い論文ではあるが，英語のデータは今日議論されているタイプのものがそろっている．結果構文に関心をもった人が最初に読む読み物として適している．

■ Kratzer, Angelika. Stage-level and individual-level predicates. Gregory Carlson & Francis Jeffry Pelletier (Eds.), *The generic book*. University of Chicago Press, 1995.

英語の形容詞や動詞に状態の意味を表すものがあることはよく知られている．しかし，状態の意味を表す形容詞や動詞に対しては，さらに，一時的な状態と恒常的な状態の区別をつけることも可能で，それがいわゆる場面レベル述語と個体レベル述語の区別に相当する．本論文では，場面レベル述語と個体レベル述語の異なる文法的なふるまいを，述語に時間項が含まれるかどうかの違いを仮定することによって説明している．場面レベル述語と個体レベル述語の区別はもともと Carlson (1980) *Reference to Kinds in English* (Garland) によって提案された区別であり，場面レベル述語と個体レベル述語が関与する現象に興味をもった人は，こちらの本もあわせて読んでみてもよいだろう．

■ 影山太郎「軽動詞構文としての「青い目をしている」構文」『日本語文法』4, 2003 年

軽動詞「する」が身体部位を目的語としてとる「青い目をしている」構文は，たとえば，「ネクタイをしている」と同じような構文に見える．しかしながら，「青い目をしてい

る」構文は,「ネクタイをしている」構文とは異なり,統語的に特異なふるまいを示す.「青い目をしている」構文の示す現象ははっきりしているので,これまでにもこの現象に対する説明がいくつか提案されてきてはいる.しかし,今のところ根本的な解決には至っていない.本論文は,そのような「青い目をしている」構文に対して1つの捉え方を提示している.短い論文ではあるが,「青い目をしている」構文の不思議さがどのようなものであるかを知るには格好の論文であろう.

■ Horn, Laurence. *A natural history of negation*. University of Chicago Press, 1989.

英語の否定という1つのトピックについて書かれた本である.否定と一口にいっても否定にまつわる現象は多岐にわたり,また,大変複雑である.日本語の翻訳もあり,その翻訳のタイトルが『否定の博物誌』となっているように,本書では,まさに否定に関するさまざまな問題が扱われている.内容が大変充実した本なので,この本を精読すれば,それだけで否定の専門家になったと感じることができるであろう.

■ 益岡隆志(編)『叙述類型論』くろしお出版 2008 年

叙述といえば,動的な出来事の叙述(事象叙述)を指すことが多いが,それだけでなく静的な属性の叙述(属性叙述)というものもある.事象叙述と属性叙述は,述語の意味が深くかかわる概念である.近年,日本では属性叙述の体系がどのようになっているのかということが盛んに研究されてきている.本書は,このような研究の流れに沿った形で出された論文集である.また,日本および海外の研究史の解説もあり,このトピックを研究しようとする人には有用な情報が多く含まれている.

第 II 部

文の補助要素：
文の筋肉

時制と相

1 現在形 〜映画を見る〜
2 過去形 〜映画を見た〜
3 アスペクト 〜結婚している〜
4 名詞修飾節内のテンス 〜美しかった妻〜
5 時制と主格 〜ドラえもんがどら焼きを食べた〜
6 現在完了形 〜アメリカに行ったことがある〜
7 過去完了形 〜手紙を書いていた〜
8 仮定法の時制 〜晴れれば，出かけている〜
9 アスペクトとムード 〜明日は，予定が入っていた〜
10 テンスと事実 〜単語を覚えさせられていた〜

第4章 時制と相

1 現在形 〜映画を見る〜

> 日本語の場合

「見る」や「飲む」などのように動詞が終止形で終わる形をル形,「見た」や「飲んだ」などのように動詞が「た」または「だ」で終わる形はタ形とよばれる。一般にル形は現在のことを表す現在形であり,タ形は過去のことを表す過去形である。たしかに,(1)と(2)を見る限りにおいては,このことが成り立つ。

(1) 美穂は映画館にい**る**。
(2) 美穂は映画館にい**た**。

(1)ではル形が使われ,「美穂が現在映画館にいる」という現在のことを表しているのに対して,(2)ではタ形が使われ,「美穂が過去のある時点において映画館にいた」という過去のことを表している。しかし,ル形がいつも現在のことを表しているとは限らない。(3)と(4)を比べてみよう。

(3) 美穂は9時に出発す**る**。
(4) 美穂は9時に出発し**た**。

(4)のタ形は過去のことを表しているが,(3)のル形は現在のことではなく,未来(=これからの予定)のことを表している。このことから,ル形は**未来**を表す場合もあることがわかる。

では,次の例はどうだろうか。

(5) 美穂は毎週金曜日に映画館で映画を見**る**。

(5)のル形も今現在のことを表しているのではない。(5)は「毎週金曜日に映画館で映画を見る」という美穂の習慣を述べている文である。このことから,ル形は**習慣**を表す場合もあることがわかる。

以上のように,ル形は現在を表す場合だけでなく,未来や習慣などを表す場合もある。したがって,「**ル形＝現在**」が常に成り立つとは限らない。

> 日本語のル形と英語の現在形はどちらも，現在を表す場合だけでなく，未来や習慣などを表す場合もある。したがって，「ル形／現在形＝現在」が常に成り立つとは限らない。

英語の場合

　今度は英語の時制について考えてみよう。日本語の(1)と(2)に対応する英語はそれぞれ(6)と(7)である。

(6)　Miho **is** at the theater.　　　　　　　　　　　　　　(cf.(1))

(7)　Miho **was** at the theater.　　　　　　　　　　　　　(cf.(2))

一般に英語の現在形は現在のことを表し，過去形は過去のことを表すとされる。たしかに，(6)と(7)ではこのことが成り立つ。しかし，現在形がいつも現在のことを表しているとは限らない。次の(8)と(9)を比べてみよう。

(8)　Miho **leaves** at 9 o'clock.　　　　　　　　　　　　　(cf.(3))

(9)　Miho **left** at 9 o'clock.　　　　　　　　　　　　　　(cf.(4))

(9)の過去形は過去のことを表しているが，(8)の現在形は現在のことではなく未来(＝これからの予定)のことを表しているといえる。このことから，現在形は**未来**を表す場合もあることがわかる。
　では，次の例はどうだろうか。

(10)　Miho **sees** the movie at the theater every Friday.　　(cf.(5))

(10)の現在形も今現在のことを表しているのではない。(10)は「毎週金曜日に映画館で映画を見る」という美穂の習慣を述べている文である。このことから，現在形は**習慣**を表す場合もあることがわかる。
　以上のように，英語の現在形も日本語のル形と同様に現在を表す場合だけでなく，未来や習慣などを表す場合もある。したがって，**「現在形＝現在」が常に成り立つとは限らない。**

2 過去形 〜映画を見た〜

> 日本語の場合

動詞が「た」(または「だ」)で終わる形をタ形とよぶ。タ形は，一般に過去形とみなされ，過去を表すとされている。たしかに，(1)は過去を表している。

(1) 美穂は昨日その映画を見た。　　　　　　　　　　　　　　［過去］

(1)は「美穂がその映画を見る」という出来事が過去のある時点で起こったことを表している。しかし，タ形は過去のことを表す場合にだけ用いられるのではない。たとえば，(1)の「昨日」を(2)のように「もう」に替えてみよう。

(2) 美穂はもうその映画を見た。　　　　　　　　　　　　　　［完了］

(2)はある出来事が単に過去のある時点で起こったことを表しているのではない。「映画を見る」という行為が現在までに完了しているという意味である。このように，タ形は**過去**を表す場合の他に(現在)**完了**を表す場合もある。
　タ形に過去を表す場合と完了を表す場合の2種類があることは，以下の対話の応答の違いからもよくわかる。

(3) a. その映画，昨日見た？　　　　　　　　　　　　　　　［過去］
　　 b. いや，見なかった。
(4) a. その映画，もう見た？　　　　　　　　　　　　　　　［完了］
　　 b. *いや，見なかった。
　　 c. いや，見ていない。

(3a)は過去を表すタ形が使われている疑問文である。この疑問文に対しては(3b)のように過去形で答えることができる。一方，(4a)は完了を表すタ形が使われている疑問文である。この疑問文に対しては(4b)のように過去形で答えることはできず，(4c)のように現在形で答えなければならない。
　以上のことから，日本語のタ形には過去を表す場合と完了を表す場合の2種類があることがわかる。

> 日本語では過去と完了のどちらも夕形によって表されるが、英語では過去は過去形によって、完了は完了形によって別々に表される。

英語の場合

日本語の(1)と(2)に対応する英語はそれぞれ(5)と(6)である。

(5)　Miho **saw** the movie yesterday.　　　　　　　　　(cf.(1))

(6)　Miho **has** already **seen** the movie.　　　　　　　(cf.(2))

(5)は過去形が使われ、過去のことを表している。一方、(6)は完了形が使われ、完了を表している。このように、英語は、日本語の夕形とは違って、過去は過去形によって、完了は完了形によって別々に表される。

次に、日本語の(3)と(4)に対応する英語(それぞれ(7)と(8))を見てみよう。

(7)　a.　**Did** you see the movie yesterday?　　　　　　(cf.(3))
　　　b.　No, I didn't.

(8)　a.　**Have** you **seen** the movie yet?　　　　　　　(cf.(4))
　　　b.　*No, I didn't.
　　　c.　No, I haven't.

(7a)の疑問文には過去形が使われている。この疑問文には(7b)のように過去形で答えられる。一方、(8a)の疑問文には完了形が使われている。この疑問文には(8b)のような過去形では答えられず、(8c)のように完了形で答えなければならない。

最後に、過去および現在完了と副詞との関係について考えてみよう。日本語では、夕形が「昨日」と「もう」のどちらの副詞とも共起できる(cf.(1),(2))。一方、英語では、過去形はyesterdayと共起できるがalreadyとは基本的に共起できず、完了形はalreadyと共起できるがyesterdayとは共起できない。

(9)　*Miho already **saw** the movie.　　　　　　　　　　(cf.(5))

(10)　*Miho **has seen** the movie yesterday.　　　　　　(cf.(6))

このように、英語の過去形と完了形ははっきりと区別されていることがわかる。

3 アスペクト 〜結婚している〜

> 日本語の場合

(1)と(2)を比べてみよう。

(1)　もえは本を書いた。　　　　　　　　　　　　　　　　　　　　［過去］
(2)　もえは本を書いている。　　　　　　　　　　　　　　　　　　［動作継続］

(1)は「本を書く」という動作が過去に行われたことを表している。一方，(2)は「本を書く」という動作が継続していることを表している。このように，(1)と(2)を比較することによって，「書いた」のような夕形が**過去**を，「書いている」のようなテイル形が**動作の継続**を表していることがよくわかる。

では，テイル形は常に**動作の継続**を表すのだろうか。(3)を見てみよう。

(3)　もえは本をたくさん書いている。　　　　　　　　　　　　　　［経験］

(3)は「本を書く」という動作が継続していることではなく，「これまでたくさん本を書いて(出版して)いる」という経験を表している(cf.(2))。このように，テイル形には(3)のような**経験**の用法もあることがわかる。

次の(4)でもテイル形が経験を表している。

(4)　もえは3回結婚している。　　　　　　　　　　　　　　　　　［経験］

(4)は「これまで3回の結婚経験がある」ことを表している。ところが，(4)の「3回」を削除すると，(5)のように経験を表す文ではなくなってしまう。

(5)　もえは結婚している。　　　　　　　　　　　　　　　　　　　［状態継続］

(5)は「過去に結婚して，その状態が現在も続いている」という状態の継続を表している。このように，テイル形には**状態継続**の用法もあることがわかる。

以上のことをまとめると，日本語のテイル形は，動作継続，経験，状態継続のいずれの**アスペクト**も表すことができる。

> 日本語は，動作継続，経験，状態継続のいずれのアスペクトもテイル形で表すことができるが，英語はそれらすべてを同一のアスペクト形式で表すことはできず，異なる形式を用いなければならない。

英語の場合

　日本語は，動作継続，経験，状態継続のいずれのアスペクトもテイル形で表すことができるが，英語はそれらすべてを同一のアスペクト形式で表すことができない。たとえば，(2)に対応する英語は(6)である。

　　　(6)　　Moe **is** writ**ing** a book.　　　　　　　　　　　　　(cf.(2))

(2)のテイル形は動作継続の意味をもつが，それに対応する英語は(6)のように進行形(be+動詞 ing)で表される。
　また，(3)に対応する英語は(7)である。

　　　(7)　　Moe **has** writt**en** many books.　　　　　　　　　　(cf.(3))

(3)のテイル形は経験の意味をもつが，それに対応する英語は(7)のように完了形(have+動詞の過去分詞)で表される。
　また，(5)に対応する英語は(8)である。

　　　(8)　　Moe **is** married.　　　　　　　　　　　　　　　　　(cf.(5))

(5)のテイル形は状態継続の意味をもつが，それに対応する英語は(8)のようにbe動詞を用いて表される。
　これまで見てきた日本語のテイル形とそれに対応する英語のアスペクト形式をまとめると，(9)のような表になる。

(9)

日本語のテイル形	意味	英語の形式
書いている　　((2))	動作継続	is writing　　((6))
書いている　　((3))	経験	has written　　((7))
結婚している　((5))	状態継続	is married　　((8))

第4章 時制と相

名詞修飾節内のテンス 〜美しかった妻〜

> 日本語の場合

日本語の形容詞にはテンスがつく。次の例を見てみよう。

(1) 妻は とても美し {い／かった}。　　　　　　　　　［現在／過去］

(1)の形容詞が「妻」を修飾するような修飾節をつくると，テンスは修飾節内でそのまま保持され(=(2))，テンスを削除すると非文法的になる(=(3))。

(2) 　とても美し {い／かった} 妻　　　　　　　　　　［現在／過去］
(3) *とても美し {い／かった} 妻　　　　　　　　　　［テンス］

次に，進行のアスペクトを表すテイル形にも，(4)のようにテンスがつく。

(4) 赤ちゃんが ぐっすり眠ってい {る／た}。　　　　　［現在／過去］

(4)のテイル形が「赤ちゃん」を修飾するような修飾節をつくる場合も，テンスはそのまま保持され(=(5))，テンスを削除すると非文法的になる(=(6))。

(5) 　ぐっすり眠ってい {る／た} 赤ちゃん　　　　　　［現在／過去］
(6) *ぐっすり眠ってい {る／た} 赤ちゃん　　　　　　［テンス］

また，結果の状態を表すテイル形にも，(7)のようにテンスがつく。

(7) その女性は 結婚してい {る／た}。　　　　　　　　［現在／過去］

(7)のテイル形が「女性」を修飾するような修飾節をつくる場合も，テンスは修飾節内でそのまま保持され(=(8))，テンスを削除すると非文法的になる(=(9))。

(8) 　結婚してい {る／た} 女性　　　　　　　　　　　［現在／過去］
(9) *結婚してい {る／た} 女性　　　　　　　　　　　［テンス］

> 名詞修飾節内のテンスは，日本語は義務的に残すが，英語は義務的に削除する。

英語の場合

日本語の(1)に対応する英語は(10)であり，テンスは形容詞から分離している。

(10)　My wife {is / was} very beautiful．　　　　　　　［現在／過去］

(10)の形容詞 beautiful が wife を修飾するような修飾節をつくる場合，テンスを残すと非文法的になり(=(11))，削除すると文法的になる(=(12))。

(11)　*My {is / was} very beautiful wife　　　　　　　［現在／過去］
(12)　My {is / was} very beautiful wife　　　　　　　［テンス］

次に，日本語の(4)に対応する英語の(13)を見てみよう。

(13)　The baby {is / was} soundly sleeping．　　　　　［現在／過去］

進行を表す <be + 動詞 ing> が baby を修飾するような修飾節をつくる場合も，テンスを残すと非文法的になり(=(14))，削除すると文法的になる(=(15))。

(14)　*The {is / was} soundly sleeping baby　　　　　　［現在／過去］
(15)　The {is / was} soundly sleeping baby　　　　　　［テンス］

次に，日本語の(7)に対応する英語の(16)を見てみよう。

(16)　The woman {is / was} married．　　　　　　　　［現在／過去］

(16)の married が woman を修飾するような修飾節をつくる場合も，テンスを残すと非文法的になり(=(17))，削除すると文法的になる(=(18))。

(17)　*The {is / was} married woman．　　　　　　　　［現在／過去］
(18)　The {is / was} married woman．　　　　　　　　［テンス］

5 時制と主格 〜ドラえもんがどら焼きを食べた〜

> 日本語の場合

日本語では主語を表す名詞句には主格の「が」がつく。次の例を見てみよう。

(1) ドラえもんがどら焼きを食べた。
(2) のび太は［その恐竜がかわいい］と思っている。

(1)の「ドラえもん」は主語であり，主格の「が」でマークされている。(2)の「その恐竜」も従属節(=［　］)の中で主語であり，「が」でマークされている。ところが，次の(3)と(4)のように「が」でマークできない主語もある。

(3) *のび太は［ドラえもんがどら焼きを食べ］させた。　　(cf. (1))
(4) *のび太は［その恐竜がかわいく］思っている。　　(cf. (2))

(3)は「ドラえもんに」にすると文法的になり，(4)は「その恐竜を」にすると文法的になる。このように主語であっても「が」でマークできない例があることから，日本語の主格の「が」は，単に名詞句が主語であればつくというわけではないことがわかる。

ここで，(1)と(3)および(2)と(4)を比べてみよう。(1)は「食べた」に時制の「た」が含まれている時制文であるが，(3)の従属節は「食べ」に時制の「た」が含まれていない非時制文である。同様に，(2)は「かわいい」に時制の「い」が含まれている時制文であるが，(4)の従属節は「かわいく」に時制の「い」が含まれていない非時制文である。(1)と(2)の主語名詞句だけが「が」でマークできることから，日本語の主格の「が」に関して(5)の条件があると考えられる。

(5) **時制文の主語だけが主格の「が」でマークできる。**

つまり，(1)および(2)の従属節は時制文であるので主語が「が」でマークできるのに対して，(3)と(4)の従属節は非時制文であるので主語が「が」でマークできない。時制は単に時を表す役割を担っているだけではなく，一見関係のなさそうな主格に対しても重要な役割をはたしているのである。

> 日本語も英語も，時制文の主語だけが主格でマークできる。

英語の場合

　日本語では時制と主格に密接な関係があったが，英語ではどうだろうか。(1)と(2)をそれぞれ英訳した(6)と(7)を見てみよう。

(6)　　Doraemon (=he) ate a dorayaki.　　　　　　　　(cf. (1))
(7)　　Nobita believes [that the dinosaur (=he) is cute].　(cf. (2))

英語の普通名詞では格が明示されないので，主語が主格でマークされているかどうかわからない。しかし，(6)の主語のDoraemonと(7)の従属節の主語のthe dinosaurを代名詞にすると，ともにheになることから，両者は主格でマークされていることがわかる。
　次に，(3)(4)の従属節の主語を代名詞のheに代えて英訳すると(8)(9)になる。

(8)　　*Nobita let [he eat a dorayaki].　　　　　　　　(cf. (3))
(9)　　*Nobita believes [he (to be) cute].　　　　　　　(cf. (4))

(8)のDoraemonと(9)のthe dinosaurはどちらも従属節の主語であり，主格でマークされる(=heになる)はずであるが，主格でマークされると非文法的になる((8)と(9)ともに対格(=him)でマークされれば文法的)。このことから，英語も単に名詞句が主語であれば主格でマークされるというわけではないことがわかる。
　ここで，(6)と(8)および(7)と(9)を比べてみよう。(6)はeatの過去形ateを含む時制文であるが，(8)の従属節は時制辞を含まない非時制文である(eatは原形不定詞)。同様に，(7)はbe動詞の現在形isが含まれている時制文であるが，(9)は時制を含む動詞がない非時制文である。(6)と(7)の時制文の主語だけが主格でマークできることから，英語の主格に関して(10)の条件があると考えられる。

(10)　**時制文の主語だけが主格でマークできる。**

日本語には主格を表す格助詞「が」があるのに対して，英語には格助詞がないという違いを除けば，英語の(10)は日本語の(5)とまったく同じ条件だといえる。

6 現在完了形 〜アメリカに行ったことがある〜

> 日本語の場合

「ている」と「したことがある」はともに経験を表すことができる。

(1)　明文は2年前，アメリカに ¦行っている／行ったことがある¦。

しかし，「したことがある」は近い過去のことについては使えない。そのため，(1)の「2年前」を「先月」に変えると「行っている」が使われ，「行ったことがある」は許されない。

(2)　明文は<u>先月</u>，アメリカに ¦行っている／*行ったことがある¦。

このように，「したことがある」は現在(=発話時)とかけ離れた過去の出来事を述べる場合に使われる。
　さらに，「したことがある」は現在とつながりがある場合には使われない。

(3) a.　遼介は神戸で地震に ¦あっている／あったことがある¦。
　　b.　遼介は神戸で地震に ¦あっている／*あったことがある¦。<u>今でも家は傾いたままだ。</u>

(3a)にあるように，「地震にあっている」も「地震にあったことがある」も両方許されるが，(3b)のように，「今でも家は傾いたままだ」という地震による現在の影響まで表す場合は，「あったことがある」は許されない。むしろ，「したことがある」は「現在はその状態にない」ことを含意する。

(4)　薫は2回結婚したことがある。

(4)は通常，「現在は結婚していない」場合に使われる。このように，「**したことがある」は過去の出来事と現在を切り離している**ことがわかる。
　以上のことから，経験を表す「したことがある」は現在までに出来事が起こったかどうかだけを問題にしていることがわかる。

> 英語の現在完了形は過去の出来事が現在とつながりがある場合に使われる。しかし、「経験」を表す場合は、日本語の「したことがある」と同様に、現在までに出来事が起こったかどうかだけを問題にしている。

英語の場合

現在完了形と過去形は同じ意味を表すことができる。

(5) John {**has collected/collected**} stamps for 10 years.

(5)は，「切手を集めるのを10年間やった」という意味では「完了」を表すし，「切手を集めるのを10年間続けた」という意味では「継続」も表す。さらに，10年間切手を集めたことは，Johnの「経験」にもなっている。このように，現在完了形の has collected も過去形の collected も文脈次第で「完了」「継続」「経験」を表すことができる。

しかし，現在完了形と過去形では，現在とのかかわり方に違いがある。具体的にいうと，(5)は，現在完了形の has collected の場合は「今も集めている」ことを意味するが，過去形の collected の場合は「今は集めていない」ことを意味する。このことは「完了」を表す場合にもあてはまる。

(6) He **has come** back.

「戻ってきた」という「完了」を表すだけなら過去形の came でも十分であるが，(6)は現在完了形の has come を使うことで「現在，ここにいる」ことも意味している。このように，**現在完了形は過去の出来事が現在とつながりがある場合に使われる**。

この現在とのつながりという点では，「経験」は現在完了形の中で異質である。

(7) I **have visited** Paris twice.

(7)は過去にパリを2回訪れたと述べているだけで，今もパリにいることは表さない。むしろ，(7)は通常，「現在はパリにいない」場合に使われる。つまり，**現在完了が「経験」を表す場合は，過去の出来事と現在を切り離している**ことになる。

7　過去完了形 〜手紙を書いていた〜

> 日本語の場合

　日本語では，動詞のタ形とテイタ形はともに過去を表す。

(1)　愛美は手紙を ｛書いた／書いていた｝

しかし，タ形とテイタ形では，時間の捉え方に違いがある。

(2) a.　愛美は3時間で手紙を ｛書いた／*書いていた｝。
　　b.　健吾がきたとき，愛美は手紙を ｛*書いた／書いていた｝。

(2a)は「3時間で手紙を書き終えた」ことを表すが，この場合，「書いた」が使われ「書いていた」は許されない。つまり，動詞のタ形は出来事が完結している場合に使われる。一方，(2b)は「健吾がきたとき，手紙を書いている最中だった」ことを表すが，この場合，「書いていた」が使われ「書いた」は許されない。つまり，動詞のテイタ形は出来事が継続している場合に使われる。
　さらに，タ形とテイタ形では時間的な順序に関しても違いが見られる。

(3)　竜次が部屋に入ったとき，電話が ｛鳴った／鳴っていた｝。

「鳴った」の場合，「竜次が部屋に入った後に電話が鳴った」ことを表す。これは，タ形が出来事を**時間的に完結した点**として捉えるため，2つの出来事（「入った」と「鳴った」）が独立した点として時間軸上に並列的に置かれるためである。一方，「鳴っていた」の場合，「竜次が部屋に入る前から電話が鳴っていた」ことを表す。これは，テイタ形が出来事を継続している**時間的な幅をもつ線**と捉えるためである。この場合，「鳴っていた」という出来事の線上に「入った」という出来事が点として置かれることになるため，時間的な前後関係が生じることになる。
　以上のことをまとめると，**出来事を時間的に完結した1つの点として捉えている場合にタ形が使われ，出来事を継続している時間的な幅をもつ線と捉えている場合にテイタ形が使われる**。また，テイタ形は時間的な幅をもつため，過去のある時点よりもさらに前に起きていたことを表すことができる。

> 日本語のタ形と英語の過去形は出来事を時間的に完結した点として捉え，日本語のテイタ形と英語の過去完了形は出来事を継続している時間的な幅をもつ線として捉える。

英語の場合

英語では，動詞の過去形と過去完了形はともに過去を表す。

(4) John {**lived**/**had lived**} in London for 3 years.

しかし，過去形と過去完了形では，時間の捉え方に違いがある。

(5) a. John **lived** in London for 3 years <u>when he was a child</u>.
 b. John **had lived** in London for 3 years <u>before he moved to Glasgow</u>.

(5a)では過去形の lived が使われ，「子供のころに3年間ロンドンに住んでいた」ことを表す。この場合，期間を表す for 3 years が使われているが，完結した1つの出来事として捉えられている。このように，**出来事を時間的に完結した点として捉えている場合に過去形が使われる**。一方，(5b)は，「グラスゴーに移るまでロンドンに3年間住み続けた」ことを表す。このように，**出来事を継続している時間的な幅をもつ線と捉えている場合に過去完了形が使われる**。

さらに，過去形と過去完了形では時間的な順序に関しても違いが見られる。

(6) {He **was** in his 11th year in prison/He **had been** in prison for 11 years} when DNA test results finally **proved** his innocence.

主節に過去形の was が使われる場合，「無実が証明されたとき，刑務所に入って11年目だった」ことを表す。このように，2つの出来事（was と proved）が完結した点として捉えられ時間軸上に並列的に置かれる場合に過去形が使われる。一方，主節に過去完了形の had been が使われる場合，「無実が証明されたとき，刑務所に入った状態が11年間続いていた」ことを表す。このように，主節の出来事（had been）が時間的な幅をもつ線と捉えられ，when 節の出来事（proved）よりも前に始まり継続していたことを表す場合は過去完了形が使われる。

第4章 時制と相

8 仮定法の時制 〜晴れれば，出かけている〜

日本語の場合

「ている」は事実に反することを表す仮定法で使われる。

(1) 晴れれば，｜出かける／出かけている｜。

(1)で「出かける」が使われると，「晴れなら出かける」という条件文になるが，「出かけている」が使われると，「実際は晴れていなくて出かけていない」という現在の事実に反する仮定法になる。(1)では，条件文の場合も仮定法の場合も，同じ条件節(「晴れれば」)が使われていることから，「ている」が使われることで仮定法になることがわかる。さらに，条件節にも「ている」が使われると，仮定法であることがより明確になる(例：晴れているなら，出かけている)。

また，(2)のように「出かけていた」が使われると，「実際は晴れていなくて出かけなかった」という過去の事実に反する仮定法になる。

(2) 晴れれば，出かけていた。

一方，条件節は現在の仮定か過去の仮定かを決めることができない。

(3) 晴れたら，｜出かけている／出かけていた｜。

(3)の条件節では，「晴れた」という過去や完了を表すタ形が使われているが，その後には「出かけている」と「出かけていた」の両方が可能である。つまり，現在の仮定なのか過去の仮定なのかは「ている」形の時制(「ている(＝現在)」と「ていた(＝過去)」)によって決まる。

このように，条件節の後に「ている」形が使われた場合，仮定法を表す。通常，「ている」形はその時の状態を表すため，(1)の「出かけている」は出かけている状態であることを表す。よって，(1)は，「今，晴れているという状況であれば出かけている状態になっている」ということを表している。このことから，**日本語の仮定法は，実際とは違う状況を設定するとどのような状態になっているかを表していることがわかる。**

> 日本語の仮定法は「その時の状況を変える」という発想であるため、通常の文と同じ時制（ル形＝現在／タ形＝過去）であるが、英語の仮定法は「前に戻って状況を変える」という発想であるため、過去形および過去完了形が使われる。

英語の場合

英語の仮定法では、現在の仮定に対して過去形が使われる。

(4) a. If I **have** money, I **will** buy the hat.
　　b. If I **had** money, I **would** buy the hat.

(4a)の現在形(have…will ～)の場合、「お金があるなら、その帽子を買う」という条件文になるが、(4b)の過去形(had…would ～)の場合は、「お金があれば、その帽子を買っている」という仮定法になる。このように、現在の仮定に対して過去形が使われるのは、英語の仮定法が「前の時点に戻って状況を変えたら、違う結果になっていた」ことを表すためである。つまり、**英語の仮定法の過去形は過去という時制ではなく、前の時点に戻るということを表している**。よって、(4b)の仮定法は、「今より前の時点でお金をもっていたら、今帽子を買っているだろう」という現在の事実に反する仮定を表す。もし、過去の事実に反する仮定であれば、過去の時点より前に戻ることを表すために過去完了形が使われる（例：If I **had had** money, I **would have bought** the hat.(cf. (4)))。

このように、仮定法の過去形は時制ではないため、tomorrow morning のような未来を表す副詞とも使われる。

(5) 　If we **left** <u>tomorrow morning</u>, we **could** attend the party.

(5)は未来の仮定であり、「パーティー(the party)より前の時点(= tomorrow morning)に出発できたら、パーティーに出席できるだろう」ということを表す。さらに、仮定法の過去形は時制ではないため、時制の一致も起こらない。

(6) 　I **wished** I **knew** Chinese.　　　　　(cf. I **wish** I **knew** Chinese.)

(6)は、「（そのとき）中国語を知っていればと（そのとき）思った」という意味になる。仮定法の場合、その時点より前に戻ることを表すだけであるため、(6)の場合も過去完了形の had known ではなく過去形の knew が使われる。

第4章 時制と相

9 アスペクトとムード 〜明日は，予定が入っていた〜

> 日本語の場合

動詞のル形は行為や出来事が未完了であることを表すことができる。

(1) 　<u>出かける</u>ときは，降っていなかった。

(1)は「降っていなかった」とあるように過去の出来事を表す。そのため，下線部の「出かける」は現在を表すテンス(時制)ではなく，「出かけるという行為が完了していない」という未完了の**アスペクト**(様態)を表している。このように動詞のル形がアスペクトを表す場合，話者の**ムード**(気持ち)も表すことができる。

(2) 　さっさと片づけ**る**！

(2)は「片づける」というル形が使われ行為が完了していないことを表すことから，「片づけを完了させろ」という話者のムードを表す命令文として使われている。事実，(2)は「片づけろ」という命令形を使っていい換えられる。
　一方，動詞のタ形は行為や出来事が完了していることを表すことができる。

(3) 　<u>着いた</u>ら，電話をください。

(3)は「電話をください」とあるように未来の出来事を表す。そのため，下線部の「着いた」は過去を表すテンスではなく，「着くという行為が完了した」という完了のアスペクトを表している(4.2節も参照)。このように動詞のタ形がアスペクトを表す場合，話者のムードも表すことができる。

(4) 　明日は，予定が入っていた。

(4)は，「予定が入っているのを忘れて他の予定を入れてしまい，困った」というような話者のムードも表している。
　このように，アスペクト表現は話者の気持ちを表すムード表現としても使われる。

> 英語も日本語も，アスペクトはムードを表すことができる。

英語の場合

進行形は行為や出来事が未完了であることを表すことができる。

(5)　The bus **is stopping**.

(5)の進行形の is stopping は，「止まりかけている」という意味を表す。つまり，「止まるという行為が完了していない」という未完了のアスペクトを表す。このようにアスペクトを表す進行形は話者のムード（気持ち）も表すことができる。

(6)　I'm **misspelling** this word all the time.

(6)は「いつもこの単語のつづりを間違えている」ことに対して「自分ながらいやになる」という話者のムードも表している。

一方，完了形は行為や出来事が完了していることを表すことができる。

(7)　You've just **had** a bath.

(7)は「お風呂に入った」という完了のアスペクトを表しているが，アスペクトを表す完了形は話者のムードも表すことができる。

(8)　You've just **had** a bath and <u>now you're very dirty</u>!

(8)では，(7)の文の後に「もうこんなに汚して」という文が続いているが，これは完了形の have had a bath が「お風呂に入ったので，きれいになっているはずだ」という話者のムードも表すためである。さらに，次の例を見てみよう。

(9)　I've {**waited**/**been waiting**} for 40 minutes!

(9)は「40分も待った」ことを表すが，完了形の have waited よりも完了形に進行形が加わった完了進行形の have been waiting の方がより話者の苛立ちを表す。

第4章 時制と相

10 テンスと事実 〜単語を覚えさせられていた〜

日本語の場合

日本語では，動詞の後ろにいろいろな要素がつく。

(1)　太郎は先生に単語を <u>覚え － させ － られ － てい － た</u> － らしい。
　　　　　　　　　　　　　[動詞][使役][受け身][進行][過去][推量]

(1)の下線部では，動詞「覚え(る)」の後ろに使役を表す「させ」，受け身を表す「られ」，進行を表す「てい(る)」，過去を表す「た」がついているが，下線部の「覚えさせられていた」は事実を表している。そして，その後に続く「らしい」はこの事実に対する推量を表していることから，テンス(時制)を表す「た」までが事実を表していることになる。このように，**テンスをもつ場合は事実を表す**。

一方，**事実ではない非事実を表す場合はテンスをもたない**。

(2) a.　うまいそばを<u>食べ</u>たい。　　　　　　　　　　　　　　　(願望)
　　b.　うまいそばを<u>食べ</u>なさい。　　　　　　　　　　　　　　(命令)

(2a)では，うまいそばを「食べていない」ため，食べることを願望している。つまり，願望の場合，動詞で表される出来事はまだ起こっていないため非事実を表す。この場合，動詞はテンスをもたない(cf. *食べ{る／た}たい)。同様に，(2b)では，うまいそばを「食べていない」ため，食べることを命令している。つまり，命令の場合も動詞で表される出来事はまだ起こっていないため非事実を表す。この場合も，動詞はテンスをもたない(cf. *食べ{る／た}なさい)。

さらに，**事実と反する反事実は仮定法で表される**(例：「あと千円あれば，この本が買えるのに」)ことから，以下のようにまとめることができる(仮定法に関しては4.8節も参照)。

(3)

テンスあり	事実
テンスなし	非事実
仮定法	反事実

テンスをもつ場合は事実を表し，テンスをもたない場合は非事実を表す。また，事実と反する反事実を表す場合は仮定法が使われる。

英語の場合

英語でも，動詞がテンスをもつ場合は事実を表す。

(4) He {gets/got} up early.

(4)は，現在形の gets の場合は「(普段)早く起きる」という事実を表し，過去形の got の場合は「早く起きた」という事実を表す。これに対して，動詞がテンスをもたない原形で使われた場合は事実ではない非事実を表す。

(5) a. **Be** quiet!
 b. It is difficult to **swim** across the river.

(5a)では，「静かではない」ため，静かにするように命令している。このように，(5a)の命令文は非事実を表すため，テンスをもたない原形の be が使われている。また，(5b)は「その川を泳いで渡るのは難しい」という一般論を述べているだけで，「その川を泳いで渡った」という事実を表してはいない。つまり，(5b)は非事実を表すため，テンスをもたない原形の(to) swim が使われている。

このことを念頭に置いて，以下の対比を見てみよう。

(6) a. Mary *insisted* that her daughter always **came** home early.
 b. Mary *insisted* that her daughter always **come** home early.

(6a)の that 節は過去形の came が使われているため事実を表す。よって，「いつも早く帰宅すると**主張した**」という事実を伝える意味になる。一方，(6b)の that 節はテンスをもたない原形の come が使われているため非事実を表す。よって，「いつも早く帰宅しない」ため，「早く帰宅するよう**要求した**」という意味になる。

さらに，事実と反する反事実は仮定法で表される(例：I wish I **were** a bird.)。仮定法の過去形は現在の仮定を表すことから，テンスではなく仮定法として機能していることがわかる(4.8 節参照)。

第4章 時制と相

おすすめの本と論文

※論文の掲載ページなど詳細は巻末の参考文献を参照のこと。

■ 本田謙介「時制」畠山雄二(編)『大学で教える英文法』くろしお出版 2011 年

　時間と時制はどう違うのだろうか。現在形と過去形ではどちらの「守備範囲」が広いのか。英語の時制に未来はあるのか。動名詞と不定詞に隠された時間とは何か。本書は，このような英語の時制にまつわる素朴な疑問に著者が簡潔・丁寧に答えている。時制の世界は複雑で入りにくい印象があるかもしれないが，本書によって読者は時制の世界に自然に入っていくだろう。

■ 金水敏「連体修飾の『〜タ』について」田窪行則(編)『日本語の名詞修飾表現』くろしお出版 1994 年

　「曲がった釘」と「曲がった道」で使われている「た」がどのように違うのか，みなさんは考えたことがあるだろうか。「た」を単純に過去時制(あるいは完了)とだけ捉えていると，「曲がった道」の「た」がうまく説明できない。というのも，「曲がった道」には「真っ直ぐだった道が曲がった」という意味はないため，「た」が過去を表しているとはいえないからである。このような「た」に関する先行研究を丁寧に整理した上で，著者独自の新しい分析を加えている。「た」に興味がある読者には必読の論文である。

■ 三原健一「連用形の時制指定について」『日本語科学』1，1997 年

　たとえば「私は喫茶店に入った」の「入った」のような「た」は時制(この場合は過去時制)を表しているといってもよいだろう。しかし，「私は喫茶店に入り，コーヒーを注文した」の「入り」のように「た」などが現れていない場合に「入り」が何らかの時制を担っているのかどうか，これまでの研究ではあまり議論されてこなかった。本論文では「入り」が時制を担っていることを経験的根拠をあげて論証している。どのような証拠をあげれば「入り」が時制を担っていると証明できるのか。気になる読者はぜひ本論文を読んでいただきたい。

■ 三原健一，仁田義雄(編)『活用論の前線』くろしお出版 2012 年

　日本語の時制辞「る」や「た」は動詞にくっついて現れる。伝統的な国語学では，時制辞は「述語の活用」についての研究領域でこれまで何度も議論されてきた。本論文集は国語学と理論言語学の両方の知見を考慮に入れながら，日本語の活用を検討しようとした大変野心的な取り組みである。日本語の過去形と英語の過去形をどちらも同じように捉えるべきなのか，それともまったく別物で異なる構造として分析されるべきなのか，本書を読むことでいろいろなアイデアが湧いてくるだろう。

■ 竹沢幸一，John Whitman『格と語順と統語構造』研究社出版 1998 年
　「時制」という用語から，「過去」や「現在」を連想する人は多いが，「主格」を連想する人はほとんどいないのではないだろうか。本書では「時制」と「主格」には密接な関係があることが詳しく論じられている。著者は，「日本語の主格はガ格で表されているがガ格は時制を表す文の主語の位置にしか現れない」「日本語と同様に，英語でも主格は時制を表す文の主語の位置にしか現れない」と主張する。日英語のこの共通点は偶然なのか，それとも必然なのか。著者は生成文法の理論を援用して解明している。

■ マーク・ピーターセン『日本人が誤解する英語』光文社 2010 年
　現在完了には「完了」「継続」「経験」のような意味があると，日本では一般的に教えられている。しかし，そのような意味は過去形でも出せるため，現在完了の本質を捉えていない。本書では，ネイティブの感覚に基づき，英語の時制や相の本質に迫っている。また，著者は 30 年近く日本の大学で教えていることもあり，本書では英語と日本語の時制や相に対する捉え方のズレも指摘している。

■ 刀祢雅彦『見える英文法』ジャパンタイムズ 2013 年
　本書は巷によくある図解と感覚で押し切る類いの本ではない。図式化はあくまで説明手段であって，可能な限り論理的な説明を試みている。たとえば，仮定法に過去形が使われる理由として，これまでは「現在と離れた過去形を使うことで今の現実との距離感を出す」という説明がなされてきた。しかし，「距離感」というのは感覚的であり，説明になっているようでなっていないともいえる。これに対して，本書では「今とは違う状況にするためには，過去にもどって状況を変える必要があるため過去形が使われる」と説明されている。本書は時制や相を論理的に考えるいいきっかけになるであろう。

■ 伊藤笏康『逆転の英文法：ネイティブの発想を解きあかす』NHK 出版 2014 年
　'He has eaten lunch.' の場合，食べたことよりも食べた後の今の状態（たとえば「満腹である」等）に焦点がある。つまり，現在完了形はあくまで現在に視点があることになる。しかし，'He has visited Paris ten times.' の場合はパリを訪れたこと（およびその回数）だけを問題にしていて，パリを訪れた後の今の状態には焦点がない。そのため，この経験用法は現在完了形の中では異質な存在といえる。このように，本書では文法事項を一から考え直す試みがなされているため，時制や相に関してもより深く考えるいい機会になるであろう。

■ 名柄迪(監修)，井口厚夫，井口裕子『日本語文法整理読本』バベルプレス 1994 年
　日本語のテンスとアスペクトについてコンパクトによくまとめられている。また，ムードやヴォイスについての説明もあり，動詞に関連する要素の関係を鳥瞰図的に押

さえることができる。この日本語の動詞周辺の鳥瞰図は，語順を除けば英語にも基本的にあてはまるため，英語の動詞に関連する要素の関係の理解にも役立つものとなっている。なお，日本語のテンスとアスペクトについて豊富な例に基づき詳細な記述をしているものとして，庵功雄・清水佳子 (2003)『時間を表す表現：テンス・アスペクト』（スリーエーネットワーク）がある。

■ Huddleston, Rodney, & Pullum, Geoffrey K. *The Cambridge grammar of the English language.* Cambridge University Press, 2002.

　1800 ページを超える分厚い文法書であるが，英文法の記述および分析においては最高峰の書といえる。とくに，本書のように英語を母国語とする人を対象に書かれた文法書は，日本の英文法書とは異なる説明がなされていることもあり，ネイティブがどのような視点から文法を捉えているかを知ることができる。時制や相に関してもネイティブの視点から深く踏み込んだ説明がなされており，必読の一書である。

疑問詞と副詞，そして終助詞

1 疑問詞 〜誰か来たけど誰が来たの〜
2 こそあどの「ど」〜そこ，どこ？〜
3 疑問詞疑問文 〜優子は誰と結婚したの〜
4 wh 疑問文の成立 〜美咲は何を食べたと思いますか〜
5 譲歩節 〜何が起こっても〜
6 カラ節・if 節の曖昧性 〜来てから，来たから〜
7 「まで」と until の否定 〜10 時まで寝なかった〜
8 理由節と否定 〜金持ちだから結婚しない〜
9 疑問・命令の終助詞 〜見たの？　見ろ！〜
10 語順が厳しく制限される品詞 〜見たわね，見たわよ〜

第5章 疑問詞と副詞，そして終助詞

1　疑問詞 〜誰か来たけど誰が来たの〜

> 日本語の場合

「誰」は一般に疑問詞と考えられているが，「誰」だけでは疑問詞にはならない。

(1)　誰が来たの？　　　　　　　　　　　　　　　　　　　　　　［疑問詞］
(2)　誰か来た。　　　　　　　　　　　　　　　　　　　　　　　［存在数量詞］

(1)の「誰」は文末に助詞の「の」をともなってはじめて疑問詞の機能をもつことができる。一方，(2)のように「誰」が「か」をともなうと不特定の人を表す存在数量詞（Existential Quantifier）の機能をもつことになる。実は，「誰」は不定語（indeterminate）とよばれ，その名の通り［不定］であることだけを表していて，実質的な機能は「誰」に付随する助詞によって決定されるのである。

次に，「誰」が「も」や「でも」をともなう例を見てみよう。

(3)　誰も来なかった。　　　　　　　　　　　　　　　　　　　　［否定極性表現］
(4)　誰でも来ていいよ。　　　　　　　　　　　　　　　　　　　［自由選択］

「誰」が「も」をともなうと否定極性表現（Negative Polarity Item）になる。否定極性表現は否定文の中に現れなければいけないという制約がある。したがって，「誰も」が(3)のように否定文に現れている場合には文法的だが，「*誰も来た」のように肯定文に現れると非文法的になる。また，「誰」は(4)のように「でも」をともなうと「自由選択（free choice）」の機能（=「どんな人でも」の意味）をもつ。

以上のことから，「誰」は単に［不定］を示すだけで，実質的な機能は付随する助詞が担っていることがわかる。付随する助詞と機能との関係は(5)のようになる。

(5)

誰 + X(= 助詞)	完成形	機能	例文
誰 + の	誰(…の)	疑問詞	(1)
誰 + か	誰か	存在数量詞	(2)
誰 + も	誰も	否定極性表現	(3)
誰 + でも	誰でも	自由選択	(4)

> 日本語の「誰」は助詞(「の」「か」「も」「でも」)が合わさることでその機能が決まる。同様に，英語の one も Q/some/no/any が合わさることでその機能が決まる。日本語の疑問詞は「誰」と「の」(=Q)が分離して現れているのに対して，英語の疑問詞は one と Q が融合して1つの単語(=who)になっているという違いがある。

英語の場合

日本語の(1)(2)(3)(4)に相当する英語は，それぞれ(6)(7)(8)(9)である。

(6) Who came? (cf.(1))
(7) Someone came. (cf.(2))
(8) No one came. (cf.(3))
(9) Anyone may come. (cf.(4))

(6)の who は疑問詞であり，(7)の someone は不特定の人を表す存在数量詞である。また，(8)の no one は否定表現であり，(9)の anyone は自由選択の機能をもつ。ここで(7)(8)(9)の形を比べてみよう。どれにも one が含まれている。(7)では one に some が付随して someone になり，(8)では one に no が付随して no one になり，(9)では one に any が付随して anyone になっている。日本語では「誰」と助詞が合わさって機能が決まっていたが，英語では one と some/no/any が合わさって機能が決まる。

それでは(6)の who はどうだろうか。この who も one と何かが合わさって機能(=疑問詞)が決まったとは考えられないだろうか。実は日本語の疑問詞(=(1))を考慮に入れることで，who も one と何かが合わさってできたと分析できるのである。日本語の疑問詞は「誰」と疑問を表す助詞(「の」)が合わさってできている。英語にも，音形はないが日本語の「の」に相当する Q があると仮定してみよう。そうすると，英語の疑問詞 who は one と Q が合わさってできたもの(Q + one = who)と捉えることができる。(6)-(9)をまとめると(10)の表になる((5)と比べてみよう)。

(10)

X + one	完成形	機能	例文
Q + one	who	疑問詞	(6)
some + one	someone	存在数量詞	(7)
no + one	no one	否定表現	(8)
any + one	anyone	自由選択	(9)

2 こそあどの「ど」 〜そこ, どこ?〜

> 日本語の場合

　日本語には「これ」「それ」「あれ」「どれ」のような「こ」「そ」「あ」「ど」から始まる語, いわゆる「こそあど言葉」がある。まず,「これ」「それ」「あれ」であるが,「これ」は話し手の近くにあるものを指し,「それ」は話し手からも聞き手からも少し離れたものを指し,「あれ」は話し手から遠いものを指す。これら3つに共通しているのはどれも［物］を表している点であり, 異なっているのは［物］と話し手(と聞き手)との［距離］である。「これ」「それ」「あれ」に共通しているモーラ(拍)は「れ」であり, 異なっているのは「こ」「そ」「あ」であることから,「れ」が［物］を表し,「こ」「そ」「あ」が［距離］を表していることがわかる。

　次に「どれ」であるが,「これ」「それ」「あれ」のような［距離］を表しているのではなく,［疑問］を表している。このことから,「どれ」の「ど」は［疑問］を表すモーラであることがわかる。つまり,「どれ」は［疑問］を表す「ど」と［物］を表す「れ」が合わさったものなのである。

　「こそあど言葉」は上の例以外にも(1)のようなものがある。

(1)

	れ［物］	こ［場所］	の［指定］	んな［属性］	ちら［方向］
こ［近称］	これ	ここ	この	こんな	こちら
そ［中称］	それ	そこ	その	そんな	そちら
あ［遠称］	あれ	あそこ	あの	あんな	あちら
ど［疑問］	どれ	どこ	どの	どんな	どちら

(1)の横列で示されているように,「こ」は［場所］,「の」は［指定］,「んな」は［属性］,「ちら」は［方向］の意味を担っている。たとえば［疑問］を表す「ど」は,［場所］を表す「こ」と合わさると「どこ」に,［指定］を表す「の」と合わさると「どの」に,［属性］を表す「んな」と合わさると「どんな」に,［方向］を表す「ちら」と合わさると「どちら」にそれぞれなる。

　また,［疑問］を表す「ど【do】」は, oを伸ばして「どう【doo】」と発音すると［様態］を表す疑問詞になる(なお,「こ【ko】」は, oを伸ばして「こう【koo】」に,「そ【so】」は, oを伸ばして「そう【soo】」に,「あ【a】」は, aを伸ばして「ああ【aa】」のようになり, すべて［様態］を表す)。

> 日本語の疑問詞「どれ」は［疑問］を表す「ど」と［物］を表す「れ」でできている。同様に，英語の疑問詞 what も［疑問］を表す wh と［物］を表す at でできている。

英語の場合

　日本語の「こそあど言葉」の考え方を英語にも応用してみよう。たとえば what を考えてみよう。what は「何」という意味の疑問詞であるが，疑問の意味をもたない似たような形に that がある。what を wh と at に分け，that を th と at に分けて比べてみると，(2)のような対応関係が浮かび上がってくる。

(2) 　　wh-at 　　　　　　　　　　　　　　　　　　　［疑問］-［物］
　　　　th-at 　　　　　　　　　　　　　　　　　　　［指示］-［物］

what と that に意味の上で共通しているのはどちらも［物］を表すところであり，異なっているのは［疑問］を表すか表さないかである。この２つに共通している部分は at であり，異なっている部分は wh と th であることから，at が［物］を表し，wh が［疑問］を表していることがわかる(th は［指示］を表している)。つまり，what は［疑問］を表す wh と［物］を表す at が合わさってできたものである。
　このような英語版の「こそあど言葉」は，他にも(3)のようなものがある。

(3)

	at［物］	ere［場所］	en［時］	ence［起点］	ither［方向］
wh［疑問］	what	where	when	whence	whither
th［指示］	that	there	then	thence	thither

(3)のように，ere は［場所］，en は［時］，ence は［起点］，ither は［方向］の意味を担っている。たとえば［疑問］を表す wh は，［場所］を表す ere と合わさると where に，［時］を表す en と合わさると when に，［起点］を表す ence と合わさると whence(どこから)に，［方向］を表す ither と合わさると whither(どこへ)にそれぞれなる。
　日本語の「ど」-「そ」の関係に対応する英語の wh-th の関係は，(3)にあげた例以外にも英語にはたくさんある(**whereby**(何によって)-**thereby**(それによって)，**wherefore**(なにゆえに)-**therefore**(それゆえに)，**wherein**(どの点に)-**therein**(その点に)，**whereof**(何について)-**thereof**(それについて)，**whereon**(何の上に)-**thereon**(その上に)，**whereto**(どこへ)-**thereto**(そこへ))。

3 疑問詞疑問文 〜優子は誰と結婚したの〜

日本語の場合

疑問詞が含まれている疑問文（＝疑問詞疑問文）は，疑問詞が含まれていない疑問文（＝疑問詞無し疑問文）と同じように上昇のイントネーションで終わらなければならず，下降のイントネーションで終わってはいけない。

(1)　優子は<u>誰</u>と結婚したの↑　　　　　　　　　［疑問詞疑問文　−上昇］
(2)　＊優子は<u>誰</u>と結婚したの↓　　　　　　　　［＊疑問詞疑問文　−下降］
(3)　優子は太郎と結婚したの↑　　　　　　　　　［疑問詞無し疑問文　−上昇］
(4)　＊優子は太郎と結婚したの↓　　　　　　　　［＊疑問詞無し疑問文−下降］

また，疑問詞疑問文は，上昇のイントネーションで終わることで，疑問を表す終助詞「の」を(5)のように省略することができる。

(5)　優子は<u>誰</u>と結婚した↑　　　　　　　　　　　　　　　　　　(cf.(1))

さらに，疑問詞疑問文には，疑問詞が同格節の中に現れる場合（＝(6)）がある。

(6)　A: あなたは［_{同格節} 彼が<u>何</u>を買ったという噂］に驚いたのですか。
　　　B: 自家用ジェット機です。
(7)　＊<u>何を</u>あなたは［_{同格節} 彼が＿＿＿買ったという噂］に驚いたのですか。

(6A)は，疑問詞「何」が同格節の中に現れているが，文全体として「何」を尋ねる疑問文になっている。このことは，(6B)が(6A)に対する答えとなりうることからもわかる。なお，(7)のように「何を」を同格節の中から移動し文頭に出すと非文法的になる。

以上のことから，日本語の疑問詞疑問文の特徴は以下の3点にまとめられる。

(8)　上昇のイントネーションで終わる。　　　　　　　　　　　(cf.(1))
(9)　疑問を表す終助詞が省略できる。　　　　　　　　　　　　(cf.(5))
(10)　疑問詞が同格節の中にも現れる。　　　　　　　　　　　(cf.(6A))

> 日本語の疑問詞疑問文の特徴と英語の問い返し疑問詞疑問文の特徴は，非常に類似している。

英語の場合

　聞き返すときに使われる「問い返し疑問詞疑問文」は，日本語の疑問詞疑問文とほぼ同じ3つの性質をもつ。第一に，問い返し疑問詞疑問文も上昇のイントネーションで終わらなければならず，下降のイントネーションで終わってはいけない。

(11)　Yuko married who? ↑　　　　　　　［問い返し疑問詞疑問文　－上昇］
(12)　*Yuko married who? ↓　　　　　　　［*問い返し疑問詞疑問文　－下降］

　第二に，問い返し疑問詞疑問文では，疑問文であることを通常示す「主語と助動詞の倒置(Subject-Auxiliary Inversion, SAI)」が起こらない。

(13)　*Did Yuko marry who?　　　　　　　　　　　　　　　　(cf.(11))

　第三に，問い返し疑問詞疑問文では，疑問詞が同格節の中に現れる場合がある。

(14)　A: You were surprised at [同格節 the rumor that he bought who]?
　　　B: My private jet plane.
(15)　*What were you surprised at [同格節 the rumor that he bought ___]?

(14A)は，疑問詞 what が同格節の中に現れているが，文全体として what を尋ねる疑問文になっている。このことは，(14B)が(14A)に対する答えとなりうることからもわかる。なお，(15)のように what を同格節の中から移動し文頭に出すと非文法的になる。このことも日本語の場合(=(7))と同じである。

　上で見た英語の問い返し疑問詞疑問文の特徴をまとめると(16)-(18)のようになる。(16)-(18)は日本語の疑問詞疑問文の特徴(8)-(10)とそれぞれ類似している。

(16)　上昇のイントネーションで終わる。　　　　　　　(cf.(8))
(17)　疑問を表す SAI が起こらない。　　　　　　　　(cf.(9))
(18)　疑問詞が同格節の中にも現れる。　　　　　　　(cf.(10))

第5章 疑問詞と副詞，そして終助詞

wh 疑問文の成立 〜美咲は何を食べたと思いますか〜

:::日本語の場合:::

日本語では文末に「か」をつけて疑問文であることを示すことができる。(1)は「はい／いいえ」で答えられる Yes/No 疑問文，(2)は「何」の中身を問う wh 疑問文の例である。

(1) 美咲はケーキを食べました**か**。－はい，食べました。
(2) 美咲は**何**を食べました**か**。－ケーキです。

次の(3)と(4)も文末に「か」がついているが，それぞれ答え方が異なっている。

(3) ［美咲が**何**を食べたと］思います**か**。－ケーキです。
(4) ［美咲が**何**を食べた**か**］知っていますか。－はい，知っています。

(4)では「何」と文末の「か」との間にもう1つの「か」が介在しているが，(3)では「か」が介在していない。この違いが(3)と(4)の答え方の違いの原因になっている。つまり，(3)では従属節内の「何」が主節末の「か」と結びつくので wh 疑問文となるが，(4)では「何」が主節末の「か」より近くにある従属節末の「か」と結びつくので wh 疑問文にはならない。従属節内の「何」が従属節末の「か」と結びついても疑問文にならないことは，(5)が平叙文であることからもわかる。

(5) ［美咲が**何**を食べた**か**］知っています。

「何」と「か」の関係と wh 疑問文になるか否かをまとめると次のようになる。

(6) ［主節… ［従属節…**何**…］…**か**］ ← wh 疑問文になる　　　　(cf.(3))
(7) ［主節… ［従属節…**何**…**か**］…］ ← wh 疑問文にはならない　(cf.(4)(5))

(6)は従属節に「何」があり主節末に「か」がある場合には wh 疑問文になることを，(7)は従属節に「何」があり従属節末にも「か」がある場合には wh 疑問文にはならないことをそれぞれ表している。

> 日本語では従属節の「何」が主節の「か」と結びついている場合に，英語では従属節の what が主節に移動している場合に主節が wh 疑問文になる。

英語の場合

(8) も (9) も疑問文であるが，(8) は Yes/No 疑問文，(9) は what の中身を問う wh 疑問文の例である（以下，下線部は what がもともとあったところを示す）。

(8)　　Did Misaki eat a cake? − Yes, she did.　　　　　　　(cf.(1))

(9)　　What did Misaki eat __ ? − A cake.　　　　　　　　(cf.(2))

次の (10) と (11) も疑問文であるが，それぞれ答え方が異なっている。

(10)　　**What** do you think [that Misaki ate __] ? − A cake.　　(cf.(3))

(11)　　Do you know [**what** Misaki ate __] ? − Yes, I do.　　(cf.(4))

(10) では what が主節の先頭に移動しているのに対し，(11) では what が従属節の先頭に移動している。この違いが (10) と (11) の答え方の違いの原因になっている。つまり，(10) のように what が従属節から主節の先頭に移動すると wh 疑問文となるが，(11) のように what が従属節の先頭に移動しても wh 疑問文にはならない。従属節内の what が従属節の先頭に移動しただけでは主節が疑問文にならないことは，(12) が平叙文であることからもわかる。

(12)　　I know [**what** Misaki ate __].　　　　　　　　　(cf.(5))

what と下線部の関係と wh 疑問文になるか否かをまとめると次のようになる。

(13)　　[_主節_ **what** … [_従属節_ … __ …]] ← wh 疑問文になる　　(cf.(6))

(14)　　[_主節_ … [_従属節_ **what** … __ …]] ← wh 疑問文にはならない　(cf.(7))

(13) は what が従属節から主節の先頭に移動している場合に wh 疑問文になることを，(14) は what が従属節の先頭に移動している場合には主節が wh 疑問文にはならないことをそれぞれ表している。

第5章 疑問詞と副詞，そして終助詞

5 譲歩節 〜何が起こっても〜

> 日本語の場合

日本語には(1)-(4)のような譲歩節がある。

(1) 何が起こって<u>も</u>,　　　　　　　　　　　［主語…も］
(2) <u>誰</u>が来て<u>も</u>,　　　　　　　　　　　　［主語…も］
(3) 彼が<u>何</u>をいおうと<u>も</u>,　　　　　　　　［目的語…も］
(4) <u>どれ</u>を持って行って<u>も</u>,　　　　　　　［目的語…も］

「譲歩節」とは，たとえ望んでいないことが起きたとしても自分の気持ちが変わらないことを示す表現形式である。(1)と(2)は主語の位置にそれぞれ疑問詞「何」と「誰」があり，それらが節末にある「も」と連動して譲歩節をつくっている。(3)と(4)は目的語の位置にそれぞれ疑問詞「何」と「どれ」があり，それらが節末にある「も」と連動して譲歩節をつくっている。日本語の譲歩節の基本構造をまとめると(5)のようになる。

(5) ［… 疑問詞 … も］　　　　　　　　　［日本語の譲歩節の基本構造］

譲歩節内の疑問詞は，(1)-(4)で見た主語や目的語の位置以外に副詞の位置にも現れる。

(6) 君が<u>いつ</u>行こうと<u>も</u>,　　　　　　　　　［副詞…も］
(7) 君が<u>どこ</u>に行って<u>も</u>,　　　　　　　　　［副詞…も］
(8) <u>どんなに</u>遅くなって<u>も</u>,　　　　　　　　［副詞…も］

(6)-(8)の疑問詞は副詞の位置にあり，それらが節末にある「も」と連動して譲歩節をつくっている。また，譲歩節内の疑問詞は(9)と(10)のように複数現れる場合もある。

(9) <u>誰</u>が<u>何</u>を書いて<u>も</u>,　　　　　　　　　［主語　目的語　…も］
(10) <u>誰</u>が<u>どこ</u>にいて<u>も</u>,　　　　　　　　　［主語　副詞　　…も］

> 日本語の譲歩節の基本構造は［… 疑問詞 … も］であり，英語の譲歩節の基本構造は［no matter 疑問詞 …］である。日本語の「も」に対応しているのは英語の no matter である。日本語は疑問詞と「も」が連動して譲歩節を形成するのに対して，英語は no matter と疑問詞が連動して譲歩節を形成する。

英語の場合

英語には(11)-(14)のような譲歩節がある。

(11)　<u>No matter what</u> happens,　　　　［no matter 主語 …］(cf. (1))
(12)　<u>No matter who</u> comes in,　　　　［no matter 主語 …］(cf. (2))
(13)　<u>No matter what</u> he says,　　　　［no matter 目的語 …］(cf. (3))
(14)　<u>No matter which</u> you take,　　　［no matter 目的語 …］(cf. (4))

(11)と(12)はそれぞれ主語の what と who が no matter に続くことで譲歩節となっている。(13)と(14)はそれぞれ目的語の what と which が no matter に続くことで譲歩節となっている。英語の譲歩節の基本構造をまとめると(15)のようになる。

(15)　［no matter 疑問詞 …］　　　［英語の譲歩節の基本構造］(cf. (5))

譲歩節内の疑問詞は，(11)-(14)で見た主語や目的語の他に副詞でもよい。

(16)　<u>No matter when</u> you go,　　　　［no matter 副詞 …］(cf. (6))
(17)　<u>No matter where</u> you go,　　　　［no matter 副詞 …］(cf. (7))
(18)　<u>No matter how</u> late it is,　　　　［no matter 副詞 …］(cf. (8))

(16)-(18)の疑問詞は副詞であり，no matter に続くことで譲歩節となっている。また，譲歩節内の疑問詞は(19)と(20)のように複数現れる場合もある。

(19)　<u>No matter who</u> wrote <u>what</u>,　　［no matter 主語　目的語 …］(cf. (9))
(20)　<u>No matter who</u> is <u>where</u>,　　　［no matter 主語　副詞 …］(cf. (10))

(19)と(20)の no matter はそれぞれ両方の疑問詞と連動し譲歩節を形成している。

6 カラ節・if節の曖昧性 〜来てから，来たから〜

日本語の場合

(1)と(2)の文はどちらも「から」で終わる節(＝カラ節)を含んでいる。

(1) 親が来てから帰った。　　　　　　　　[時間的前後関係を表すカラ節]
(2) 親が来たから帰った。　　　　　　　　[理由を表すカラ節]

(1)の「から」は，「親が来た」ことが「帰った」ことよりも時間的に前に起こっていることを示している。このような機能をもつカラ節を「時間的前後関係を表すカラ節(＝時間のカラ節)」とよぶ。一方，(2)の「から」は，「親が来た」ことが「帰った」ことの理由であることを示している。このような機能をもつカラ節を「理由を表すカラ節(＝理由のカラ節)」とよぶ。

この2種類のカラ節は機能的な違いの他にも文法的な違いが3つある。第一に，(3)のように時間のカラ節の「から」は「ので」に置き換えることができないが，(4)のように理由のカラ節の「から」は「ので」に置き換えることができる。

(3) *親が来ての帰った。　　　　　　　　[時間のカラ節]
(4) 親が来たので帰った。　　　　　　　　[理由のカラ節]

第二に，(5)のように時間のカラ節の「から」は省略可能であるが，(6)のように理由のカラ節の「から」は省略することができない(ϕは省略を示す)。

(5) 親が来て ϕ 帰った。　　　　　　　　[時間のカラ節]
(6) *親が来た ϕ 帰った。　　　　　　　　[理由のカラ節]

第三に，(7)のような「＜理由のカラ節＞ー[時間のカラ節]ー動詞」の語順は自然であるが，(8)のように語順を「[時間のカラ節]ー＜理由のカラ節＞ー動詞」に変えると不自然になる($^{??}$は文が不自然であることを示す)。

(7) ＜夕方友達が来るから＞[買い物をしてから] 帰った。
(8) $^{??}$[買い物をしてから]＜夕方友達が来るから＞帰った。

> 日本語のカラ節も英語の if 節も機能によってそれぞれ 2 種類に分けることができる。それらは機能的な相違の他に，文法的な違いも見られる。

英語の場合

(9)と(10)の文は，どちらも if から始まる節(= if 節)を含んでいる。

(9)　She asked me <u>if</u> I was hungry.　　　　　［選択疑問を表す if 節］
(10)　John will come to the party <u>if</u> you come too.　　［条件を表す if 節］

(9)は，if 節が「空腹か，空腹ではないか」という選択疑問を表している。このような機能をもつ if 節を「選択疑問を表す if 節(=選択の if 節)」とよぶ。一方，(10)は，if 節が「あなたがパーティーに行くなら」という条件を表している。このような機能をもつ if 節を「条件を表す if 節(=条件の if 節)」とよぶ。

この 2 種類の if 節には，日本語のカラ節の場合と同様に，機能的な違いの他にも文法的な違いが 3 つある。第一に，(11)のように選択の if 節の if は whether に置き換えられるが，(12)のように条件の if 節の if は whether には置き換えられない。

(11)　She asked me <u>whether</u> I was hungry.　　　　［選択の if 節］
(12)　*John will come to the party <u>whether</u> you come too.　［条件の if 節］

第二に，(13)のように選択の if 節は省略することができないが，(14)のように条件の if 節は省略することができる。

(13)　*She asked me ___φ___.　　　　　　　　　　［選択の if 節］
(14)　John will come to the party ___φ___.　　　　［条件の if 節］

第三に，(15)のような「動詞 ―〈選択の if 節〉―［条件の if 節］」の語順ならまったく問題がないが，(16)のように語順を「動詞 ―［条件の if 節］―〈選択の if 節〉」に変えると非文法的になる。

(15)　Tell me <<u>if</u> I will be punished> [<u>if</u> I cheat].
(16)　*Tell me [<u>if</u> I cheat] <<u>if</u> I will be punished>.

第 5 章　疑問詞と副詞，そして終助詞

7　「まで」と until の否定　～10 時まで寝なかった～

> 日本語の場合

まず，「まで」と「までに」の違いを確認していこう。

(1)　9 時<u>まで</u>走っていた。　　　　　　　　　　　　　　　　　［マデ − 継続］
(2)　*9 時<u>までに</u>走っていた。　　　　　　　　　　　　　　　［*マデニ − 継続］

(1)の動詞「走っていた」は動作が継続していることを表している。このように動詞が継続を表している場合には「まで」と共起できる。しかし，継続を表している動詞は，(2)で示されているように，「までに」とは共起できない。
　別の例を見てみよう。

(3)　*9 時<u>まで</u>着いた。　　　　　　　　　　　　　　　　　　［*マデ − 完了］
(4)　9 時<u>までに</u>着いた。　　　　　　　　　　　　　　　　　　［マデニ − 完了］

「着いた」は動作の継続は表さず，動作が完了していることを表している。このような完了を表す動詞は，(3)のように「まで」とは共起できないが，(4)のように「までに」とは共起できる。以上のことから，**「まで」は継続を表す動詞と，「までに」は完了を表す動詞とそれぞれ共起しなければならない**ことがわかる。
　「まで」と「までに」の違いがわかったところで，「まで」と否定語が含まれる(5)の解釈を考えてみよう。実は，(5)は(6)と(7)のどちらの意味にもとれる曖昧な文なのである。

(5)　10 時まで寝なかった。
(6)　(今夜 9 時までに寝るはずだったが，結局)10 時まで寝なかった。
(7)　(翌朝 10 時まで寝る予定だったが，結局)10 時まで寝なかった。

(6)は「寝ていない状態」が 10 時まで<u>継続</u>しているという解釈である。一方，(7)は「寝ている状態」が 10 時になる前まで<u>継続</u>していたという解釈である。どちらも［マデ − 継続］の条件を満たしている。したがって，(5)は(6)と(7)のどちらの意味にもとれる曖昧な文となっているのである。

> 「まで」／until は継続を表す動詞と，「までに」／by は動作の完了を表す動詞と共起しなければならない。「まで」／until が否定語と共起した「10時まで寝なかった」／I didn't sleep until ten はどちらもそれぞれ曖昧文になる。

英語の場合

日本語の(1)と(2)に対応する英語は，それぞれ(8)と(9)である。

(8)　I was running until nine.　　　　　　(cf.(1))［until − 継続］
(9)　*I was running by nine.　　　　　　　(cf.(2))［*by − 継続］

動詞 was running は動作が継続していることを表している。このような継続を表す動詞は，(8)のように until と共起できるが，(9)のように by とは共起できない。

次に，日本語の(3)と(4)に対応する英語，それぞれ(10)と(11)を見てみよう。

(10)　*I arrived until nine.　　　　　　　(cf.(3))［*until − 完了］
(11)　I arrived by nine.　　　　　　　　　(cf.(4))［by　− 完了］

arrived は動作の継続を表さず，動作が完了していることを表している。このような完了を表す動詞は(10)のように until とは共起できないが，(11)のように by とは共起できる。以上のことから，**until は継続を表す動詞と，by は完了を表す動詞とそれぞれ共起しなければならない**ことがわかる。

ここで until と否定語が含まれる(12)の解釈を考えてみよう。興味深いことに，(12)は日本語の(5)と同様の2通りの解釈((6)と(7))ができる。

(12)　I didn't sleep until ten.　　　　　　　　　　　　(cf.(5))
(6)　（今夜9時までに寝るはずだったが，結局）10時まで寝なかった。
(7)　（翌朝10時まで寝る予定だったが，結局）10時まで寝なかった。

(12)の1つの解釈は，「don't sleep の状態が10時まで(until ten)継続した」(=(6))という解釈であり，もう1つは「sleep が10時になる前まで(until ten)継続した」(=(7))という解釈である。どちらも［until − 継続］の条件を満たしているので，(12)は(6)の解釈にも(7)の解釈にもとれる曖昧な文となるのである。

第5章 疑問詞と副詞, そして終助詞

8 理由節と否定 〜金持ちだから結婚しない〜

> 日本語の場合

理由節(カラ節)と否定語を含む(1)と(2)を見てみよう。

(1) 太郎は花子がお金持ちだから結婚したのではない。　　［結婚した］
(2) 太郎は花子がお金持ちだから結婚しなかったのだ。［結婚しなかった］

(1)と(2)の文で使われている単語はほぼ同じであるが，次のような意味上の違いがある。(1)は「太郎は花子と結婚したが，太郎は花子がお金持ちだからという理由で結婚したわけではない」という意味である。これに対して(2)は「太郎は花子と結婚しなかった。その理由は花子がお金持ちだからである」という意味である。この意味の違いは(1)と(2)がもつ構造(それぞれ(3)と(4))の違いからきていると考えられる。

(3) 　花子がお金持ちだから結婚した　のではない。　　　(cf.(1))

(4) 　花子がお金持ちだから　結婚しなかった。　　　(cf.(2))

(3)では「花子がお金持ちだから」と「結婚した」が1つのかたまりをなしていることが示されていて，(4)では「花子がお金持ちだから」と「結婚し(なかっ)た」がかたまりをなしていないことが示されている。(3)のような構造の場合「ない」が理由節を否定することができる。一方，(4)のような構造の場合では「ない」が理由節を否定できず，隣接する動詞「結婚した」を否定することになる。

(3)と(4)の構造と否定語の係り方の違いを踏まえて(5)を見てみよう。

(5) 太郎は　花子が貧乏だから結婚しなかった　のではない。［結婚しなかった］

(5)には否定語が2つあるが，それぞれ係り方が異なっている。「なかった」は隣接する動詞「結婚した」を否定し，「ない」は「花子が貧乏だから結婚しなかった」の中の理由節「花子が貧乏だから」を否定している。したがって(5)の意味は，「太郎は花子と結婚しなかったが，その理由は花子が貧乏だからではない」となる。

> 日本語も英語も理由節が動詞と1つのかたまりをなしている時には否定語が理由節を否定できるが，理由節と動詞が1つのかたまりをなしていない時には否定語は理由節を否定することができず，隣接する動詞を否定することになる。

英語の場合

英語の理由節（because節）と否定語を含む(6)を見てみよう。

(6)　Taro did not marry Hanako because she was rich.　　　　　［曖昧文］

(6)は曖昧文で，「太郎は花子と結婚したが，花子がお金持ちだからという理由で結婚したわけではない」という解釈と，「太郎は花子と結婚しなかった。その理由は花子がお金持ちだからである」という解釈ができる。日本語の説明((3)(4))をヒントにするとこの曖昧性が説明できる。(6)は(7)(8)の2通りの構造をもつ。

(7)　Taro did not marry Hanako because she was rich .　　　(cf.(3))

(8)　Taro did not marry Hanako because she was rich .　　　(cf.(4))

(7)では marry Hanako と because she was rich が1つのかたまりをなしていることが示されていて，(8)ではそれらがかたまりをなしていないことが示されている。(7)のような場合，すなわち理由節 because she was rich が marry Hanako because she was rich の中にある場合には，not が理由節を否定することができる(cf.(3))。一方，(8)のような場合には not が理由節を否定することはできず，not は隣接する動詞 marry を否定することになる(cf.(4))。これを踏まえて(9)を見てみよう。

(9)　Because she was rich , Taro did not marry Hanako. ［曖昧文ではない］

(9)は(6)の理由節を文頭に移動しただけであるが，(6)とは違って曖昧文にはならず，「太郎は花子と結婚しなかった。その理由は花子がお金持ちだからである」という解釈しかない。これは marry Hanako と because she was rich が1つのかたまりをなしていないことによる。このような場合には，(8)と同様に，not が because she was rich を否定することはできず，隣接する動詞 marry を否定することになる。

第5章 疑問詞と副詞，そして終助詞

9 疑問・命令の終助詞 〜見たの？　見ろ！〜

> 日本語の場合

(1)は疑問文，(2)は命令文の例である。

(1)　見た<u>の</u>？　　　　　　　　　　　　　　　　　　　［疑問文］
(2)　見<u>ろ</u>！　　　　　　　　　　　　　　　　　　　［命令文］

(1)と(2)の文の構成を詳しく書くと，それぞれ(3)と(4)のようになる。

(3)　動詞(見)—時制(た)—終助詞(の)　　　　　　　　　　［疑問文］
(4)　動詞(見)—時制(φ)—終助詞(ろ)　　(φはゼロの意味)［命令文］

(3)と(4)を見るとわかるように，疑問文も命令文も動詞の形は同じである。しかし，疑問文と命令文では時制と終助詞がそれぞれ異なっている。疑問文では時制が現れるが，命令文では時制が現れない。また，終助詞については，疑問文では「の」が使われるが，命令文では「ろ」が使われている。

　疑問文には，(1)のような過去形の「た」だけでなく非過去形の「る」も現れることができる(cf.(5))。また，動詞「見た」を「見｛ます／ました｝」という丁寧形にすると終助詞「か」をともなうことができる(cf.(6))。

(5)　見るの？／見たの？
(6)　見ますか？／見ましたか？

　一方，命令文には時制が現れないことから(cf.(4))，「る／た」「ます／ました」が命令文に現れることはない(cf.(7)(8))。

(7)　*見るろ！／*見たろ！
(8)　*見ますろ！／*見ましたろ！

このように，日本語では疑問文と命令文が時制の有無と終助詞の種類ではっきりと区別されていることがわかる。

> 日本語の疑問文と命令文は，動詞に時制が現れるかどうかと終助詞の種類（「の」／「ろ」）で区別されている。英語の疑問文と命令文も日本語とほぼ同様に，動詞に時制が現れるかどうかと「終助詞」の種類（「？」／「！」）で区別されている。

英語の場合

(9)は疑問文，(10)は命令文の例である。日本語の疑問文と命令文の構成をヒントに英語の疑問文と命令文の構成を考えてみよう。

(9)　　Did you watch it?　　　　　　　　　　　　[疑問文]（cf.(1)）
(10)　 Watch it!　　　　　　　　　　　　　　　　 [命令文]（cf.(2)）

まず，(9)の疑問文を詳しく見てみよう。日本語の疑問文の構成(cf.(3))を考慮に入れると，英語の疑問文の構成は(11)のようになっていると考えられる。

(3)　　動詞（見）―時制（た）―終助詞（の）　　　　　　[日本語の疑問文]
(11)　 動詞（watch）―時制（ed）―終助詞（？）　　　 [英語の疑問文]
(12)　 Did you watch it?　　　　　　　　　　　　　　 (=(9))

英語の疑問文は，日本語の疑問文と同様に時制が現れるが，日本語とは違って疑問文を示す終助詞がない。英語では終助詞の代わりに音形のない「終助詞」の「？」が入る（さらに時制が do をともなって文頭に動く）。

次に，(10)の命令文を詳しく見てみよう。日本語の命令文の構成(cf.(4))を考慮に入れると，英語の命令文の構成は(13)のようになっていると考えられる。英語の命令文は，日本語の命令文と同様に時制が現れない。さらに，日本語とは違って命令文を示す終助詞がない。英語では終助詞の代わりに音形のない「終助詞」の「！」が入る。

(4)　　動詞（見）―時制（ϕ）―終助詞（ろ）　　　　　　[日本語の命令文]
(13)　 動詞（watch）―時制（ϕ）―終助詞（！）　　　 [英語の命令文]
(14)　 Watch it!　　　　　　　　　　　　　　　　　　　 (=(10))

(11)と(13)からわかるように，日本語と同様に英語でも，疑問文と命令文が時制の有無と「終助詞」の種類ではっきりと区別されている。

第5章 疑問詞と副詞，そして終助詞

10 語順が厳しく制限される品詞 〜見たわね，見たわよ〜

日本語の場合

文末に現れる助詞を終助詞とよぶ。終助詞には(1)に示したような「わ」「よ」「ね」などがある。

(1)　見た ｛わ／よ／ね｝ 。

終助詞は文法上任意なので，たとえ省略しても非文法的にはならない。このように任意な終助詞であるが，複数現れる場合には厳しい語順の制限が見られる。

| (2) 見たわよ | (3) 見たわね | (4) 見たよね |
| (5) *見たよわ | (6) *見たねわ | (7) *見たねよ |

終助詞「わ」「よ」「ね」のうち2つが現れる組み合わせは全部で(2)-(7)の6通りあるが，その中で文法的な組み合わせは3通り(=(2)(3)(4))しかない。さらに，終助詞が3つ現れる組み合わせは全部で(8)-(13)の6通りあるが，その中で文法的な組み合わせは1通り(=(8))しかない。

| (8) 見たわよね |
| (9) *見たわねよ | (10) *見たよわね | (11) *見たよねわ |
| (12) *見たねわよ | (13) *見たねよわ |

(2)-(13)の文法性は，終助詞が(14)の階層構造をもつと考えると説明がつく。

(14)　わ < よ < ね

(14)は「わ」「よ」「ね」の順に階層が高くなることを示している。ある終助詞は，それより高い階層にある終助詞を右側に置くことができるが，それより低い階層にある終助詞を右側に置くことはできない。たとえば「よ」は，それより高い階層にある「ね」を右側に置くことができるが(=(4))，それより低い階層にある「わ」を右側に置くことはできない(=(5))。

> 日本語の終助詞も英語の副詞も任意の要素ではあるが階層構造をもつ。このため，複数の終助詞／副詞が現れる場合には語順が厳しく制限されることになる。

英語の場合

　日本語では終助詞が複数現れる場合に厳しい語順の制限があることを見たが，英語では副詞が複数現れる場合に厳しい語順の制限が見られる。

(15)　Frankly, John happily was climbing the walls of the garden.
(16)　*Happily, John frankly was climbing the walls of the garden.

(15)と(16)から，frankly と happily が共起する場合には，frankly が happily より左側に現れなければならないことがわかる。次の例を見てみよう。

(17)　Happily, John evidently was climbing the walls of the garden.
(18)　*Evidently, John happily was climbing the walls of the garden.

(17)と(18)から，happily と evidently が共起する場合には，happily が evidently より左側に現れなければならないことがわかる。次の例を見てみよう。

(19)　Evidently, John cleverly was climbing the walls of the garden.
(20)　*Cleverly, John evidently was climbing the walls of the garden.

(19)と(20)から，evidently と cleverly が共起する場合には，evidently が cleverly より左側に現れなければならないことがわかる。(15)-(20)の文法性は，副詞が(21)の階層構造をもつと考えると説明がつく。

(21)　frankly > happily > evidently > cleverly

(21)は frankly, happily, evidently, cleverly の順に階層が低くなることを示している。ある副詞はそれより低い階層にある副詞の左側には置けるが，それより高い階層にある副詞の左側には置けない。たとえば happily は，より低い階層の evidently の左側には置けるが(=(17))，より高い階層の frankly の左側には置けない(=(16))。

第5章　疑問詞と副詞，そして終助詞

おすすめの本と論文

※論文の掲載ページなど詳細は巻末の参考文献を参照のこと。

■ 遠藤喜雄「終助詞のカートグラフィー」長谷川信子（編）『統語論の新展開と日本語研究』開拓社 2010 年

　日本語の終助詞と英語の副詞との間に相関関係があるといわれたら，ほとんどの人が驚くに違いない。というのも，両者には終助詞と副詞という品詞の違いがあるだけでなく，それらが文中で現れる場所も異なっているからだ。しかし，「カートグラフィー」という言語における地図のようなものを通して見ると，それらの関係がはっきりと見えてくる。今まで国語学の世界の中にとどまっていた数々の知見が，世界に発信できる時代がきたことを実感させる論文である。

■ 本田謙介「英語における主要部末尾現象について」今西典子（編）『言語研究の宇宙』開拓社 2005 年

　英語は前置詞をもつのに対して，日本語は後置詞（＝助詞）をもつ。また，英語は疑問詞が必ず文頭に現れるのに対して，日本語は疑問詞が文頭に現れても文中に現れてもかまわない。これらの特徴は誰でもよく知っている「自明」のことである。しかし，よく調べてみると，実は英語の前置詞も日本語の後置詞のように用いられる場合があり，英語の疑問詞も日本語と同じように文中に現れる場合があるのだ。このような日本語に似た英語のふるまいがどのようにして起こるのか，本論文ではパラメターという用語を使いながら詳しく説明している。

■ 神尾昭雄『情報のなわ張り理論：言語の機能的分析』大修館書店 1990 年

　動物の世界と同様に，人間の話すことばにも「なわ張り」が深く関与している。著者は，話し手と聞き手の「情報のなわ張り」を明示する際に，日本語の終助詞が重要な役割を演じていると指摘している。たとえば，「きみ，最近太ったね」とはいえても，「きみ，最近太った」というと不自然に聞こえる。「太っている」という情報が話し手でなく聞き手のなわ張りに入っているとすると，聞き手のなわ張りに入る際には「ね」が必要となるのである。では，終助詞をもたない英語は「情報のなわ張り」をどのように表しているのだろうか。本書を読むとその答えが明快にわかる。

■ 此島正年『助動詞・助詞概説』桜楓社 1983 年

　現代語の助詞がどのような歴史的変遷を経て今の形や用法になったのかを，古典語の実例をふんだんに使いながら，わかりやすく述べている。たとえば，現代語で禁止の終助詞に「な」があるが（「忘れるな」の「な」），この用法の「な」は古来一貫して用いられている。一方，古典語には「春な忘れそ」のように，「な」が動詞の前にくる

用法が見られる。これら2つの「な」は同じものなのか違うものなのか，本書では1つの見解が出されている。この議論と一緒に，John Whitman (2010)「否定構造と歴史的変化：主要部と否定極性表現を中心に」を合わせて読んでみるとよいだろう。

■ 南不二男『現代日本語文法の輪郭』大修館書店 1993 年
「文の構造を階層的に捉える」というと，生成文法理論の専売特許と思う人がいるかもしれない。しかし，本書（並びに，南不二男『現代日本語の構造』大修館書店 1974 年）を読めばそれが正しくないことがわかる。特に，著者による従属節の分類は経験的証拠に基づいた非常に手堅い分析となっており，これを見れば日本語にも階層構造があることがはっきりとわかる。なお，本書とともに尾上圭介(1999)「南モデルの内部構造」「南モデルの学史的意義」（両論文とも尾上圭介(2001)『文法と意味Ⅰ』に所収）を合わせて読めば，南の理論をより深く理解することができるだろう。

■ 西垣内泰介『論理構造と文法理論：日英語の WH 現象』くろしお出版 1999 年
「誰」や「何」などは一般に疑問詞とよばれているが，「誰も」や「何も」のように「も」がつくと疑問の意味にはならない。このことから「誰」や「何」そのものが疑問を表しているのではないことがわかる。本書では日本語の「疑問詞」を詳細に検討することによって，英語の wh 構文に重要な示唆を与えている。なお，同じ著者による英文で書かれた *Quantification in the Theory of Grammar* (Kluwer Academic Publishers, 1990)を合わせて読むと，日英語の wh 現象についての理解がより一層深まるだろう。

■ Nishiyama, Kunio. Decomposing demonstratives and wh-words. *JELS, 30*, 2013.
日本語には「こそあど言葉」とよばれるものがある。たとえば「これ」「それ」「あれ」「どれ」などがそうである。「こそあど」は一般に相互に取り換え可能な，いわば「同じ資格」の形態素と考えられてきた。しかし，著者は「これ」の「こ」と「どれ」の「ど」は構造的に違う位置を占めていると主張する。具体的にいうと，「これ」の「こ」は「φ＋こ＋れ」のように真ん中の位置を占めているのに対して，「どれ」の「ど」は「ど＋φ＋れ」のように左から1番目の位置を占めているという（φは発音しない形態素）。つまり，著者は「これ」を「こ」-「れ」「どれ」を「ど」-「れ」のように2つに分けるのではなく，それぞれφを含む3つに分けているのである。斬新な考え方であり大変興味深い。読者はまず著者の主張が正しいかどうか詳細に検討すべきである。そして，筆者の主張が仮に正しいとすると，どのような帰結が得られるのか考えてみるとよいだろう。

■ 尾上圭介『文法と意味Ⅰ』くろしお出版 2001 年
「そこにすわれ」という命令表現と「そこにすわる」という命令表現とでは，何がどう違うのか。筆者はこのような「設問」を提示し，それについて自ら答えを出している。言語研究で特に重要なのは，言語学的に興味深い「設問」を立てられるかどうかである。

第5章 疑問詞と副詞，そして終助詞

本書はこの点において類書に例を見ない良書である。いたるところにあげられている興味深い「設問」を見るだけでも本書を読む価値は十分にある。熟慮に熟慮を重ねた筆者の「模範解答」には迫力と凄味がある。読者はその議論・分析を享受しつつも，「模範解答」を批判的に検討し，さらなる高みを目指さなければならない。

■ Takami, Ken-ichi. The syntax of *if*-clauses: Three types of *if*-clauses and X'-theory, *Lingua, 74,* 1988.

if 節は，条件を表す副詞節であることの他に，別段特筆すべきことがない文法項目と考えている人も多いだろう。ところが，著者は副詞節の if 節が3種類に分類でき，それらが階層構造上3つの異なる階層に属しているという非常に興味深い主張をした。異なる階層に属する if 節はそれぞれ意味が異なっている。本論文の最後で筆者は日本語の条件節の1つである「なら」節が3種類の if 節にそれぞれ対応している可能性を示唆している。日本語の条件表現には「なら」の他にも「と」「ば」「たら」がある。これらを含めて日本語の条件節の構造上の位置を検討してみるのもおもしろいだろう。

■ 渡辺実『さすが！日本語』ちくま新書 2001 年

筆者は国語学の大家であり，副用語研究の第一人者である。その著者が一般の読者向けに副用語（副詞など）についてわかりやすく書いたのが本書である。皆さんは「せっかく」「せめて」「ずいぶん」「さすが」などのことばの意味や使い方を正確に述べることができるだろうか。たとえば「せっかく得意の料理を作ったのに，彼は食べずに帰ってしまった」とはいえても，「せっかく得意の料理を作ったので，彼は喜んで食べてくれた」とはいえないのはどうしてだろうか。任意であるはずの副用語であるが，それがいったん文の中に現れると文全体に大きな影響を与える。そのことが本書を読むと実によくわかる。

態と否定

1 英語にない受動態 〜赤ん坊に泣かれた〜
2 動詞の形容詞的用法 〜尖った耳〜
3 状態受動 〜鍵が壊れている〜
4 非能格動詞と非対格動詞 〜水が凍った〜
5 被害や恩恵のニュアンス 〜動物園に連れて行かれた〜
6 否定と連言 〜カエルもヘビも飼っていない〜
7 否定と選言 〜トマトかイチジクが野菜ではない〜
8 否定の位置 〜太郎は何も食べなかった〜
9 準否定 〜東京にはめったに行かない〜
10 否定極性 〜富士山はとても美しくない〜

第6章 態と否定

1 英語にない受動態 〜赤ん坊に泣かれた〜

> 日本語の場合

　日本語には大きく分けて2種類の受動態がある。1つは**直接受動**で，もう1つは**間接受動**である。直接受動の方は，(1)に見るように，能動文の主語と直接目的語(あるいは間接目的語)の統語的な位置が，受動文では入れ替わる。

　　(1)　花子が太郎を責めた。←→　太郎が花子に責められた。

他方，間接受動は，さらに**被害の受け身**(「迷惑の受け身」または「第三者の受け身」ともよばれる)と**持ち主の受け身**の2種類に分かれる。(2)が「被害の受け身」の例，(3)が「持ち主の受け身」の例である。

　　(2)　赤ん坊が泣いた。←→　太郎が赤ん坊に泣かれた。
　　(3)　太郎が花子の時計を壊した。←→　花子が太郎に時計を壊された。

　間接受動の特徴は，項(＝語彙)の数が，能動文に現れる項の数より1つ多いという点である。たとえば，(2)の能動文は主語の「赤ん坊」だけであるが，受動文の方には，「赤ん坊」の他にいわば新たな項，つまり「太郎」が現れる。(3)も同じで，能動文では「太郎」と「花子の時計」の2つの項しかないが，対応する受動文では，「花子の時計」が2つに分割され，結果的に3つの項が用いられる。
　間接受動は，意味的にも特徴がある。(2)の「被害の受け身」は，受動文の主語によって表される被動作主が「不快感」や「戸惑い」など何らかの被害を受ける場合に用いられる。(2)の例でいえば，抱っこした赤ん坊が泣いてしまったために太郎が当惑したといった具合である。もう一方の「持ち主の受け身」も，(3)に見られるように，被害のニュアンスをともなうことが多いが，「花子は息子を先生にほめられた」のように，被害のニュアンスが出ない場合もある。
　なお，(4)や(5)のように，能動文の主語が動作主ではない(たとえば動作主は他にいると考えられる)場合，受動文にすることができないことが多い。

　　(4)　窓が割れた。←→　＊太郎が窓に割れられた。
　　(5)　夜がふけた。←→　＊夜にふけられた。

日本語には2種類の受動文，すなわち，直接受動文と間接受動文がある。特に注意が必要なのは間接受動文で，英語にはこれに対応する受動文が存在しない。間接受動文は，統語的には「能動文が含む項の数より受動文が含む項の方が1つ多く」，また，意味的には「受動文の主語が何らかの被害を受けるというニュアンスをともなう」ことが多い。

英語の場合

英語の場合，受動文は，(6)に見るように，be動詞を用いて形成される。能動文の主語と直接(あるいは間接)目的語が受動文で入れ替わる点は日本語と同じである。さらには，(7)に見るように，前置詞句の中の語彙を受動文の主語にすることも可能である。

(6) Hanako accused Taro. ⟷ Taro was accused by Hanako.
(7) The shooting at the school was dealt with by the Supreme Court.

ただし，英語には，日本語の「被害の受け身」に(統語的に)対応する受動文は存在しない。これは，(8)に示されるように英語では自動詞を受動形にして用いることができないためである(ただし前置詞をともなう laugh at のような例や，主語の性格づけを行う 'This river should not be swum in' のような受動文(久野・高見(2005))の場合は，自動詞であっても受動態として用いることが可能である)。(8)を先の(2)と比べられたい。

(8) *I was cried by the baby.

また(9)に示されるように，日本語の「持ち主の受け身」に対応する受動文も存在しない。(9)を先の(3)と比べられたい。

(9) *Hanako was broken her watch by Taro.

英語の受動文は被害のニュアンスが少ないが，日本語では直接受動文においても被害のニュアンスがともなうことがある。この点に関する詳しい内容については6.5節を参照されたい。

2 動詞の形容詞的用法 〜尖った耳〜

> 日本語の場合

　日本語の場合，モノやコトの属性を表すには，通常，「白い」や「きれいな」のような形容詞（正確には形容詞と形容動詞）が用いられるが，形容詞の働きを補うものとして，(1)の「尖った」のような**動詞のタ形**も用いられる。

　　（1）　ポチは尖った耳をしている。

動詞のタ形は，形容詞的に用いられる場合（「尖った」でいえば耳の動作ではなく形状を表す場合），(2)に示されるように，述語の位置に置くことはできない。通常の形容詞が用いられている(3)と比べられたい。

　　（2）　A: ポチの耳はどんな耳でしたか。B: *尖ったです。
　　（3）　A: ポチの耳はどんな耳でしたか。B: 長かったです。

「尖った」は，タ形であっても，あくまで発話時のモノの形状を表すことに注意が必要である。(1)の例でいえば，ポチの耳は過去に尖ったのではない。今，尖っているのである。「尖った」は自然現象によって生じた状態を表すため，動作主は存在しないか，たとえ存在したとしてもその動作主が意識されることはほとんどない。このような動詞としては他にも「曲がった」「垂れ下がった」「くぼんだ」「突き出た」「離れた」など多数ある。

　なお，発話時のモノの状態を表し，かつ，動作主が事態の背後にいることが予測できるタ形動詞もある。「イチゴが乗った（ケーキ）」や「リボンをつけた（帽子）」などがそれである。たとえば，次の(4)の場合，誰かがケーキの上にイチゴを乗せた可能性が高い。

　　（4）　ぼくはイチゴが乗ったケーキが一番好きだ。

ただ，この種のタ形動詞は，動作主の存在が想定できても，その存在が強く意識されることは少なく，(4)はむしろ動作主の行為の結果生じたケーキの状態を記述するものとなっている。

日本語のタ形動詞の中には，名詞の前に置かれると，形容詞的な働きをもち発話時のモノやコトの状態を表すものがある。他方，英語では，形容詞の働きをもつものとして動詞の過去分詞形が用いられる。形容詞的用法の過去分詞動詞は，動詞の意味あるいは文脈によって，受動性の強さに違いがある。

英語の場合

英語においても，モノやコトの属性は形容詞によって表されるが，形容詞の働きを補うものとして，**過去分詞形**の動詞も用いられる。この種の過去分詞形の動詞は，(5)-(8)に例示されるように，受動性の強弱に関して違いがある。

(5) Mary picked up a <u>fallen</u> leaf.
(6) The bats in the cave have <u>pointed</u> ears.

まず(5)の fallen であるが，これは自動詞である。6.1 節で見たように，英語の自動詞は通常は受動態として用いることはできない。よって，(5)の場合も受動的な意味合いはない。(5)は，葉が，落葉の結果「落ちている状態」になったことを表す。なお，すべての自動詞が過去分詞の形で形容詞的に用いられるわけではない。詳しくは 6.4 節を参照されたい。次の(6)の pointed は他動詞としても用いられるが，受動的な意味合いは，あったとしてもかなり弱い。これは，コウモリの耳を尖らせるような動作主が想定しにくいことによる。

(7) John's car has a <u>dented</u> fender.
(8) They are exhibiting the photos <u>taken</u> by Mary.

(7)の dented には 2 通りの解釈が可能である。1 つ目の解釈は，強い受動性を示す「へこまされたフェンダー」で，2 つ目の解釈は，単に状態を表す「へこんだフェンダー」である。(7)がどちらの解釈をもつかは文脈によって決まる。最後の(8)の taken は，by 句によって表されている動作主が存在するため，受動性がかなり強い。なお，日本語では，(8)の意味内容を受動文ではなく能動文で表す傾向がある。つまり，(8)の photos taken by Mary は，「メアリーによって撮られた写真」のように受動態を用いて訳すこともできるが，この表現は多少文語的である。日常会話の中では，「メアリーが撮った写真」のように受動態を用いない言い方をする方が多い。

3 状態受動 〜鍵が壊れている〜

> 日本語の場合

(1)は受動文の形をしている。したがって、「鍵が壊されている」と訳したくなるが、実際は、「鍵が壊れている」の方がより適切である。

(1) The key is broken.

その理由を探るために、まず受動文である(2)と受動文でない(3)を比べてみよう。

(2) 鍵が壊されている。
(3) 鍵が壊れている。

(2)と(3)は、いずれも、鍵の状態、つまり、鍵が現在破損していることを表すが、実は両者には違いがある。（なお、「〜(て)いる」には用法がいくつかある。たとえば、「枯葉がはらはらと落ちている」の場合のような「行為の継続」の用法や「枯葉がベンチの上に落ちている」の場合のような「結果の継続」の用法がある。ここでは、(2)と(3)が「結果の継続」の用法をもつ場合、つまり、これらの文が鍵の状態を表す場合に的を絞ることにする。）

まず(2)の場合、鍵は誰かによって（おそらく意図的に）壊されたという読み、つまり、動作主を想定する読みが強い。したがって、自然現象の風化などで鍵が劣化してしまったような場合（つまり動作主が想定しにくい場合）は、(2)は不自然になる。これに対し、(3)の方は、鍵の破損という状態の方に焦点が置かれている。このため、鍵の破損が自然現象によるものなのか、それとも鍵を壊した動作主がいるのかといったことは(3)だけからは読みとれない。

では、(1)の be broken はどうだろうか。この表現は、受動態の形をとってはいるが、実は、鍵が誰かによって壊されたという受動的な読みはかなり弱く、次頁で見るように、いわば形容詞化してしまっている。形容詞化しているということは、ようするに、「受動性」よりも「状態性」の方が強いということである。(1)の対訳として、受動性が強い(2)よりも状態性の強い(3)の方が適切であるのは、このためである。

> 受動文の「壊されている」と「〜(て)いる」の「結果の継続」用法をもつ「壊れている」は，どちらも主語が表すものの状態を表す。しかし，前者は受動性が強く，後者は受動性が弱いという違いがある。英語の be broken は受動態の形をとってはいるが，意味的には形容詞に近く，結果の継続の「壊れている」が対応する。

英語の場合

英語の動詞の中には，受動態の形をとっていても，意味的には「受動性」をかなりの程度失っているものがある。一般に，そのような例は**状態受動**とよばれる。先の(1)や以下の(4)-(6)は状態受動文の例である。

(4) Janet is interested in ships.
(5) Bill is scared of spiders.
(6) John was surprised at the news.

英語の状態受動文は，それに対応する日本語においても「受動性」が出にくい。たとえば，(4)に対応する日本語は，「ジャネットは船に興味をもたせられている」ではなく「ジャネットは船に興味がある」である。(5)も同じで，(5)に対応するのは「ビルはクモに怖がらせられる」ではなく「ビルはクモが怖い」である。

なお，状態受動文に用いられる過去分詞は，形容詞として分類されることも多い。形容詞的な性質をもつことは，very などの強調副詞をともなうことができる状態受動があることからもうかがえる。(7)を通常の受動文の(8)と比べられたい。

(7) John was very surprised at the news.
(8) *John was very killed by Mary.

状態受動文と通常の受動文の違いは，by 句のような前置詞句にも現れる。通常の受動文では，John was killed by Mary におけるように，動作主は by 句によって表される。他方，状態受動文の場合は，by 句の他にも，(4)-(6)の in ships, of spiders, at the news や，be married to Mary, be divorced from Mary, be worried about Mary, be satisfied with Mary などさまざまな前置詞句が用いられる。

第6章 態と否定

4 非能格動詞と非対格動詞 〜水が凍った〜

日本語の場合

「歩く」や「凍る」は自動詞であるが，これらはさらに2種類の自動詞に分かれるとする立場がある。たとえば，(1)の「歩く」の場合，主語の「太郎」は自分の意志で「堤防の上を歩く」という事態を引き起こすことができる。他方，(2)の「凍る」の場合，主語の「水」は自分の意志をもたず，したがって，水が「カチカチに凍る」という事態を意図的に引き起こすこともできない。「歩く」のような自動詞は**非能格動詞**とよばれ，「凍る」のような自動詞は**非対格動詞**とよばれる。

(1) 太郎が堤防の上を歩いている。　　　　　　　　　　（非能格動詞）
(2) 水がカチカチに凍った。　　　　　　　　　　　　　（非対格動詞）

非対格動詞には，次のようなものがある：
 A. 形容詞，形容詞的特徴をもつ状態動詞（be など），
 B. 状態変化動詞（焦げる，凍る，滴る，腐る，など），
 C. 存在・出現動詞（現れる，存在する，生じる，続く，など），
 D. 五感に作用する現象動詞（光る，ネバネバする，など），
 E. アスペクト動詞（始まる，終わる，続く，など）

 　　　　　　　　　　　　　　　　　　　　　　（Perlmutter and Postal (1984)）。

ただし，非対格動詞と非能格動詞を峻別することは難しく，そのため，それぞれの自動詞が非対格動詞なのか，それとも非能格動詞なのかを見極めるためのテストがいろいろと提案されている。たとえば，複合語のテストがそれで，このテストでは，自動詞文の主語（たとえば「崖が崩れた」の「崖」）が「崖崩れ」のように複合名詞の中に入ることができれば，用いられている自動詞は非対格動詞である。一方，自動詞文の主語（たとえば「私が働く」の「私」）が「*私働き」のように複合名詞の中に入ることができなければ，その自動詞は非能格動詞である（影山(1993)）。

非対格動詞は，一般的に，受動態にすると文の自然さが低くなる。(3)はその一例である。また，6.1節で，受動態にすることができない例として例文(4)と(5)をあげたが，これらの文に用いられている動詞も非対格動詞である。

(3) ??太郎は水にカチカチに凍られた。

> 自動詞は非能格動詞と非対格動詞に分かれるという立場がある。非対格動詞は，日本語では，受動態として用いることができないことが多い。英語には，非対格動詞を用いた文が受動文と似た性質をもつことを示唆する現象がある。

英語の場合

英語にも，自動詞が非能格動詞であるのか，それとも非対格動詞であるのかを判別するテストがいろいろと提案されている。たとえば，一部の非対格動詞の過去分詞形（たとえば(4a)の fallen）は名詞を修飾することができるが，(4b)に示されているように，非能格動詞の過去分詞形は名詞を修飾することができない。

(4) a.　the fallen angels　　　　　　　　　　　　　（非対格動詞）
　　b.　*the jogged student　　　　　　　　　　　　（非能格動詞）

非対格動詞を用いた文は受動文に近い性質をもつという考えがある。重要な考えなので，以下で見てみよう。受動文の特徴の1つは，能動文の主語が by 句によって表されることである。このため，主語の場所はいわば空っぽ状態であることになる。この状態を表したのが(5)である。そして，この空の主語位置に，能動文の目的語であった the mirror が収まったのが，(6)の受動文である。

(5)　__（was）smashed the mirror by Mary.
(6)　The mirror was smashed by Mary.

実は，同じようなことが，非対格動詞の一部にも見られるのである。たとえば appear がそれで，(7)に示されるように，この非対格動詞は there に続くことができる。

(7)　There appeared an interesting article in the magazine.
(8)　An interesting article appeared in the magazine.

there は，意味的には空である。したがって，(8)の an interesting article は，1つの考え方としては，(7)で appear の目的語の位置にあったものが，この空の位置に収まったものであるとみなすことができる。

5 被害や恩恵のニュアンス 〜動物園に連れて行かれた〜

日本語の場合

日本語の受動文は，うっかりすると，**被害のニュアンス**をもってしまう。例を見てみよう。小学生の花子が，叔父にせがんで動物園に連れて行ってもらったとしよう。このような状況下では，(1)は不自然である。

(1) 花子は叔父に動物園に連れて行かれた。

(1)の例が示すように，花子が明らかに何らかの利益を得ることが文脈から判断できる場合，日本語では受動文を用いることができないことが多い。6.1節で解説した(2)のような「被害の受け身」を表す文も同様である。自分でカバンの修理を頼んでおいて(2)を発話するのは不自然である。

(2) 私はカバンを店の人に修理された。

「ほめる」や「表彰する」など，すでに語彙的に利益を得ることが明らかな動詞の場合は，そのまま受動態にしても問題はない。これに対し，(1)や(2)のように，文脈から判断して主語であるものの利益が見込まれる場合は，補助動詞の「〜(て)もらう」を用いることが多い。次の(3)と(4)がその一例である。

(3) 花子は叔父に動物園に連れて行ってもらった。　　　　(cf. (1))
(4) 私はカバンを店の人に修理してもらった。　　　　　　(cf. (2))

(3)は受動文ではないが，受動性や状態性は直接受動文と同じである。(4)は一種の使役文であるが，受動性などは「持ち主の受け身」の場合と同じである。
「〜(て)もらう」とは逆に，受動文の被害のニュアンスの方を明確にする場合は，(5)に見るように，補助動詞の「〜(て)しまう」がよく用いられる。

(5) 私は娘を先生にほめられてしまった。

> 日本語の受動文は被害のニュアンスをともないやすい。被害のニュアンスを強めたり消したりするのに補助動詞がよく用いられる。これに対して、英語の受動文は、被害のニュアンスはあったとしてもかなり弱い。

英語の場合

　日本語の受動文が被害のニュアンスをともないがちであるのに対し、英語の受動文は、単に起こっていることを客観的に叙述するにとどまり、被害のニュアンスは薄い。したがって、(6)に示されるように、luckily といった副詞をともなうこともできる。(6)を先の(1)と比べられたい。

　　　(6)　Luckily, Hanako was taken to the zoo by her uncle.

英語の受動文は被害のニュアンスが出にくい。そのため、英語で(1)の「被害」のニュアンスを表すには、'Hanako was taken to the zoo by her uncle' に、'though she did not want to go' のような説明的な語句をつけ足さないといけない。
　では、利益や恩恵を表す(4)の「私はカバンを店の人に修理してもらった」はどうだろうか。(4)の対訳としてよく用いられるのが(7)のような使役文である。

　　　(7)　I had my bag repaired by someone at the shop.

(7)の have は使役動詞である。(7)は、「私は店の人にカバンを修理させた」結果、「カバンが修理された状態になった」ことを意味する。
　なお、ここで気をつけないといけないのは、「have ＋ 名詞 ＋ 過去分詞」にはいろいろな日本語表現が対応するということである。たとえば、(7)および(8)と(9)を日本語に置き換えた場合、それぞれ文脈を考慮して適切な表現を選ばなければならない。

　　　(8)　I had my watch stolen.　　　　　　　　　（時計を<u>盗まれた</u>）
　　　(9)　He had his room cleaned by his servant.　（部屋を<u>きれいにさせた</u>）

第6章 態と否定

6 否定と連言 〜カエルもヘビも飼っていない〜

> 日本語の場合

「AもBも」や 'A and B' のように2つ以上のモノやコトがある属性をもつことを表す言語形式を**連言表現**という。また，「AかB(か)」や 'A or B' のようにそのうちのいくつかがある属性をもつことを表す言語形式を**選言表現**という。この節では，連言表現の方を解説する。(なお論理学でも「連言」および「選言」という用語が用いられるが，この場合のAやBは命題(＝真偽が決まる文)である。)

山田はペットをたくさん飼っているが，カエルとヘビは飼っていないのだとしよう。このことをいい表す場合，日本語では，(1)のように「AもBも〜ない」という連言表現が用いられる。

(1) 山田は，カエルもヘビも飼っていない。

ただし，AとBが動詞(句)の場合は，(2)に見るように，「AもBも〜ない」という形式はあまり用いられない。通常は，(3)のように，「Xてもいない」を繰り返す形式，すなわち，「Aてもいないし，Bてもいない」の方がより自然な文になる。

(2) ??太郎は，2日間，眠っても外に出てもいない。
(3) 太郎は，2日間，眠ってもいないし，外に出てもいない。

日本語の連言表現に関して特に興味深いのは，連言表現をつくることができるのは「も」だけではない点である。「と」や「や」や「に」，さらには「とか」や「そして」「および」「かつ」も連言表現をつくることができる。これらはすべて同じ意味用法をもつわけではなく，たとえば，(4)の場合は来なかったのは太郎と次郎だけというニュアンスが強いが，(5)の場合は太郎と次郎以外にも来なかった人がいるというニュアンスが強い。

(4) 太郎と次郎がパーティに来なかった。
(5) 太郎や次郎がパーティに来なかった。

> 日本語の「AもBも～ない」という文に対応する英語文は 'A and B … not…' という形式の文か '… not … (either) A or B' という形式の文である。なお, 'neither A nor B' も「AもBも～ない」に対応する。

英語の場合

英語の場合,「山田はカエルもヘビも飼っていない」という日本語の連言文に対応する文は, (6)である。

(6)　Yamada does not have (either) a frog or a snake.

(6)では選言表現をつくる or が用いられているが, (6)の意味は,「山田はカエルもヘビも飼っていない」である。なお, (6)と同じ意味内容をもつ文として 'Yamada has neither a frog nor a snake' も可能である。

さて, (6)は, 選言表現 'A or B' が not とともに用いられたときの文である。では, 連言表現 'A and B' が not とともに用いられるときはどうなるだろうか。まず例を見てみよう。

(7)　Frogs and snakes are not mammals.
(8)　Yamada does not like tea and cookies.

(7)の意味は,「カエルもヘビも哺乳類ではない」である。他方, (8)は山田が「紅茶もクッキーも嫌いだ」ではなく「紅茶とクッキーの組み合わせが嫌いである」ことを意味する。ただし, (8)の形式の文は実際にはあまり用いられない。特に 'A and B' が1つのまとまりとして成立する状況が想定しにくい場合(たとえば Mary and John)は文の自然さが落ちる。

ところで, 不思議なのは, なぜ(6)が「カエルもヘビも飼っていない」という意味になるのかということであろう。この点を説明する方法の1つは論理を使うやり方である。まず(6)の否定辞 not は [A or B] という形式の文全体を打ち消しているのだと考えてみる。論理学では, [A or B] を not で否定したものと, AとBをそれぞれ not で否定したものとは同じ(より正確には同値)であることがわかっている。Not [A or B] 形式の(6)が, AとBをそれぞれ否定した形の「カエルを飼っていない, かつ, ヘビを飼っていない」と同じ意味をもつのはこのためである。

第6章 態と否定

否定と選言 ～トマトかイチジクが野菜ではない～

> 日本語の場合

「AかB(か)」や'A or B'のような選言表現は、「AもBも」のような連言表現と同様、否定辞といっしょに用いられると日本語と英語とで異なる特性を示す。

クイズ番組で、「この中に野菜でない食べ物があります。どれでしょう」という問題が出されたとしよう。回答者は、示されたもののうち、野菜でないのはトマトかイチジクのどちらかだと思っているとする。この場合、(1)のように「AかB(か)〜ない」という選言形式が用いられるか、(2)のように「AかBのどちらか(一方)〜ない」という選言形式が用いられる。

(1) トマトかイチジクが野菜ではない。
(2) トマトかイチジクのどちらか一方が野菜ではない。

ただし、「AかB(か)」のAとBが動詞(句)の場合は、(3)に見るように、「AかB(か)〜ない」という言語形式を用いることはできない。通常は、(4)のように、「Xていないか」を繰り返す表現、つまり、「Aていないか、Bていない(か)」という表現の方がより自然である。

(3) ＊太郎は、2日間、寝ているか食べているかでない。
(4) 太郎は、2日間、寝ていないか、食べていない。

日本語では、「AかB(か)」が主語である(1)でも、それが目的語である(5)でも、否定の働きは選言表現に及ばず、どちらも「AかB(か)〜ない」という意味を表す。

(5) 山田はトマトかイチジクが好きではない。

これに対し、6.6節で見たように、(5)に構文的に対応する'Yamada does not like tomatoes or figs'は、否定の働きがtomatoes or figsに及ぶため「山田はトマトもイチジクも好きではない」を意味する。では、(5)に意味的に対応する英文とはどのようなものになるのか、それを「英語の場合」で見てみよう。

> 英語の選言否定文の場合，否定辞 not の位置に注意を払う必要がある．たとえば，'(either) A or B … not …' は日本語の「A か B (か) 〜ない」と同じ意味内容をもつが，'not … (either) A or B' が意味するのは「A も B も〜ない」である．

英語の場合

(1)のときと同様，話し手は，トマトとイチジクのどちらかが野菜ではないと思っていて，そのことを他人に伝えようとしているとしよう．この場合，「トマトかイチジクが野菜ではない」は自然な文であるが，この文は英語では(6)となる．

(6)　Either tomatoes or figs are not vegetables.

(6)の選言表現 '(either) A or B' は主語の位置にある．他方，'(either) A or B' が目的語の位置にある(7)の場合は，6.6節で見たように，「山田はトマトもイチジクも好きではない」を意味する．

(7)　Yamada does not like (either) tomatoes or figs.

では，(5)の「山田はトマトかイチジクが好きではない」といいたいときはどうすればよいだろうか．(7)が示すように，'(either) A or B' と not を組み合わせてもこの意味にはならない．したがって，まったく別のいい方を用いるしかない．(8)と(9)がその一例である．

(8)　Yamada does not like one of the two, tomatoes or figs.
(9)　Yamada does not like tomatoes or he does not like figs.

注意したいのは，(6)と(7)は，**否定辞が選言表現に先行するかどうかで文の意味が大きく異なる**という点である．この理由の1つとして以下のようなことがあげられる．一般的に，否定辞が論理的あるいは数量的表現Aに先行する場合，否定の働きがこのAの意味内容に及びやすい．たとえば，'… not … P or Q' であれば，選言の働きが否定されて「P も Q も〜ない」という意味になる．このことは常にあてはまるわけではないが(6.8節の(8)の例を見られたい)，論理的あるいは数量的意味内容をもつ表現と否定との間で広く観察できる．

第 6 章　態と否定

8　否定の位置　〜太郎は何も食べなかった〜

> 日本語の場合

「多くの」や「ほとんどの」のように，何らかの量を表す表現を**量化表現**という。日本語の量化表現の中には，「何」「誰」「どれ」といった疑問詞からつくられ，かつ，常に否定辞とともに用いられるものがある。「何も」「何1つ」および「誰も」「誰1人」がそれである。この節では，この種の表現を否定との関連で見てみよう。(1)と(2)は「何も」の例である。

(1)　*太郎は何も食べた。
(2)　　太郎は何も食べなかった。

「誰も」も(3a)に示されるように否定辞がなければ不自然な文になるが，(3b)のように「誰も」に助詞の「が」が後続する場合は否定辞がなくてもよい。また，「人」や「匹」のような類別詞が用いられる場合も否定辞をともなう必要はなく，(4)の例に見るように，否定辞があってもなくても文は自然である。

(3)　a.　*誰もその提案に賛成した。
　　　b.　　誰もがその提案に賛成した。
(4)　a.　　学生が何人も来た。
　　　b.　　学生が何人も来なかった。

　なお，「何も」や「誰も」などは，(5)と(6)が示すように，同一節内で否定辞をともなう必要がある。

(5)　　私は［太郎が何も食べない］と思った。
(6)　*私は［太郎が何も食べる］と思わなかった。

　ただし，(7)のような紛らわしい文も存在する。

(7)　　太郎は何も食べる気がしなかった。

> 日本語の量化表現の中には「何も」や「誰も」のように常に否定辞「ない」をともなうものが存在する。他方，「何も」や「誰も」に相当する every (one) や any (one) が not と用いられるときは，その意味内容に注意を払う必要がある。

英語の場合

　日本語の量化表現の中には必ず否定辞とともに用いられるもの(すなわち「何も」や「誰も」など)があることを見たが，「何も」や「誰も」に相当する every (one) や any (one) は否定辞をともなう必要がない。とはいえ，否定辞 not とこれらの表現との関係に注意を払わなくてもよいわけではない。限定詞の every と否定辞の not が用いられている(8)を見てみよう。

(8)　Everyone did not agree with the proposal.
(9)　No one agreed with the proposal.

everyone は日本語の「誰も」に相当する部分であるので，(8)は「誰もその案に賛成しなかった」を意味してもよさそうなものであるが，実際はそうではない。「誰もその提案に賛成しなかった」という文に対応する英語の文は(8)ではなく(9)である。(8)は，「誰もがその案に賛成したわけではない」という意味(いわゆる部分否定)をもつ。(8)が「誰もその案に賛成しなかった」を意味することが不可能だというわけではないが，その場合は(10B)のように everyone に強勢が置かれる必要がある。

(10)　A: Most people did not agree with the proposal.
　　　B: No, no, EVERYONE did not.

　ところで，any は「どんな質問も歓迎します」を意味する(11)に例示されるように，every に近い意味をもつことがある。ただしこの場合，any は every と異なり，(12)におけるような not との組み合わせは許されない。(12)を(8)と比べられたい。

(11)　Any question is welcome.
(12)　*Anyone did not agree with the proposal.

9　準否定　〜東京にはめったに行かない〜

日本語の場合

「酒は残っていない」と「酒はほとんど残っていない」とでは気分が随分違う。否定と一言でいっても，完全な否定もあれば量や数をある程度否定する否定もある。後者は**準否定**とよばれる。

日本語では，準否定は，「ほとんど」や「めったに」といった表現と否定辞「ない」を組み合わせてつくられる。

(1) 　ゴキブリが好きな人はほとんどいない。
(2) 　太郎は東京にはめったに行かない。
(3) 　その男のことはほとんど誰も知らない。

(1)は存在文の一種で，「ほとんど」は否定辞「ない」を常にともなう。ただし，「いる」が(4)のような実際の(物理的な)存在を表す場合は別である。

(4) 　我が家のゴキブリはほとんどこの部屋のどこかにいる。

(2)の頻度を表す副詞「めったに」も常に「ない」とともに用いられる。

(5) 　太郎は，東京には，{めったに行かない／*めったに行く}。

(2)や(3)の場合の「ほとんど」や「めったに」は否定辞がないと不自然になるが，準否定をつくる語句のすべてがそうであるわけではない。たとえば，「たいてい」は，(6a)に示すように否定辞と結びついて準否定をつくるが，(6b)に示すように否定辞をともなわなくてもよい。なお，「たいてい」は意味的には「ほとんど」に近い(たとえば「たいていの人」は「ほとんどの人」とほぼ同じ意味である)が，(1)の「ほとんど」と入れ換えることはできない。

(6) a. 　ビールを飲む人はたいていワインを飲まない。
　　 b. 　ビールを飲む人はたいていワインも飲む。

> 数や量をある程度否定する準否定は，日本語の場合，「めったに〜ない」のように否定辞「ない」をともなうことが多い。これに対し，英語の準否定は，語彙そのものの中に否定的な意味合いが含まれる場合が多く，否定辞 not をともなうことが少ない。

英語の場合

英語の準否定は，日本語の場合とは異なり，多くの場合，否定辞 not をともなうことがない。例を見てみよう。

(7) Few people like cockroaches.
(8) Taro seldom goes to Tokyo.
(9) Almost no one knows of the man.

(7)は「ゴキブリが好きな人はほとんどいない」という意味であり，few そのものの中に否定的な意味合いが含まれている。なお，few や little は very によって意味を強めることができる。

(10) There was very little water in the bottle.

日本語にはこのような用法はなく，たとえば，「ビンの中に非常にほとんど水が残っていなかった」は不自然である。

(8)は副詞の例である。seldom の他に，hardly, scarcely, rarely などがあり，これらの語彙にも否定的な意味合いが含まれる。英語では(11)に示すように，never のような否定副詞を強調のために文頭に置くと倒置が起こるが，同じことが準否定を表す語彙にもあてはまる。例をあげておこう。

(11) {Never/Little} did he expect Mary to leave him.
(12) Hardly had a week passed before the police found the body.

なお，almost や hardly は，(9)の no や次の(13)の any のような量化表現とともに用いることができる。(13)は，「ネコが好きなネズミは少ない」という意味である。

(13) Hardly any rats like cats.

第6章 態と否定

10 否定極性 〜富士山はとても美しくない〜

> 日本語の場合

文は肯定文である場合もあれば否定文である場合もある。「肯定」と「否定」のように対立する性質を**極性**とよぶ。自然言語の中にはこの極性に深くかかわる現象がある。(1)と(2)を見てみよう。

(1) a.　山田はめったに映画館に行かない。
　　b.　*山田はめったに映画館に行く。
(2) a.　*富士山はとても美しくない。
　　b.　富士山はとても美しい。

(1)が示すように,「めったに」は否定辞とともに用いられる。「めったに」のように否定辞を必要とする表現は**否定極性表現**とよばれる。否定極性表現としては「めったに」の他に「決して」「〜しか」「一言も」「少しも」などがある。これに対して,(2)の「とても」は否定辞とともに用いることができない。このような表現は**肯定極性表現**とよばれ,「とても」の他に「かなり」「相当」「たかだか」「多くても」「少々」などがある。また,程度を表す副助詞の「ほど」と「くらい」も極性をもつが,(3)と(4)に示すように,「ほど」は否定極性をもつのに対し「くらい」は肯定極性をもつ。

(3)　太郎は次郎ほど走るのが{速くない／*速い}。
(4)　太郎は次郎くらい走るのが{速い／?速くない}。

なお,日本語の否定極性表現は,ほぼ例外なく,否定辞の「ない」を要求する。したがって,(5)の「ためらう」のように動詞が否定的な意味をもっていても文の容認可能性は落ちる(以下の(9)の文と比べられたい)。また,条件文の(6)においても容認可能性は落ちる(以下の(10)の条件文と比べられたい)。

(5)　*山田は少しも白白することをためらった。
(6)　*山田が一言もしゃべるなら,手間が省ける。

> 日本語の否定極性表現は，ほぼ例外なく，否定辞「ない」とともに用いられる。これに対し，英語の否定極性表現は，通常は下方含意表現のスコープの中にあればよく，そのため否定辞がなくてもよい場合がある。

英語の場合

　極性に関する研究は非常に多いが，中でもよく知られているのは，英語の否定極性表現と論理性との関連である。英語の否定極性表現には，at all, ever, in years や，a finger のような極小表現を用いる 'lift a finger' や 'drink a drop' などがある。これらの否定極性表現は(7)のように定義されることが多い(ただし(7)に例外がないわけではない)。

(7) 　否定極性表現は，**下方含意**(downward entailing)表現のスコープの中にあれば容認可能である。　　　　　　　　(Ladusaw (1980))

(7)がいっていることはおおむね次のようなものである：否定極性表現(たとえば at all)は，下方含意表現(たとえば not)のスコープ(つまり not の影響が及ぶ範囲)の中になければならない。なお，下方含意とは，(8b)の動詞句(run slowly)が表す集合が(8a)の動詞句(run)が表す集合の部分集合となっているとき，(8a)が真なら(8b)も真となるものをいう。

(8) a. John did not run.
　　 b. John did not run slowly.

下方含意表現としては，not の他にも if や until, before, every, against, refuse, seldom などがある。例として(10)を見てみよう。否定極性表現の at all は下方含意表現である if のスコープの中にある。そのため，at all が not をともなっていなくても(10)は容認可能である。(9)の at all と refuse にも同じことがあてはまる。このように，英語の否定極性表現は，否定辞をともなう必要が必ずしもないという点で，日本語の否定極性表現と大きく異なる。

(9) 　John <u>refused</u> to see Mary **at all**.
(10) 　John would talk to Mary, <u>if</u> he were worried about her **at all**.

第6章 態と否定

おすすめの本と論文

※論文の掲載ページなど詳細は巻末の参考文献を参照のこと。

■ 日本語記述文法研究会(編)『現代日本語文法2』くろしお出版 2009 年

　本書は，日本語学をこれから学ぼうという人，あるいは，日本語の受動文がもつ基本的な働きを知っておきたい人に最適の本である。本は2つのセクションに分かれている。前半は「格と構文」で，後半が「ヴォイス」である。「ヴォイス」では，日本語の受動文だけでなく使役文も取り上げられており，さらには，自発構文，可能構文，再帰構文，相互構文などについても詳しく解説されている。現象の記述を徹底するという立場に立って書かれているため理論的な分析はあまりないが，かえってそのことがデータにしっかりと向き合うことを可能にしており，本書の魅力の1つとなっている。

■ 寺村秀夫『日本語のシンタクスと意味I』くろしお出版 1982 年

　寺村秀夫のファンは多い。おそらくそれは寺村のあくまで自らの観点で日本語の本質を探ろうとする姿勢にあると思われる。寺村には分析にあたっての独特のエレガントさがあり，特定の理論を偏重するあまり浅い議論に陥りがちな分析とは一線を画する。本書の後半はヴォイスの分析にあてられており，受動文や可能文，使役文，自発文が取り上げられている。例文一つひとつに対して独自の分析を語るスタイルで論考は進む。「ソノ日, 遂ニパリノ灯ガ彼ラニ見ラレタ」は不自然であるが,「彼ハ彼女ニジッと見ラレテ赤クナッタ」は自然であるのはなぜかなど，興味深いデータが多い。

■ 久野暲，高見健一『謎解きの英文法：文の意味』くろしお出版 2005 年

　ためになり，かつ，読みやすい。それが本書である。平易な語り口調で書かれており，内容もおもしろいので，あっという間に読了できる。本書の大部分は受動文と使役文の解説であるが，他に分裂文や二重目的語構文なども扱われている。一般の読者向けに書かれているが，ヴォイスを研究する者にとっては必読の書である。上の寺村の「遂ニパリノ灯ガ彼ラニ見ラレタ」がなぜ不自然なのか，寺村の論考と本書とを比較してみるのもおもしろい。なお，同じ著者による『謎解きの英文法：否定』(くろしお出版 2007 年)もある。併せて読まれたい。

■ 仁田義雄(編)『日本語のヴォイスと他動性』くろしお出版 1991 年

　ヴォイスには主観性が入りやすい。つまり，「世界の捉え方」という複雑な要因が関与してくる。こういった「世界の捉え方」にどのように切り込んでいくのか，本書は1つの試みとして参考になる。10編の論文が所収されており，受動文や可能文などヴォイスを表す構文についてさまざまな視点から分析が行われている。ヴォイスを多角的に捉えていきたい人にはお勧めである。

■ 戸次大介『日本語文法の形式理論』くろしお出版 2010 年
　本書は，組み合わせ範疇文法の立場から日本語の分析を進めるという 1 つの試みである。組み合わせ範疇文法は日本ではまだ馴染みが薄いが，こういったアプローチも進んで学んでいくべきである。本書では，日本語のさまざまな構文が対象となっているが，受動文を含む日本語のヴォイスも扱われている。語の並び（統語）の中に意味を盛り込んでいく自然言語の機械的かつ人間くさいシステムの素晴らしさが味わえる一冊となっている。

■ Horn, Laurence. *A natural history of negation*. University of Chicago, 1989.
　否定の研究といえば，Horn の右に出る人はいないのではないだろうか。その Horn の手による本書は，否定を研究する人にとっては必読書であり，必ず目を通しておかなければならないものとして知られている。600 頁を超える大著であり，その大部分が否定と論理性との関連に関する論考で占められている。なお，Horn の研究に精通している加藤泰彦氏の一連の論文（「ホーン「否定の博物誌」覚え書 (1) - (4)」上智大学外国語学部紀要 にて 2005 年から 2012 年にかけて所収）も本書を理解するのに大いに役立つだろう。

■ 太田朗『否定の意味　意味論序説』大修館書店 1980 年
　本書は Horn の著書と同じく大著で，17 章あり 700 頁を超える。否定の諸相がさまざまな観点から解説されており，その射程はとにかく広い。第 1 部では統語論，意味論および語用論（特に前提と会話の含意）における否定の方法論が解説され，第 2 部では否定の意味的側面が詳しく分析されている。第 2 部は 12 章もあり，極性表現，限定詞，副詞句，形容詞句，法助動詞，複文，等位構造，焦点・前提，疑問文，命令文，感嘆文など否定との関係が豊富なデータと共に論じられている。発刊されてすでに 30 年以上が経っているが，否定という対象の細部にまで迫ろうとする気迫には今でも圧倒されるものがある。

■ 久野暲『新日本文法研究』大修館書店 1983 年
　「君は終戦の年に生まれたのか」という問いに対して，「いや，終戦の年には生まれなかった」と答えるのはどこか不自然である。久野の研究には，一度読むといつまでも頭に残る例文が多いが，これもその 1 つである。否定の研究は進んでも，結局は久野が提示した諸問題に立ち戻らなければならない。本書では久野の深い洞察力に支えられた分析が展開される。具体的には，久野は，上の例文の不自然さを，日本語の否定の種類と否定のスコープとの関連で解明しようとするのであるが，まだ決着がついているわけではない。挑戦の気持ちを掻き立てられる論考となっている。

第6章 態と否定

■ 吉村あき子『否定極性現象』英宝社 1999 年
　英語の否定極性表現 at all は通常 not とともに用いられるが，if 文の中であれば not がなくてもよい。これに対し，日本語の否定極性表現は「〜しか」に代表されるように，とにかく否定辞を必要とする。この違いはどこから生じるのか。この疑問を解く鍵の1つは論理であることを本書は明らかにしてくれる。また否定極性表現の論理的側面を細かく解説してあるので，否定極性と論理との関連をきちんと押さえておきたい人にとっては最適の本である。ただし，論理は否定極性表現がもつ特性の一面にすぎない(本書でも否定極性と認知構造との関連が議論されている)。否定極性はまだ未解決の部分を多く残したままである。

■ 加藤泰彦，吉村あき子，今仁生美(編)『否定と言語理論』開拓社 2010 年
　何かを否定するというのは，きわめて高度な認知的行為である。青空が出ているのを見て「雨は降っていない」と報告するその裏にはどういったシステムが働いているのか。否定の言語現象には一筋縄ではいかない壮大な世界が広がっている。本書は，この否定を統語論(歴史的な考察も含む)，意味論，語用論の各分野に渡って考察し，否定を言語理論という網で捉えようとする試みである。一種の論文集であるが，「否定と統語論」「否定と意味論」「否定と語用論」という題目で各分野における否定研究の概説もつけられているので便利である。

第 III 部

構文から見た
日本語文法と英文法

単文レベルの構文

1 単文の成立条件 〜太郎が泣き，次郎が笑う〜
2 単文の成立要件としての述語 〜若く，丈夫で，よく働く〜
3 単文の重なり 〜太郎は泣いたが，次郎は笑った〜
4 省略のある構文 〜食べてみてよ〜
5 単文と複文の狭間の分詞構文 〜そうはいっても，幸せだ〜
6 尊敬と丁寧を表す構文 〜ご紹介致します〜
7 命令文と文法制約 〜少年よ，大志を抱け〜
8 付加疑問文 〜泣いたのではないですか？〜
9 存在文 〜庭にたくさんの犬がいる〜
10 状態述語と様態の副詞 〜いっしょにいると幸せだね〜

第7章 単文レベルの構文

1 単文の成立条件 〜太郎が泣き，次郎が笑う〜

> 日本語の場合

単文とは(1)や(2)のような，従属節や関係節をともなわない一番単純な形の独立文のことである。

(1) 太郎が泣く。
(2) 太郎が泣いた。

ここでは，独立文の成立条件について考えたい。独立文には何が必要であろうか。まず思いつくのは「主語と述語」であろう。しかし，日本語の独立文は主語が省略されたり，主語が意味的に必要ない場合もあって，必ずしも主語の存在は単文(独立文)の成立条件ではない。

(3) あーあ，泣いちゃった。　　　　　　　　（主語が省略されている）
(4) 吹雪いているね。　　　　　　　　（主語が動詞の意味から要請されない）

次の節で見るように，日本語の単文には，動詞か形容詞，あるいは形容動詞（または名詞＋断定の助動詞の「だ」）のうちのどれか1つが必ず必要である。しかし，このうちのどれか1つがあれば単文として成立するわけではない。

(5) ［太郎が泣き］，［次郎が ｛笑う／笑った｝］。
(6) ＊太郎が泣き。
(7) 次郎が ｛笑う／笑った｝。

(5)は連用形を用いた等位接続構造である。［ ］で囲まれている左右の節それぞれに主語と動詞の1対がある。しかし，(6)のように(5)の左の節だけを取り出して独立文にすることはできない。これに対し，(7)のように，(5)の右の節は単文として独立できる。(6)と(7)の違いは何か。それは「う／った」という時制形態素の存在である。(6)の「泣き」には時制形態素がなく，(7)の「笑う／った」にはあるので，**単文の成立には時制形態素が必ず必要であることがわかる。**

> 日本語でも英語でも，単文(独立文)には現在形か過去形の形態素をもった要素が必要である。英語の場合，これに加え，主語も単文の必須要素となる。

英語の場合

英語の場合も，**独立した1文(単文)には必ず現在形か過去形の形態をもった要素が必要**である。まず，さまざまな時制でこれを確認しよう。

(8)　Taro {cries/cried}.
(9)　Taro will cry.
(10)　Taro {has/had} cried.

(8)は現在時制と過去時制の文で，もちろん現在形(cries)か過去形(cried)の動詞がなければ文は成立しない。(9)は未来時制(will cry)で，(10)は現在完了時制(has cried)と過去完了時制(had cried)である。しかしこれらの「時制」は意味的な時制で，形だけを見れば will と has は現在形で，had は過去形である。

英語の場合でも「単文の成立には現在形か過去形の形態をもつ要素が必ず必要である」ということは，不定詞節が単文として成立しないことからもわかる。英語の不定詞節は従属節として機能する。

(11)　It is necessary [for the doctor to examine the patient tomorrow].

(11)の[　]部分は副詞によって時制の指定も受けている従属節である。それでも，これは(独立した)単文としては機能しない。

(12)　*For the doctor to examine the patient tomorrow.

したがって，英語でも単文の成立には現在形か過去形の形態素が必須であるといえる。
　英語が日本語と違う点は，主語が動詞の意味から要求されていないような場合でも形式的に主語が必要なことである。

(13)　*(It) rained.

2 単文の成立要件としての述語
～若く，丈夫で，よく働く～

> 日本語の場合

　日本語の単文(独立文)には現在形か過去形の形態素が必要であるが，これらの形態素(単語の一部)は他の述語に依存する形で現れる。**日本語の述語は動詞，形容詞，形容動詞，そして名詞＋断定の助動詞「だ」の4種類**である。これらの述語と時制の形態素の関係を概観してみる。

(1)　　　　　　　動詞　　　　形容詞　　　形容動詞　　　名詞＋「だ」
　　現在形　　　食べる　　　若い　　　　丈夫だ　　　　医者だ
　　過去形　　　食べた　　　若かった　　丈夫だった　　医者だった

過去形は共通して「た」が用いられる。現在形は，動詞が「る」，形容詞が「い」，形容動詞が「だ」，そして断定の助動詞が「だ」である。
　形容動詞と(名詞＋)断定の助動詞は現在形も過去形も同じ形である。つまり，ともに「だ」と「だった」である。しかし，この2つを区別するべき根拠がある。まず，現在形で名詞修飾にすると(つまり連体形にすると)，両者の形が異なる。

(2) a.　丈夫な人　　　b.　?丈夫である人
(3) a. *医者な人　　　b.　医者である人

(2)のように形容動詞は「丈夫な」となり，(3)のように名詞＋断定の助動詞は「医者である」となる。また，様態を表す「～そうだ」に続く形にすると，形容動詞は「(太郎は)丈夫そうだ」となるのに対し，名詞＋断定の助動詞の場合は「(あの人は)医者でありそうだ」と別々の形になる。
　その一方で，形容詞(若い)，形容動詞(丈夫だ)，名詞＋断定の助動詞(医者だ)が述語となる文の場合，普通はその他に動詞が現れることがない。しかし，これらの述語も助詞「は」を用いて述語部分と時制辞を分断すると，動詞「ある」が現れる({若くは／丈夫では／医者では} ある)。したがって，**日本語の述語は普通の動詞の系統と，「ある」が現れることがある形容詞，形容動詞，名詞＋断定の助動詞の系統の2つに大きく分類されることがわかる。**

> 日本語も英語も，独立文には動詞か be 動詞系（ある）の述語のどちらかが必要である。そして be 動詞系の述語には名詞，形容詞，名詞的要素＋形態素の3種類がある。

英語の場合

　中学校で，英語の文は**一般動詞文**か **be 動詞文**に分けることができると習う（一般動詞か be 動詞の存在が文の成立条件となる）。

　　（4）　Taro eats apples.
　　（5）　Taro is {young/a doctor/friendly}.

be 動詞文の場合（SVC 構文の場合），（5）のように補語は形容詞（young）か名詞（a doctor）になる。

　これらに加え英語にも，日本語の形容動詞に近い形が存在する。「大丈夫だ」のような形容動詞を形だけから見ると，「名詞的な要素＋だ」でできていることがわかる。英語にもこのように「**名詞的な要素＋形態素**」によって補語（形容詞）になる単語が多数存在する。dirt, cloud, hair といった名詞に -y をつけると dirty, cloudy, hairy といった形容詞をつくることができる。また，friend, heaven, love に -ly をつけると，friendly, heavenly, lovely といった形容詞ができる。したがって，**日本語でも英語でも述部になる文の必須要素は動詞，名詞，形容詞，そして「名詞的な要素＋形態素」の4種類が存在する**ことがわかる。

　日本語の形容詞，形容動詞，名詞＋断定の助動詞「だ」では，助詞「は」などによって生起を促さないと「ある」が表面的に現れない。これと似た現象が英語にも見られる。（6）のように，英語の SVOC 構文の OC 部分には be 動詞が現れないことがある。

　　（6）　They found [me {pretty/a kind person/friendly}].
　　（7）　They made [me (be) {happier/president/friendly}].

しかし，（7）のように動詞を使役の make にすると be 動詞が現れる。逆に make にしなければ be 動詞は現れない。したがって be 動詞系統に3種類の述語があるというだけではなく（（5）参照），be 動詞（ある）が時として現れないという点でも日本語と英語は類似している。

第7章 単文レベルの構文

3 単文の重なり 〜太郎は泣いたが，次郎は笑った〜

> 日本語の場合

単文には定型(現在形か過去形)の動詞が1つ現れる。定型の動詞が2つ以上現れる場合，その現れ方によって複文となる場合と重文となる場合がある。

 (1) 太郎が笑ったので，次郎が怒った。   (複文)
 (2) 太郎が笑ったか，次郎が怒った。   (重文)

(1)では従属接続詞「ので」が，(2)では等位接続詞「か」が，「太郎が笑った」という単文と「次郎が怒った」という単文を連結している。(1)が複文で(2)が重文である。従属接続詞には他に「から」や「なら」などがある。また日本語では，多くの従属の接続表現が，「時に」「後で」「前に」などのように「名詞＋格助詞」の形をとる。等位接続には，(2)で例を示した選択の「か」の他に，並列の「そして」や逆接の「が」がある。

従属の接続表現で連結された左右の単文は，文全体の意味を変えずに入れ替えることができないのに対し，等位の接続表現では入れ替えが可能である。

 (3) 次郎が怒ったので，太郎が笑った。   (≠ (1))
 (4) 次郎が怒ったか，太郎が笑った。   (= (2))

日本語の重文には不思議な制約がある。(2)や(4)のような選択を表す接続詞「か」や逆接の「が」は，時制辞をともなった2つの単文を連結して重文をつくることができる。それに対し(5)のように並列の接続詞「そして」ではそれができない。

 (5) 太郎が笑った，そして次郎が泣いた。 (1文とは解釈できない)
 (6) 太郎が笑い，そして次郎が泣いた。

このような場合，(6)のように，先行する文の定型動詞「笑った」から時制辞「た」を取り除き，動詞を連用形の「笑い」にして2文を連結する。(6)には時制辞が1つ，動詞が2つ含まれ，単文と重文のハイブリッドであると考えられる。

> 接続表現を用いて単文を連結すると複文か重文ができる。連結された単文を意味の変更をともなわずに入れ替えられれば重文で，そうでなければ複文である。重文でも因果関係や時間の推移が含意されている場合，文の入れ替えはできない。

英語の場合

　英語の場合も，従属接続詞（when，after，that，ifなど）や，等位接続詞（and，or，but）を用いて複数の単文を連結し，複文や重文をつくることができる。

　　（7）　Taro cried {when/after} Jiro laughed.　　　　　　　　　　（複文）
　　（8）　Taro cried {or/but/and} Jiro laughed.　　　　　　　　　　（重文）

日本語と違い，（8）では，選択のorや逆接のbutに加え，並列のandも単文を連ねて重文を構成している。**複文の場合には左右の節を入れ替えられず，重文の場合には入れ替えが可能であることは日本語と同様である。**

　　（9）　Jiro laughed {when/after} Taro cried.　　　　　　　　　（≠（7））
　　（10）　Jiro laughed {or/but/and} Taro cried.　　　　　　　　　（=（8））

　このように通常重文では，左右の節を入れ替えても文全体の意味は変わらない。ところが，文によっては意味の変化なしに左右の節を入れ替えられない場合がある。

　　（11）　Yesterday the Yankees beat the Red Sox and I cried.
　　（12）　Yesterday I cried and the Yankees beat the Red Sox.

（11）では，昨日ヤンキースがレッドソックスに勝ち，話し手は（その結果が悔しくて）泣いた，ということが（暗に）述べられている。一方，左右の節を入れ替えた（12）では，野球の勝敗と話し手が泣いたことの因果関係が消え，単に昨日起こった2つの出来事が並列して述べられている。このように**左右の節に因果関係（あるいは時間的推移）が含意される場合，等位接続であっても（意味を変更せずに）左右の節を入れ替えることはできない。**

4 省略のある構文 〜食べてみてよ〜

> 日本語の場合

　文脈から意味がわかる場合、本来必要な言語要素が省略されることがある。日本語は省略が広く用いられる言語である。たとえば、家族の誰かに「新聞届いた？」と尋ねられたとする。「新聞が届いたよ」とか「それ届いたよ」と（わかりきっている）主語をあえていうと文がぎこちなくなる。この場合は「届いたよ」と主語を省略するのが一番自然である。
　主語以外の要素に関してはどうであろうか。

(1) 　A: 昨日の試合に勝った？
(2) 　B: {*それに／*昨日の試合に} 勝ったよ。

(1)の質問に対する答えが(2)である。質問文でも答えの文でも、文脈から自明な場合主語は省略するのが自然である。(2)の答えが最も自然となるのは、目的語も完全に省略し「勝ったよ」とする場合である。
　では、動詞はどうであろうか。日本語では、助詞の「は」と補助動詞「する」を用いて、語彙動詞と時制辞を分断することができる（食べは {する／した}）。しかし、対話文の中で主語や目的語を省略するような具合に、語彙動詞を省略することはできない。

(3) 　A: あのリンゴを食べた？
(4) 　B: 食べたよ／*したよ。

(3)に対するBの答えとして、「食べたよ」は自然であるが、「したよ」は許されない。また、「動詞＋たい」の構文でも、(6)のように動詞（とその目的語）を省略することはできない。

(5) 　A: そのリンゴが食べたいの？
(6) 　B: 食べたいよ／*（そのリンゴが食べ）したいよ。

日本語は名詞句を省略する言語であるといえる。

> 文脈から意味が明らかな場合，いろいろな言語要素が省略される。日本語の場合，主語や目的語のような名詞句が，英語の場合は動詞句が主な省略の対象となる。

英語の場合

日本語と違い英語では，文脈からすぐにわかる場合でも主語は省略されない。

(7) A: Did you sleep well last night?
(8) B: Yes, *(I) did.

(7)の問いかけに対し，(8)のように主語 I を省略して答えることはできない。では，目的語や動詞の場合はどうであろうか。

(9) A: You do not like me, do you?
(10) B: Yes, I do. I do like *(you).

(9)のようにいわれた聞き手 B が，実際 A のことを好きである場合，(10)のように答えることがある。(10)では，一度 Yes, I do. と質問に対する答えを明確にし，さらに A が好きであることを念押するために I do like you. と繰り返している。このような場合，やはり目的語 you を省略することができない。反対に，前半の I do. は，正確には I do [like you]. の [ ] 部分(動詞句)が省略された形だと考えられる。**主語や目的語といった名詞句は省略できないのに対し，動詞句なら省略できるというのが英語の特徴である。**

want to ～は「～したい」という意味の構文である。この場合でも，文脈から明らかな場合に省略できるのは，(12)のように動詞句(invite her)である。

(11) A: Why didn't you invite your girlfriend?
(12) B: Because I didn't want to (invite her).
(13) B: Because I didn't want to invite *(her).

(13)のように，invite の目的語の her だけを省略することはできない。

5　単文と複文の狭間の分詞構文
～そうはいっても，幸せだ～

> 日本語の場合

　日本語の従属節には，(1)のように「定形動詞(現在形か過去形の動詞)＋接続助詞」となる形，(2)のように「動詞仮定形＋接続助詞」となる形，(3)のように「動詞の連用形＋テ」となる形などがある。

(1)　[巨人が負けたので]　悔しかった。
(2)　[巨人が負ければ]　悔しい。
(3)　[巨人が負けて]　悔しい。
(4)　巨人が負け，阪神が勝った。

(4)は，先行する文が連用形で終わる等位接続構文である。ここでは，(3)のような接続助詞「**テ**」**を用いた構文**(テ形)について考えてみたい。

　「テ」も区分としては「ので」や「ば」と同じ接続助詞である。しかし，「テ」は他の接続助詞よりはるかに広く用いられる。とりわけ「太郎が走<u>っている</u>」のように，英語の現在分詞の形態素(Taro is runn<u>ing</u>.)に相当するような使われ方をする。したがって形だけを見ても，(3)が**英語の分詞構文に近い表現**であることがわかる。

　意味的にもテ形は英語の分詞構文に近く，他の接続助詞をともなう表現の意味を含意する。

(5)　道を ｛歩いてい<u>て</u>／歩いている<u>時に</u>｝ 友達に出会った。
(6)　雨が ｛降っ<u>て</u>／降った<u>ので</u>｝ 試合は中止になった。
(7)　そう ｛いっ<u>て</u>／そういって<u>から</u>｝ 太郎は家に帰った。

それぞれの下線部分は，テ形によって(暗に)いい表されている意味を示す。ただし，**テ形の意味の守備範囲は明らかに英語の分詞構文よりも狭い。**

(8)　そうは ｛＊いっ<u>て</u>／いっても｝ 幸せだ。

(8)のように，(英語の分詞構文とは違い)テ型は逆接の意味をもたない。

> 日本語のテ型は，形式的にも意味的にも英語の分詞構文に近い。ただし英語の分詞構文はテ型よりも広い意味をもつ。これは英語の分詞構文が，構文として(個々の単語とは独立した)意味を獲得しているからだと考えられる。

英語の場合

英語では分詞(-ing/-en の形の動詞)を副詞的に用いて，さまざまな意味を表すことができる(一般に分詞構文とよばれるものである)。

(9) (While) walking down the street, I bumped into my friend.
(10) (Because) being tired, I went home soon after that.
(11) (After) having said that, Taro went home.
(12) (Though) that being said, I am still happy.

日本語のテ型で不可能であった逆接も，(12)のように分詞構文ではいい表すことができる。

英語はなぜ日本語よりも広い意味範囲を分詞構文で表現できるのであろうか。それは，**英語の構文に**(構文に含まれる個々の単語の意味とは独立した)**構文自体の意味がある**からだと考えられる。英語話者は構文の形全体をその意味と組み合わせて単語のように記憶しているのである。分詞構文がその一例である。to 不定詞の副詞的用法も，独自の意味を備えた英語構文の1つと考えられる。

(13) Taro studied hard to pass the test. (〜するために：目的)
(14) Taro got confused to know the fact. (〜なので：理由)
(15) Taro must be crazy to say such a thing. (〜するなんて：基準)
(16) Taro left his home town, never to return. (そして：結果)

これらの例で( )で示した日本語の意味は，英語ではすべて to に込められている。to 自身がこれらの意味をもつとは考えられないので，to 不定詞の副詞的用法に，構文としてこれらの意味が備わっていると考えることができるだろう。いわゆる be to 構文(Not a soul was to be seen. のような文)にも予定，運命，可能，意志，命令などの意味があるとされているが，この場合も，英語話者がこれらの意味と構文を結びつけて記憶していると考えるのが自然だろう。

6 尊敬と丁寧を表す構文 〜ご紹介致します〜

日本語の場合

　ことばは情報の伝達の道具ではあるが，ことばを使う際にただ正しい情報が伝わればいいということはまれである。会話に関与している人の(半永続的)社会的人間関係や，会話の中で話し手が担っている(人に命令したり，懇願したりという)役割に応じていい回しを変え，摩擦を避けながら情報の伝達を行う。日本語は主に(目上であるとか，目下であるとかいった)社会的人間関係を尊重しながらことばによる情報伝達を行う。

　日本語には情報伝達を円滑にすることを主な機能とする単語や構文(いわゆる敬語表現)が備わっている。日本語の敬語表現は，話し手が誰に対して敬意を表そうとしているかによって3つのタイプに分けることができる。(1)のように，文で表現されている出来事の動作主(主として主語)に話し手が敬意を示す場合が**尊敬語**で，(2)のように，文で表現されている出来事の受け手(主に目的語)に話し手が敬意を示す場合が**謙譲語**である。一般に**丁寧語**とよばれている「です」「ます」は，話を聞いている人に話し手が敬意を示していると考えられる。(3)がその例である。

(1)　田中先生が本をお書きになった。　　　（動作主敬意：尊敬語）
(2)　田中先生に本を差し上げた。　　　　　（受け手敬意：謙譲語）
(3)　私は犬が好きです。　　　　　　　　　（聞き手敬意：丁寧語）

　(4)や(5)のように，聞き手敬意は，動作主敬意と受け手敬意と共起することができる(この場合，話し手は2つの方向に向けて敬意を示していることになる)。しかし，(6)のように，現代日本語では，動作主敬意と受け手敬意が1つの述部に同時に現れるとかなり文法性が落ちる。

(4)　田中先生が本をお書きになりました。　（動作主敬意 - 聞き手敬意）
(5)　田中先生に本を差し上げました。　　　（受け手敬意 - 聞き手敬意）
(6)　*田中先生が高橋先生に本をお差し上げになった。
　　　　　　　　　　　　　　　　　　　　（動作主敬意 - 受け手敬意）

> 日本語は，主に人間関係に注目し，特別な単語や文法形式を用いて摩擦のない情報伝達をする。英語は，場面で話し手が何を伝えようとしているかに注目し，さまざまないい回しを活用して円滑な情報伝達をする。

英語の場合

英語の場合，「誰と話しているか」によって特別なことばを使うことはほとんどない。たとえば動作主と聞き手に対する二重の尊敬表現である(4)を英訳すると，Prof. Tanaka wrote a book. のようになる。しかしこの文からは(4)で表現されている敬意のどちらもが欠落している。

その反面，英語では「発話で何をしようと(伝えようと)しているか」に注意が払われ，円滑な情報伝達をするためのいい回しがさまざまな形で使われる。中でも，**命令形を避けるためのいい回しが豊富に存在**する。命令は相手の行動の自由を奪う行為なので，構文として命令形を避ける傾向がある。たとえば誰かを映画に誘いたいとする。

(7) Go to a movie with me.
(8) Let's go to a movie.

(7)のように命令形で誘うと，聞き手の選択の自由を奪ってしまうことになる。そこで，(8)のように Let's をつけて勧誘の形にして，聞き手に選択の自由を与えてやることもできる。しかしそれでもまだ話し手の要求を聞き手に強要している感じが残る。

(9) Will you go to a movie with me?
(10) Would you like to go to a movie with me?
(11) I am wondering if you would like to go to a movie with me.

そこで(9)のように疑問文にすれば，「聞き手が断る」自由が発生し，聞き手の自由を尊重できる。さらに(10)のように仮定法にすると，発話自体が「仮の話」となって聞き手に対する圧力がさらに減少する。これよりも丁寧な表現が be wondering if を用いた(11)である。(11)はもはや疑問文ですらなく，話し手の今の気持ちをただことばにすることで相手を誘いたい気持ちを表現している。

7 命令文と文法制約 〜少年よ，大志を抱け〜

日本語の場合

　命令文は，日本語であれ英語であれ，**規則の例外**が現れる。まず日本語から見ていこう。クラーク博士で有名な Boys be ambitious. は，普通，(1)のように訳される。

　　(1)　少年よ，大志を抱け。

英語では形容詞の命令形である be ambitious の部分が，日本語では「大志を抱け」のように「目的語＋動詞」として表現される。一般に国語学(日本語学)では，形容詞や形容動詞には命令形がないとされている。ambitious はおおむね「野心的だ」という形容動詞に相当するが，もしこの品詞の対応も損なわずに命令文にしようとすると(2)のようになる。

　　(2)　少年よ，野心的であれ。

(2)では形容動詞「野心的だ」が連用形となり，続いて動詞の「ある」が命令形となって現れている。この「ある(あれ)」は，英語の形容詞述語文や名詞述語文に現れる be に対応していると考えることができる。平叙文の「少年は野心的だ」では，「ある」が表面上現れることがない。しかし「野心的だ」は，より分析的に「野心的である」と表現することができる。(2)の命令文の場合には，この分析的な表現の動詞部分**「ある」を利用して命令形がつくられている**ことがわかる。
　次に，日本語の平叙文では，(3)のような現在形であれ，(4)のような過去形であれ，否定の助動詞「ない」は時制辞の内側に現れる。

　　(3)　太郎がリンゴを食べ-な-い。　　　　(動詞 - 否定辞 - 現在形)
　　(4)　太郎がリンゴを食べ-なかっ-た。　　(動詞 - 否定辞 - 過去形)
　　(5)　リンゴを食べ-る-な。　　　　　　　(動詞 - 現在形 - 否定辞)

一方，否定の命令形は，(5)のように，否定辞「な」を時制辞の外側につけることで表現される。**否定辞の位置に関しても命令文は例外である。**

> 日本語でも英語でも命令文には「規則の例外」が現れる。日本語の形容詞や形容動詞の命令文では「ある」が現れ、否定の命令文では否定辞が時制辞の外側に現れる。英語の否定命令文では、例外的に be 動詞と助動詞の do が共起する。

英語の場合

　英語の場合にも命令文にはおもしろい**規則の例外**が現れる。助動詞 do の現れ方に関する例外である。(6)のように、現在形や過去形の一般動詞が平叙文で使われた場合、助動詞はまったく現れない。

(6)　　Taro {eats/ate} apples.
(7)　　{Does/Did} Taro eat apples?
(8)　　Taro {does/did} not eat apples.

これに対し、(7)や(8)の疑問文や否定文では助動詞の do が現れる。対照的に、be 動詞文では、平叙文でも疑問文でも否定文でも決して do が現れることがない。

(9)　　*Taro {does/did} be ambitious.
(10)　*{Does/Did} Taro be ambitious?
(11)　*Taro {does/did} not be ambitious.

　では、命令文を見てみよう。まず肯定の命令文では、一般動詞文の場合も be 動詞文の場合も動詞を原形にする(通常、主語は現れない)。

(12)　Eat apples.
(13)　Be ambitious.

否定の命令文の場合、(14)-(15)に示されるように、一般動詞文の時だけでなく be 動詞文の時にも助動詞の do が現れる。**英語で be 動詞文に助動詞の do が現れるのは否定の命令形の時だけである。**

(14)　Do not eat apples.
(15)　Do not be too ambitious.

8 付加疑問文 〜泣いたのではないですか？〜

> 日本語の場合

日本語には、「これが日本語の付加疑問文です」とよべるような構文がない（英語には Taro cried, didn't he? のような形の付加疑問文が存在する）。まずその理由を考えてみよう。英語の例から付加疑問文のつくり方を考えてみると、主文に続く「付加疑問」の部分に主文で用いられたのと同じ時制要素が疑問の形で現れていることがわかる。これを日本語の平叙文(1)に応用して仮想の付加疑問文をつくると、非文法的な(2)の文になる。

(1) 太郎が泣いた。
(2) ＊太郎が泣いたなかったの？

(2)では、主文に用いられている過去形の形態素「た」が、否定の疑問形の形で付加疑問の部分に現れている。(2)が非文法的なのは、日本語の時制要素の独立性が低いためであると考えられる。(3)のように「泣いた」を助詞「さえ」と補助動詞「する」を用いて動詞部分「泣き」と時制要素「した」に分解することが可能である（一見時制要素を動詞と独立に使うことができそうに見える）。

(3) 太郎が ｜泣いた／泣きさえした｜。
(4) ＊したの？／泣いたの？
(5) 太郎が泣いたのではないですか？

それでも、聞き手が(3)の内容を確認するために、(4)にように時制要素部分だけを用いて「したの？」と聞き返すことはできない。そうしたいのであれば動詞全体を繰り返して「泣いたの？」としなければならない。**日本語に構文としての付加疑問文が定着していないのは、このように時制要素の独立性が低いからであると考えられる**。英語の付加疑問文に最も近い日本語の例は、(5)のような断定の助動詞「だ」（「で」）を用いた表現である。断定の助動詞「だ」は、（話しことばの）接続表現として「だからね」のように単独で用いられたり、相手に同意を示すのに「ですね」や「だよね」のようにも用いられる。「ではないですか」の形が可能なのは、このように「だ」の独立性が高いためであろう。

> 付加疑問文は，主文の時制形態素を繰り返すことでつくられる。時制形態素の独立性が低い日本語では付加疑問文がつくりにくく，独立性が高い英語では付加疑問文がつくりやすい。

英語の場合

　英語の場合は，時制形態素の独立性が日本語よりもはるかに高い。(6)や(7)のような助動詞が現れる文の場合，動詞から常に時制形態素が独立している。

　　(6)　Taro {will/should} cry.
　　(7)　Taro has cried.

(8)のように時制形態素が語彙動詞に付随して現れるようなこともある。そのような場合でも，(9)のように強調の助動詞 do を用いることで時制形態素を語彙動詞から独立させることが可能である。

　　(8)　Taro {cries/cried}.
　　(9)　Taro {does/did} cry.

したがって英語では，付加疑問文をつくることが容易である。

　　(10)　Taro {will/should} cry, {won't/shouldn't} he?
　　(11)　Taro has cried, hasn't he?
　　(12)　Taro {cries/cried}, {doesn't /didn't} he?

　ただし，英語では(won't he のような)付加疑問の部分にも常に主語が必要で，かつ主文で時制辞をもつ表現が何であったかを覚えていないと正しい付加疑問文がつくれない。この手間を回避するため，口語ではより簡略的な付加疑問表現である huh? がよく用いられる。使い方は簡単で，すべての文の文末に huh? を追加するだけである。

　　(13)　Taro {will/should} cry, huh?
　　(14)　Taro has cried, huh?

第7章 単文レベルの構文

9　存在文 〜庭にたくさんの犬がいる〜

:日本語の場合:

　日本語でも英語でも，**存在文には他の文と異なる特殊な性質がある**。日本語の存在文では，存在するもののタイプによって動詞の使い分けが行われる。**存在するのが「動物」の場合には「いる」が，「動物以外」の場合には「ある」が用いられる**。(1)と(2)がそれぞれの具体例である。

(1)　庭にたくさんの ｛犬が／子供が｝ ｛いる／*ある｝。
(2)　庭にたくさんの ｛石が／おもちゃが｝ ｛*いる／ある｝。

同じ場所に動物とそれ以外のものが存在する場合，(3)のように等位接続詞「と」で動物とそれ以外のものを連結し，1つの動詞（「いる」か「ある」）で存在を表現することはできない。

(3)　庭にたくさんの犬と石が ｛*いる／*ある｝。
(4)　庭にたくさんの犬がいて，たくさんの石がある。

このような場合，(4)のように，節を分けそれぞれに別の動詞を使うしかない。
　また**語順の点でも日本語の存在文は特殊**である。存在文以外の場合，(5)の左の文のような「〜に〜が」という順番は普通の語順ではないという直感が日本語話者にある（「〜が〜に」が普通の語順である）。

(5)　｛クマにたくさんの子供が出会った／たくさんの子供がクマに出会った｝。
(6)　｛庭にたくさんの子供がいた／たくさんの子供が庭にいた｝。

これに対し存在文では，(6)の左の文の「〜に〜が」という語順が普通であると感じられる。また，**動物以外の存在を表現する「ある」は，普通の動詞と違い否定の助動詞「ない」を使って否定することができない**。この場合，動詞「ある」を形容詞の「ない」に置き換えて否定を表現するしかない。

(7)　庭にたくさんの石が ｛ある／*あらない／ない｝。

> 日本語にも英語にも，存在文には他の文とは違う性質がある。両言語とも存在文の語順は特殊である。さらに日本語の存在文には「いる」と「ある」の使い分けなどがあり，英語の存在文には（不定の名詞句だけが be 動詞の後ろに現れるという）定性の制約がある。

英語の場合

英語でも存在文は普通の文とは違う性質を示す。まず，**存在文には文頭に特に意味をもたない仮主語の there が現れる**。

(8)　There are {rocks/kids} in the yard.

日本語とは違い，動物であるか否かによって動詞が使い分けられることがない。しかし，日本語と同様，存在文の語順は特別である。(8)のように，存在文では be 動詞が真主語(rocks/kids)に先行する。対照的に，存在文以外では，be 動詞が現れた場合でも，**be 動詞が主語に後続する**のが普通である。

(9)　Taro is against the proposal.
(10)　She was with her boyfriend.

英語の there を使った存在文は，**there で導入される名詞句(真主語)が原則として「不定」の名詞句でなければならない**という点でも特別である。不定の名詞句とは，不定冠詞つきの名詞(a + 名詞)や冠詞をともなわない複数形の名詞のことである。とりわけ，(11)の固有名詞 Taro や代名詞 she のように，その名詞が指し示す人物や物がすでに特定されているものは存在文で使うことができない。

(11)　*There is {Taro/she} in the yard.
(12)　Once upon a time there was … （昔々あるところに〜がありました。）

日本語にはこのような制約がない。たとえば(11)をそのまま和訳して，「太郎／彼女が庭にいる」としても何も問題はない。英語の there 構文は，(12)のような物語の書き出しによく使われる。したがって，**英語の there 構文は，存在文というよりも導入文／提示文である**といえるだろう。

第7章 単文レベルの構文

10 状態述語と様態の副詞 〜いっしょにいると幸せだね〜

> 日本語の場合

　様態を表す副詞に「ドレスで」や「いっしょに」がある。これらは、出来事が起こる際の様態を指定する。

（1）　妹が花柄のドレスで踊る。
（2）　太郎と花子がいっしょにリンゴを食べる。

（1）では、「妹が踊る」様態の細かい指定として「花柄のドレスで」が追加されている。（2）の「いっしょに」は、太郎と花子がリンゴを食べる際の様態をより詳しく記述している。
　おもしろいことに、これら**様態を表す副詞は状態の述語とともに使うことができない**。状態の述語とは、「かわいい」や「美しい」といった形容詞や、「幸せだ」とか「元気だ」といった形容動詞のことである。これらと様態を表す副詞を同じ文の中で用いると、（3）や（4）のように非文となる。

（3）　*妹は花柄のドレスでかわいい。
（4）　*太郎と花子はいっしょに幸せだ。

「花柄のドレスを着ていてかわいい」とか「2人でいっしょにいるので幸せだ」という出来事の捉え方自体は、意味的に考えて何らおかしくない。それでも「花柄のドレスで」や「いっしょに」を形容詞や形容動詞の述語文で直接用いることができないのは、形容詞や形容動詞がすでにそれ自体で1つの状態（様態）を表しているからであると考えられる。たとえば（3）では、「妹がかわいい」という1つの状態と「妹が花柄のドレスを着ている」というまた別の状態（様態）を単文で表現しようとしているところに無理があるのである。（4）でも、「太郎と花子が幸せだ」という状態と「太郎と花子がいっしょにいる」という別の状態（様態）が同時に単文で表現され、非文となっている。（1）や（2）のような状態動詞以外の場合（動詞が出来事を表す場合）、「ある状態で」出来事が起こることがいい表されるので、この問題が生じないのである。

> 日本語では，様態を表す副詞表現が状態述語文には現れない。様態は状態の一種なので，単文で2つの状態をいい表せないからである。英語では，副詞を前提条件として解釈できるので，様態の副詞を状態述語文で使うことができる。

英語の場合

　英語の場合，様態は副詞的前置詞句（in that dress）や副詞（together）によって表現される。おもしろいことに，**英語の場合，様態の副詞を状態述語文（be 動詞文）の中で用いることができる。**

　　(5)　My sister was pretty in that cute dress.
　　(6)　Taro and Hanako are happy together.

ここで注目したいのは，このような状態述語文で用いられている**様態の副詞が単なる修飾語ではなく，ある種の前提条件として機能している**ことである。(5)が表現しているのは，「妹がかわいかった」ことと，その時たまたま「妹が素敵なドレスを着ていた」ことではない。(5)がいいたいのは，「妹が素敵なドレスを着ていて，そのドレスを着た妹の姿がかわいかった」ということである。pretty と判断する際に，in that cute dress が前提条件となっているのである。(6)の are happy together でも，「いっしょにいる（together）こと」が happy な気持ちになるための前提条件になっている。

　日本語の(3)と(4)でも，「花柄のドレスでいると」や「いっしょにいると」のように（従属節によって）前提条件の形にすると，様態の副詞を状態述語とともに用いることができる。**英語が日本語と違うのは，様態の副詞がそれだけで前提条件の意味を表せる**ということである。英語の副詞がそれだけで条件として解釈される場合があることは，(7)の in your place（あなたの立場だったら）のような表現からもわかる。

　　(7)　I wouldn't do that in your place.

日本語では，このような場合，「あなたの立場だったら」と従属節を使って前提条件を示さなければならない。

第 7 章　単文レベルの構文

おすすめの本と論文

※論文の掲載ページなど詳細は巻末の参考文献を参照のこと。

■ 吉田正治『英語教師のための英文法』研究社 1995 年

本書は，著者が文部(科学)省検定教科書の Teacher's Manual を作成する過程で，その主な内容を質問と解答という形にしてまとめたものである。「肯定は肯定で，否定は否定で受ける付加疑問文もあると聞きましたが，普通の付加疑問文とどのように違うのですか」のような具体的な問題に答える形で解説がされるので，読みやすく実践的である。一定の英文法知識をもった読者のために書かれたものであるが，表現の細かいニュアンスの違いなど，かゆいところに手が届くような書き方がなされている。

■ 安藤貞雄『英語の論理・日本語の論理』大修館書店 1986 年

日本で出版されている日本語と英語を比較した著書は，多くが特定の言語現象や研究の枠組みに焦点があてられ，非常に専門性が高い。したがって，研究を目的として一定の言語現象や理論の枠組みを知るためには大変役立つが，反対に一般的に日本語と英語の違いや共通点を知るにはやや難しいことが多い。本書はそうした中で，特定の言語現象や理論に限定されることなく，音声や文法，意味，表現構造の違い，そして言語と社会の関係に至るまで，幅広く日本語と英語をやさしいことばで比較している。研究や学習のための文献というだけではなく「読み物」としても楽しめる。

■ 久野暲『日本文法研究』大修館書店 1973 年

長年ハーバード大学の言語学科教授を務めた著者が 1972 年に英語で出版した *The Structure of the Japanese Language* の日本語版である。この本の第 1 章「日本語の特徴」には，生成文法の枠組みで何が日本語の構造の特徴であるか英語と対比させながら，簡潔に記述されている。生成文法的な言語分析をすることではじめて明瞭な形で捉えられる現象がいくつも指摘されていて，第 1 章だけでも読む価値が十分にある。たとえば，日本語は句が基本的に左枝分かれで拡張していくのに対して，英語では右枝分かれで拡張していくとか，日本語では疑問詞が文頭に移動することがない，といった観察である。この本をきっかけに文法研究に目覚めたという研究者がたくさんいる。世界の言語の中で日本語の構造を考える際の必読書である。

■ Randolph Quirk, Sidney Greenbaum, Geoffrey Leech, & Jan Svartvik. *A comprehensive grammar of the English language*. Longman, 1986.

英文法の研究者の間で，何か英語の文法事項に疑問がわいた場合，まずはじめにあたる書といえばこれである。一定の理論的枠組みで言語現象を説明するという立場ではなく，できるだけ正確に現在使われている英語を記述しようというスタンスである。非常に厚く

(Indexを含めた最終ページは1779ページである),読み物ではなく,英文法の事典である。ただその分内容は非常に濃い。たとえば付加疑問文でも,主文が肯定で付加部分も肯定になる場合であるとか,イントネーションによって伝わるニュアンスが変わる場合などが細かく記載されている。気になる英語表現があれば,まず本書を調べてみるといい。

■ Nakau Minoru. *Sentential complementation in Japanese*, 開拓社 1973 年

本書は著者が MIT に提出した博士論文を加筆修正したものである。生成文法的な日本語研究の黎明期の研究であるため,複雑な道具立てを用いて理論を構築していくというよりも,生成文法的なものの見方で日本語を記述することに主眼がある。主な考察対象は日本語の補文構造である。しかし Chapter 1 では,補文構造を解明するに先だって,日本語の単文の成立要件を句構造規則に基づいて整然と記述している。生成文法の枠組みや英語との比較において日本語が語られる場合,大抵英語で提案されている構造なり分析が日本語にそのままあてはめられ,うまくいかない部分に微調整がなされるというのが普通である。本書は,考え方こそ生成文法的ではあるものの,その分析は虚心坦懐に日本語の姿を見つめたもので,その点において他の研究と一線を画する。

■ Chomsky, Noam. *Barriers*. MIT Press, 1986.

名詞句の中心には名詞があり,動詞句の中心には動詞がある。それは誰もが知っている。では,文の中心には何があるだろうか。文には中心がなく主語と動詞句が「寄り集まって」できているのであろうか。英語では(そして日本語でも)独立した単文には,必ず定型の(現在形か過去形に変化した)動詞が必要である。つまり文とは定型(Inflection)を中心とした句である。これが本書のもっとも重要な主張の1つであり,その後さまざまな形で理論の形が変わりながらも今もなお理論言語学の中で広く受け入れられている考え方の1つである。提示されている理論はきわめて難解であるが,今井邦彦他(1989)『一歩すすんだ英文法』(大修館書店)や,Andrew Radford (1988) *Transformational Grammar* (Cambridge University Press)などを片手に挑戦してみてほしい。

■ Goldberg, Adele E. *Constructions: A construction approach to argument structure*. University of Chicago Press, 1995.

文全体の意味は,その文をつくり上げている1つ1つの単語の意味へと分解できるのか。標準的な生成文法の考え方では「イエス」がその答えである。そして,単語の意味はさらに基本的な意味素性の束へと還元されることになる。この本はそのような考えの対極にある。とりわけ(二重目的語構文や結果構文のような)構文が,構文内で使われている具体的な単語の意味とは独立に,構文自体としての意味をもつということを広範な言語資料と認知文法的な理論的概念を駆使して示していく。生成文法的パラダイムからも,Peter W. Culicover and Ray Jackendoff (2005) *Simpler Syntax*. (Oxford University Press)のような支持者がいる。「構文」は言語理論的に意味のある単位なのか,読者自身が考えてほしい。

第7章 単文レベルの構文

■ Peter W. Culicover, & Ray Jackendoff. Semantic subordination despite syntactic coordination. *Linguistic Inquiry, 28*, 1997.

　等位接続には，You are young and I am wise. のように左右の節が対等の関係になる場合と，My fiancée cheated on me and I left her. のように，左右の節の間で因果関係が含意される場合とがある。後者のような場合，（見かけに反して）従属節構造を仮定することで従属の意味関係を説明してしまいたくなるところである。しかし著者たちは，後者のような場合でも，統語的な構造としては等位接続の形が保たれていると主張する。後者の場合，左右の節が意味的に対等ではないことも明らかであるから，構造と意味の間に不整合(mismatch)が生じることになる。意味(従属関係)と構造(等位関係)のこのような不整合を回避しつつ，著者たちの提示するデータを説明する手立てを考えてみるのもおもしろいであろう。

■ Vendler, Zeno. *Linguistics in philosophy*. Cornell University Press, 1967.

　動詞の分類といえば「自動詞と他動詞」か，（英語では）「一般動詞と be 動詞」という分類がまず思い浮かぶであろう。しかし最近では，アスペクト(動詞によっていい表される出来事の時間的展開)がさまざまな言語現象に決定的な役割を担っていることがわかってきた。たとえば英語の know, love, be, remain といった動詞は普通，進行形にならない。この事実は，「自動詞か他動詞か」とか「一般動詞か be 動詞か」という区別では説明できない。Vendler のアスペクトによる動詞の分類によると，これら進行形にならない動詞は「状態動詞」（状態の変化をともなわない動詞）へと区分される。いい換えると，「状態動詞は進行形にならない」という制約が英語にあって，これは Vendler のようなアスペクトによる動詞の分類をしてはじめて捉えることのできる言語現象なのである。何か不思議な言語現象を見かけたら，動詞のアスペクトが関係していないか考えてみるとおもしろいだろう。

■ 岸本秀樹「存在所有構文」『統語構造と文法関係』くろしお出版 2005 年

　日本語の存在文(「いる」や「ある」を主動詞とする文)が，主語や語順の点で通常の文とは違うふるまいを見せることは，柴谷方良(1978)『日本語の分析』（大修館書店）以来知られていた。この本で著者はさらに一歩深く踏み込み，日本語の存在文が英語の there で導かれる存在文と基本的に同じ構造をしているという主張を展開する。とりわけ(「ジョンには兄弟がいる」のような)存在文の一種である所有構文には，英語の there 構文と同様の定性効果(固有名詞や定冠詞つきの名詞が現れないという制約)が見られるという重要な指摘をする。一見すると，日本語の所有構文には英語の there にあたる単語が現れない。しかし，日本語と英語の一見した差の背後にある共通性が見事にあぶり出されることになる。ぜひ一読してもらいたい。

複文レベルの構文

1 例外的格標示 〜彼をバカだと思う〜
2 話題化文 〜あの人は去った〜
3 叙実動詞 〜彼はそのことを悔やんだ〜
4 上昇構文 〜あの人が走っている〜
5 コントロール構文 〜下級生がアイスを買ってもらった〜
6 総称的解釈 〜朝早く起きることはいいことだ〜
7 難易構文 〜この辞書が一番使いやすい〜
8 縮約 〜今日もあの人は走ってる〜
9 認識構文 〜あの子がかしこく思える〜
10 使役構文 〜母親が子供に本を読ませた〜

第8章 複文レベルの構文

1 例外的格標示 〜彼をバカだと思う〜

> 日本語の場合

　日本語において，文の主語は，通常(1)のように**主格**の「が」でマークされる。これは「知っている」のような述語に埋め込まれても同じである。

　　(1)　　彼がバカである。
　　(2)　　みんなは［彼がバカであること］を知っている。

環境によっては，主語のマーキングに変化が起こる場合がある。たとえば，(1)を「思う」に埋め込むと，（例外的に）主語を対格の「を」でマークできる。

　　(3)　　私は［彼がバカであると］思った。
　　(4)　　私は［彼をバカであると］思った。

(3)の「彼」と同様，(4)の「彼」も「バカである」の意味上の主語である。(4)において「彼」を「を」でマークできるのは，「思う」が目的語を「を」でマークできることに由来すると考えられる。「思う」という動詞は，(5)のように，目的語を「を」でマークすることができるからである。

　　(5)　　私は昔のことを思った。

(4)に見られる例外的な格のマーキングには制約があり，「思う」のとる**埋め込み節の述語は状態の意味を表さないといけない**。したがって，動的な意味を表す動詞が埋め込み節に現れる(6)のような文の容認性は低くなる。

　　(6)　　??私は［彼をここに来ると］思った。
　　(7)　　私は［彼がここに来ると］思った。

これに対して，埋め込み節の主語を「が」でマークする(7)では，(6)に見られるような述語の制約は観察されない。

> 日本語でも英語でも，通常，文の主語を対格でマークすることはできない。しかし，「思う」や expect のような動詞に節が埋め込まれると，埋め込まれた節の主語が例外的に対格でマークできるようになる。

英語の場合

英語でも think, believe, expect などの動詞に埋め込まれた節の主語に対して，例外的な格マーキングを与えることができる。(8)で示されているように，埋め込み節が不定詞節になる場合，埋め込み節の代名詞の主語は she ではなく her になる。

(8)　John expects her to come.

英語の場合，固有名詞などの名詞には，表面上は，格のマーキングが現れない。しかし，代名詞の場合には，she に対して her というように，格によって形が変化し，主格と対格が異なる形で現れる。(8)の **to 不定詞構文**の埋め込み節の主語が代名詞の場合，対格の her が現れる。これに対して，(9)のような定形の埋め込み節では，主格の she が埋め込み節の主語として現れる。

(9)　John expects that she will come.

もちろん，her のような対格の代名詞は，主節の主語に現れることができないので，(10)のような文は排除される。

(10)　*Her will come.

(8)において，埋め込み節の主語に対格を与えているのは，埋め込み節の動詞 come ではなく，主節の動詞 expect であると考えられる。(8)から (11)のような受け身文をつくることができるからである。

(11)　She is expected to come.

(8)の埋め込み節の主語は，expect から対格が与えられているので，主節の動詞 expect を受け身化すると，(11)のように主節の主語として現れるのである。

2 話題化文 〜あの人は去った〜

> 日本語の場合

日本語では，(1)と(2)のように，主語を「は」でマークしたり「が」でマークしたりする。(1)と(2)の論理的な意味は同じであるが使用される文脈が異なる。(1)の「あの人は」は，(2)の「あの人が」とは異なり，**話し手が話題として取り上げていることを示している**。

(1) あの人<u>は</u>そこに行った。
(2) あの人<u>が</u>そこに行った。

「は」がつく名詞句は，その談話上の効果から，**話題化**されているといわれる。
話題化された名詞句は，文頭に現れるのが普通であるが，文中に現れることもある。その場合，文中に現れた「は」名詞句は，中立的な**話題**の意味ではなく**対比**の意味をもつ。

(3) 彼があそこに<u>は</u>行った。

話題化の操作が行える環境は限られている。(4)や(5)のような埋め込み節の中で名詞句を話題化するとおかしな文ができあがる。

(4) *[あの人<u>は</u>来た時] 私は寝ていた。
(5) *彼が [あの人<u>は</u>来たこと] を信じている。

ただし，埋め込み節でも，「いう」のとる「と」節は，いわれた内容を伝える節なので主文と似た環境をもつ。したがって，(6)のような話題化が可能である。

(6) 彼が [花子<u>は</u>そこに行くだろうと] いった。

このように**話題化**は，主文あるいは「いう」がとる埋め込み節のような主文に近い環境でしか起こらない。そのため，話題化は**主文現象**の1つであるといわれる。

> 日本語の話題を示す「は」名詞句は，節の最初に現れても節の中に現れてもよい。英語では，話題化された名詞句は節の最初に置かれる。日英語ともに，話題化は主文あるいは主文に近い環境をもつ埋め込み節でのみ起こる。

英語の場合

英語にも「話題化」の操作が存在する。英語では，(7)から派生された(8)の例が示すように，**話題化された要素は文頭に置かれる**。

(7) I will never read this book.
(8) This book, I will never read.

(8)の文では，前に出た this book が話題として取り上げられていることを示している。英語では，文頭に出た名詞句が話題化されており，read の目的語の位置は空所になっている。そのため，this book は目的語の位置から移動したと考えられる。なお，英語には話題をマークするマーカーがないので，文中のもとの位置で話題化をすることができない(cf. (3))。

英語の話題化もいわゆる主文現象の1つである。したがって，(9)の when 節や(10)の regret のとる that 節のような埋め込み節の中では名詞句を話題化することができない。

(9) *The teacher was not in the room [when this book, he read].
(10) *I regretted [that this book, he read].

しかし，埋め込み節の中でも，say などの動詞によって導かれる that 節では，(11)のように，目的語を話題化して埋め込み節の最初に置くことができる(cf. (6))。

(11) John said [that this book, he would never read].

(11)の say がとる埋め込みの that 節は，いわれた内容を伝える節で，主文に近い環境をもつ。そのため，(11)の埋め込み節では話題化が容認される。このように，**英語でも話題化は，主文あるいは主文に近い環境が整った埋め込み節でしか起こらない**。

第8章 複文レベルの構文

3 叙実動詞 〜彼はそのことを悔やんだ〜

:::日本語の場合:::

　日本語には埋め込み節をとる動詞にいくつかのタイプがある。たとえば、「思う」と「悔やむ」はともに埋め込み節をとるが、(1)と(2)に示されているように、その形式は異なる。

　　(1)　あの人は［正夫が去ったと］思っている。
　　(2)　あの人は［正夫が去った ｛こと／の｝］を悔やんだ。

(1)の埋め込み節は「と」をともなう。これに対して、(2)の埋め込みは、「こと」あるいは「の」をともない、さらに、それが「を」でマークされている。これは、「悔やむ」の「の」節、あるいは「こと」節が一種の**名詞節**として働いていることを示唆している。

　「思う」と「悔やむ」では、埋め込み節の内容について違いが見られる。(1)が発話された時、埋め込み節の表す事態(「正夫が去った」)が現実世界で起こっていたかどうかについてはわからない。これに対して、**(2)は「正夫が去った」という埋め込み節の表す事態が現実世界で起こっていなければいえない**。

　埋め込み節の表す事態が実際に起きたかどうかに関する違いは、主節の動詞「思う」や「悔やむ」を否定した時にも同じように観察される。

　　(3)　あの人は［正夫が去ったと］思っていなかった。
　　(4)　あの人は［正夫が去ったこと］を悔やまなかった。

(3)を発話した場合、「正夫が去った」ということが現実世界で起こっているかどうかについてはこれだけではわからない。これに対して、(4)の「悔やむ」を発話した場合には、動詞を否定しているのにもかかわらず、「正夫が去った」ということが現実世界で実際に起こっていなければならない。

　「悔やむ」のような動詞は**叙実動詞**(factive verb)とよばれる。このタイプの動詞が現れる(2)や(4)は、埋め込み節が表す内容が現実世界で実際に起こっていると判断される場合にのみ発話することができる。

> 日本語の「悔やむ」は「こと／の」によって導かれる埋め込み節をとり，英語のregretはthat節をとる。日英語で叙実動詞の埋め込み節の形式は異なるが，内容が事実を反映していなければならないという埋め込み節の条件は同じである。

英語の場合

日本語の「思っている」に相当する英語のthinkと，「悔やむ」に相当するregretも埋め込み節をとる。英語の場合，どちらの動詞もthatで導入される埋め込み節をとる。

(5) John thought that his student came.
(6) John regretted that he made a promise.

(5)と(6)の埋め込み節では，内容が現実世界の出来事を反映しているかどうかについて違いが観察される。(5)のthinkの例では，埋め込み節が表す事態(his student came)が現実世界で起こったかどうかについて判断できない。これに対して，(6)のregretの例では，**埋め込み節の表す事態(he made a promise)が現実世界で起こっている必要がある**。これらの状況は主節の動詞を否定しても変わらない。

(7) John did not think that his student came. (cf.(3))
(8) John did not regret that he made a promise. (cf.(4))

regretのとる埋め込み節は，the fact thatで導かれる**名詞節**と同じようなふるまいを見せる。

(9) The fact that he left is significant.
(10) The fact that he left is not significant.

(9)のthe factがとるthat節が記述する事態(he left)は現実世界で起こっていなければならない。これは，(10)のように否定文にしても同じである。このことから，叙実動詞regretのとるthat節はthe fact thatのthe factの部分が省略された名詞節であると分析できる。

4 上昇構文 〜あの人が走っている〜

日本語の場合

テ形の動詞の後に続く（**補助動詞**とよばれる）動詞にはいくつかの種類がある。(1)や(2)で使われている「いる」がその一例である。

(1) あの人が走っていた。
(2) 虫が死んでいた。

(1)と(2)においては，**出来事の局面（アスペクト）を指定する**「いる」が使われているが，この2つの文は意味が異なる。(1)は，「あの人」が「走る」という行為がまだ続いているという「進行」の意味を表す。(2)は，「あの虫」が「生きていない（死んでいる）」という「状態」の意味を表す。

(1)と(2)の主語は，テ形動詞がとる主語であるが，これは，最終的に文全体の主語とならなければならない。たとえば，(1)の「あの人」は，最初，埋め込み節のテ形動詞「走って」の主語として現れる。しかし最終的には「あの人」は，(3)で示されているように，文全体の主語になると考えられる。

(3) ［あの人が　［あの人が　走って］いた］

(3)で示されているような，埋め込み節の主語が主節に移動する現象は**上昇**とよばれ，(1)や(2)のタイプの文は**上昇構文**とよばれる。

(1)や(2)の「いる」にはテ形動詞の表す出来事のアスペクトを指定する働きがあるだけなので，どのようなタイプの節も埋め込むことができる。そのため，「いる」が使われるテ形動詞構文は，(4)のように**無生物の主語**を許す。

(4) 雨が降っていた。

(4)が容認されるのは，「いる」がテ形動詞のとる主語に対して意味的な制限をかけないからである。

> 上昇構文では，埋め込み節の主語が主節に上昇し，文の主語として機能する。日本語ではテ形動詞をとる「いる」，英語では to 不定詞節をとる be likely のような述語が上昇構文を形成する。

英語の場合

　英語では，**to 不定詞節**を含む文で主語の上昇が観察される。その代表的な例が(5)で，(「〜しそうだ」という意味の)述語 be likely がある主節の主語位置に，to 不定詞節内にある述語 come の意味上の主語が現れている。

　　(5)　John is likely to come.

述語 be likely は名詞句 John を項として選択しないので，*John is likely. のような表現は許されない(ただし，「可能性がある」という別の意味で，Rain is likely といういい方はできる)。(5)は，基本的な意味を変えずに(6)のようにパラフレーズできることから，(5)では John が come の**意味上の主語**となっていることがわかる。

　　(6)　It is likely that John will come.

(5)の文の主語 John は，表面上，主節の主語の位置に現れているが，(6)のような書き換えが可能であるために，もともと to 不定詞節の中にあったと考えることができるのである。したがって，(5)は，(7)のように，埋め込みの節の意味上の主語が主節に上昇していると分析することができる。

　　(7)　John is likely [~~John~~　to come].
　　　　　　↑＿＿＿＿＿｜

なお，(6)の埋め込み節は定形節となっており，埋め込み節の主語はその位置にとどまっている。そのため，主節の主語の位置は空席状態になっている。しかし，英語には定形節は主語をもたなければならないという規則があるので，(6)では，この規則を満たすために，主節の主語位置に**意味のない it (虚辞の it)** が入れられる。

5 コントロール構文 〜下級生がアイスを買ってもらった〜

日本語の場合

日本語にはテ形の動詞の後に補助動詞「もらう」を続ける(1)のような構文がある。

(1) 下級生は上級生に［アイスを買って］もらった。

(1)の文では，「アイスを買う」という節が「もらう」の埋め込み節として現れている。そして，(1)は，上級生が(下級生のために)アイスを買って，そのことにより下級生が恩恵を受けたという意味を表す。このことから，(1)の「買う」の意味上の主語は「に」でマークされる「上級生」であることがわかる。そうすると，(1)の文は，(2)のような構造をもっていると考えることができる。

(2) 下級生は上級生に［φ(=上級生が)アイスを買って］もらった。

(2)のφで示されている「買う」の主語は，表面上発音されることはないが，意味的には存在しなければならない。そして，(1)の「に」でマークされる「上級生」が埋め込み節の「買う」の主語として解釈される。
　この構文には興味深い制限がある。(3)で示されているように，「に」名詞句(埋め込み節の動詞の意味上の主語)が無生物であると容認されない。

(3) ＊下級生は雨に［φ(=雨が)降って］もらった。

「雨が降る」という単文そのものは問題ないが，(3)のように「もらう」に埋め込まれると容認されなくなる。これは，「もらう」が(埋め込み節の意味上の主語となる)「に」名詞句に対して意味的な制限を課すからである。つまり，だれかが何かをしてもらうためには，埋め込み節の表している出来事が人間によって制御できるようなものでないといけないのである。
　埋め込み節に発音されない名詞句が現れる(1)のような構文は，**コントロール構文**とよばれる。

> 日本語の「もらう」がとるテ形節，および英語の persuade がとる to 不定詞節には発音されない名詞句(主語)があると考えられる。この構文では，無生物の名詞句が埋め込み節の意味上の主語にはなれない。

英語の場合

英語では，(4)のような to 不定詞構文がコントロール構文となる。

(4)　John persuaded Mary [to go to Kyoto].

(4)の to 不定詞節には目に見える形で主語が現れないが，Mary が京都に行くように，John が Mary を説得したという意味を表すので，Mary が意味的に to 不定詞節の主語になる。さらに，(4)の persuade の文は，(5)のように **that 節への書き換え**も可能である。

(5)　John persuaded Mary that she (=Mary) should go to Kyoto.

(4)と(5)が同じ論理的な意味をもつことから，(4)の埋め込み節の go to Kyoto の意味上の主語は Mary であり，この構文は(6)のような構造をもっていると考えることができる。

(6)　John persuaded Mary [φ(=Mary) to go to Kyoto].

(4)の構文では，(7)-(9)に示されているように，天候を表す it や存在文に現れる there のような意味のない要素，さらに，無生物の名詞句を persuade の目的語の位置に置くことができない。

(7)　*John persuaded it to rain.
(8)　*John persuaded there to be a book on the table.
(9)　*John persuaded the statue to stay on the stone.

(7)-(9)が容認されないのは，to 不定詞節の意味上の主語となる persuade の目的語が，説得する対象となる人間ではないからである。

第8章 複文レベルの構文

6 総称的解釈 〜朝早く起きることはいいことだ〜

:日本語の場合:

　人が行うことに対して一般に成り立つような法則・事実を述べるときに，(1)のようにいうことがある。

　　(1)　［朝早く起きること］はいいことだ。

(1)の「こと」節の中の「起きる」の主語は明示的に表されていないが，主語に対しては「どんな人でも」という**総称的な解釈**が与えられる。そのことから，(1)では((2)においてφで表しているような)**発音されない**主語があると考えられる。

　　(2)　［φ 朝早く起きること］はいいことだ。

(1)の「起きる」の形は現在形(非過去形)であるが，この動詞は実際には時間の指定をしない。埋め込み節で表されている内容(「朝早く起きる」)は(過去・現在にかかわらず)一般に成り立つ事実として言及されているのである。そのために，埋め込み節の発音されない主語には総称的解釈が与えられる。

　総称的解釈をもつ(発音されない)主語が現れる環境は限られている。日本語では，動詞の項を省略して発音しないことがあるが，多くの場合，どう解釈するかは文脈で決まる。(3)と(4)では，発音されていない埋め込み節の主語は，文脈で特定できる人物を指すので，総称的解釈は得られない。

　　(3)　［φ 朝早く起きたこと］はいいことだ。
　　(4)　［夜遅くまでφ 勉強｛する／した｝こと］はわかっている。

(3)と(4)の発音されない主語が総称的解釈をもたないことは，「こと」節内に現れる動詞が特定の時間を指定していることと関係する。(3)は，動詞が過去形であること以外は(1)と同じであるが，動詞が特定の時間を指しているので，総称的解釈が得られない。(4)の場合も同様に，「わかる」がとる埋め込み節の動詞が未来あるいは過去の特定の時間を指定しているので，総称的解釈が得られない。

> 日本語では，一般的な事実や法則の陳述を行う「こと」節で発音されない主語に総称的解釈が与えられる。英語でも，一般的な事実や法則の陳述を行う to 不定詞節や動名詞節で発音されない主語に総称的解釈が与えられる。

英語の場合

英語では，発音されない総称的解釈の主語は，**to 不定詞節**あるいは**動名詞節**に現れる。(5)や(6)では，to 不定詞節および動名詞節が一般的な事実や法則に言及し，**発音されない主語(φ)が総称的解釈をもつ**。

(5)　　［φ To drive a car］is fun.
(6)　　［φ Watching too much TV］is not good.

これに対して，(7)の場合，未来のある特定の時点で行為を行うという意味の指定があるので，to 不定詞節であっても総称的解釈は得られない。

(7)　　John decided ［φ to go］.

英語では(8)のように，主語位置に現れる one に対して総称的解釈を与えることができる(目的語に現れる one に対しては総称的解釈を与えることができない)。

(8)　　One cannot ignore this fact.

したがって，(5)や(6)の発音されない主語(φ)は(8)の one に相当する要素であると考えられる。このことは，総称的解釈をもつ to 不定詞節の中に self 代名詞が現れた場合に，(9)のように oneself が使用されることからもわかる。

(9)　　［To behave oneself in public］is very important.
(10)　　Mary knows how to behave {oneself/herself}.

(10)のような文においても，to 不定詞節の発音されない主語に総称的解釈が与えられる場合には，self 代名詞には oneself が使われる(これに対して，to 不定詞の主語が Mary を指すと解釈される場合には herself が使われる)。

第8章 複文レベルの構文

7 難易構文 〜この辞書が一番使いやすい〜

日本語の場合

「やすい」「づらい」「にくい」などの形容詞（**難易形容詞**）と動詞を組み合わせると，行為のやりやすさ・やりにくさについて述べる**難易構文**ができる。動詞が他動詞の場合，(1)や(2)の2つの形式が可能である。

(1) 　私にはこの辞書が一番使いやすい。　　　　　　（「に‐が」パターン）
(2) 　老人が方向を見誤りやすい。　　　　　　　　　（「が‐を」パターン）

(1)と(2)の表す意味は異なる。(1)では，「この辞書」を使うのが簡単だと主語の「私」が感じているという「主語の判断」が表される。これに対して，(2)では，「老人」が方向を見誤りがちだという「傾向」の意味が表される。

難易構文の示す格パターンには，(1)の「に‐が」と(2)の「が‐を」の2通りあるが，それは，それぞれ，(3)の形容詞と(4)の他動詞がとる典型的な格のパターンでもある。

(3) 　彼にはそれがおもしろくなかった。
(4) 　彼がその鉛筆を使った。

(3)と(4)から，(1)では形容詞「やすい」が格パターンを決め，(2)では動詞「見誤る」が格パターンを決めているといえる。ただし，格のパターンは異なっても(1)-(2)は他動詞文であることに変わりはなく，**名詞句の文法関係は変化しない**。

(5) 　そんな人が自分（＝そんな人）の子供をほめる。
(6) 　そんな人には自分（＝そんな人）の辞書が一番使いやすいはずだ。
(7) 　そんな人が自分（＝そんな人）の行く方向を見誤りやすい。

「自分」は主語を先行詞にとる。(5)と同様に，(6)-(7)の難易文でも「自分」は「そんな人」を先行詞にとることができる。よって，(6)-(7)でも，(5)と同様に「そんな人」が主語として働いているといえる。

> 日本語の難易形容詞は，他動詞と組み合わせて，格パターンの異なる2つの構文をつくることができる。英語の難易形容詞は，名詞句の繰り上げが起こるto不定詞節と名詞句の繰り上げが起こらないto不定詞節の2つの形式が可能である。

英語の場合

　行為のやりやすさ・やりにくさを表す英語の難易構文は，tough, hard, easy, difficultなどの形容詞からつくることができる。英語の難易構文は，(8)や(9)のような2つの形式をもつことができる。

(8)　It is easy to believe that story.
(9)　That story is easy to believe.

(8)では，意味のないitが主語の位置に現れ，**to不定詞節**がeasyの後に置かれている((8)から意味のないitを取り除いて，To believe that story is easy. のような文をつくることもできる)。(9)では，believeの目的語にあたるthat storyがis easyの主語として現れている。そのため，(9)のような文では，**名詞句の繰り上げ**が起こっているといわれる。
　(10)と(11)からわかるように，難易構文で主節の主語の位置に繰り上げられる名詞句は，動詞の目的語であってもよいし，動詞に後続する前置詞の目的語であってもよい。

(10)　This problem is easy to solve.
(11)　John is easy to talk to.

しかし，難易構文の名詞句の繰り上げは，to不定詞節の動詞がとる主語に対して適用できないという制約がある。そのため，(12)の難易構文は容認されない。

(12)　*John is easy (for) to clean the room.
(13)　It is easy for John to clean the room.

難易構文では(12)のようなto不定詞節の主語からの繰り上げはできないが，(13)のように，forをともなえばto不定詞節の動詞の主語を表出できる。

8 縮約 〜今日もあの人は走ってる〜

日本語の場合

「デモンストレーション」のような長いフレーズを「デモ」というように縮めることがある。これは，短い方がいろいろな面において効率的であるからである。文法にも同じような現象が見られる。口語的ないい回しでは，「動詞＋ている」や「動詞＋ていく」を(1)や(2)のように縮めることができる。

(1) 今日もあの人は走ってる。（←走っている）
(2) これ，食べてく？ （←食べていく）

(1)では「ている(te iru)」→「てる(teru)」，(2)では「ていく(te iku)」→「てく(teku)」というように，動詞の「い」の部分が脱落して，省略された表現ができている。このような現象は**縮約**とよばれる。(1)と(2)では「いる」「いく」の動詞部分で脱落が起こっているが，(3)では「て」の母音の部分に脱落が見られる。

(3) ここに置いとくね。（←置いておく）

(3)の場合，「ておく(te oku)」→「とく(toku)」のように「て(te)」の母音 e が脱落し「て」と「おく」が融合している。縮約は，実質的な意味があまりない要素に対して起こることが多い。

縮約は2つの語が隣り合わせになった場合に起こる。(4)のように2つの語の間になんらかの**介在要素があると**，(5)のように**縮約することはできない**。

(4) あの人は走って<u>も</u>いる。
(5) ＊あの人は走って<u>も</u>る。

(1)では見かけ上，「いる」の「い」が落ちて「てる」となっているだけなので，「て」と「いる」の間に「も」が入っている(4)でも(1)のような縮約が起こってもよさそうである。しかし実際には，(5)からわかるように，「て」と「いる」の間に助詞の「も」が入っていると，そのような縮約は起こらない。

> 2つの語を1つに縮める縮約は，日本語では「動詞＋ている／ていく／ておく」で起こる。一方，英語では want to を wanna に縮約できる。縮約が起こるには，縮められる要素の間に余計な要素が入っていてはいけない。

英語の場合

英語の縮約も日本語と同様に，口語で頻繁に起こる。(6)の want to を縮約した wanna がその一例である（この現象は **wanna 縮約**（wanna contraction）とよばれる）。

(6)　I wanna（＝want to）visit him.

英語でも縮約は隣り合わせになっている要素に対して起こる。したがって，want to の縮約は(6)のような文では許されるが(7)では許されない。

(7)　＊I wanna you visit.

(7)では，want と to の間に you が存在するため，縮約形の wanna がつくれないのである。さらに，you のような介在要素は，表面上，want と to の間になくても縮約を阻止することがある。これは(8)と(9)の容認性の違いに反映される。

(8)　Who do you want to come?
(9)　＊Who do you wanna come?

(8)には「誰にきてもらいたいの？」という意味がある。これは，(8)の who が(10)の Mary と同じように，want の後に起こる come の意味上の主語であると解釈されるからである。

(10)　I want Mary to come.

これに対して，(9)は容認されない文である。(9)の文が成立するためには，文頭にある who が want と to の間の位置（つまり，(10)の Mary が現れている位置）に最初に現れなければならない。しかし，wanna 縮約が起こると，縮約の条件から，who は want と to の間の位置に最初に現れる可能性が排除される。そのため，(9)の文は容認されない。

9 認識構文 〜あの子がかしこく思える〜

> 日本語の場合

「思える」「見える」のような動詞は，(1)のように認識の主体(経験者)を「に」でマークし，認識の対象を「が」でマークする認識構文をつくる。

 (1) 私にはあの子がかわいく思える。

(1)の「が」名詞句「あの子」は「かわいく」のとる項である。(1)の認識構文は，(2)を受け身形にした(3)と表面上同じような格パターンをもつ。

 (2) 先生が［あの子をかわいく］思っていた。
 (3) 先生にあの子がかわいく思われていた。

しかし，(1)と(3)では，名詞句の文法関係が異なる。まず認識構文では，(4)と(5)で示されるように，「自分」の先行詞が「に」名詞句に限られる。

 (4) 太郎には自分(=太郎)の生徒がかわいく思えた。
 (5) *あの人が自分(=あの人)の生徒にはかわいく思えた。

これに対して，(3)の受け身文では，(6)と(7)のように「が」名詞句だけが「自分」の先行詞となる。

 (6) 太郎が自分(=太郎)の親にかわいく思われていた。
 (7) *あの人に自分(=あの人)の生徒がかわいく思われていた。

「自分」は主語のみを先行詞にとることができる。したがって，(4)と(5)から，(1)の認識構文では「に」でマークされている「私」(認識の主体である経験者)が主語として機能していることがわかる。これに対して，(3)の受け身文の「思われる」では，(6)と(7)から，「が」でマークされている「あの子」が文の主語となることがわかる。

> 日本語の「思える」がとる認識の主体は「に」でマークされ、統語的には主語として機能する。これに対して、英語の動詞 seem を使った認識構文では、認識の主体は to me のような前置詞句で表される。

英語の場合

認識構文は、英語だと seem のような動詞を使ってつくることができる。seem からつくられる認識文は、(8)のように**形容詞を補語にとる場合**と、(9)のように **to 不定詞節を補語にとる**場合がある。

(8) That idea seems very strange (to me).
(9) John seems (to me) to be honest.

(8)において、seem の認識の主体は to me という前置詞句として表されている。(9)の to 不定詞節をとる文でも、seem の認識の主体は to me という前置詞句によって表されている。なお、(8)の that idea は、もともと strange のとる項であるが、主節にある seem の左側に現れている。同様に(9)の John も、もともと honest のとる項であるが、seem の左側に現れている。

英語の認識構文では、seem の左側に現れる名詞句が seem が現れる主節の主語として機能する。このことは、(10)と(11)の事実から確認できる。

(10) He {seems/*seem} (to be) honest.
(11) They {seem/*seems} (to be) honest.

動詞 seem の左側に現れる名詞句は、(10)や(11)のように主節の動詞 seem と数の一致を起こすことから、seem の主語の位置に現れていることがわかるのである。

次に、(12)のように seem が that 節をとる場合、主節の主語位置には具体的な意味を表す名詞句が現れず、代わりに**形式主語の it** がその位置を占める。

(12) It seems (to me) that John is honest.

(12)でも認識の主体は前置詞句 to me として表される。このように、seem の認識構文では認識の主体が seem の左側の主語の位置に現れることはない。

第8章 複文レベルの構文

10　使役構文　～母親が子供に本を読ませた～

> 日本語の場合

　日本語で使役文をつくる際には，動詞に使役の意味を表す「させ」をつける。動詞が「行く」のような自動詞の場合，(1)-(2)に見られるように，2通りの格パターンが可能である。

　　(1)　　母親が子供に学校まで行かせた。
　　(2)　　母親が子供を学校まで行かせた。

(1)の使役文は，母親が子供に行くことを許可したという意味を表す(この意味を表す使役は**許可使役**とよばれる)。(2)の使役文は，母親が無理に子供に行くことを強制したという意味を表す(この意味を表す使役は**強制使役**とよばれる)。
　(1)-(2)の「行かせる」のように自動詞に「させ」がついた使役は，意味の違いによって格パターンに違いが生じる。一方，他動詞がベースになる使役文では，(3)のように格パターンが「が-に-を」に固定され，強制使役と許可使役の両方の解釈が得られる。

　　(3)　　母親が子供に本を読ませた。

これは，他動詞の強制使役として想定できる「を-を」のパターンが日本語の文法の制約によって許されず(「*母親が子供を本を読ませた」)，強制使役文も許可使役文と同様に「が-に-を」の格パターンをとるからである。
　使役文を受け身にすることもできる。使役文は，許可使役と強制使役の意味を表せるが，受け身の使役文(4)では，無理矢理子供を行かせたという強制使役の意味しか存在しない。

　　(4)　　子供が(母親によって)学校まで行かされた。

(4)の受け身の使役文で表せる意味が強制使役に絞られるのは，(1)のような許可使役文が受け身化できないことによる。

> 日本語の使役の「させ」を使った使役文では，強制使役と許可使役の意味が表せる。英語の使役動詞 make は強制使役を表し，let は許可使役の意味を表す。have は使役だけでなく経験の意味を表すこともある。

英語の場合

　英語で使役を表現しようとすると，一般的には，使役動詞に目的語と原形不定詞を後続させた形式をとる。使役動詞には，make, let, have などが使われるが，それぞれが表す意味は異なる。

　　　(5)　Mother made her child go there.
　　　(6)　Mother let her child go there.
　　　(7)　Mother had the repairman fix the TV set.

(5)は子供がそこに行くことを母親が強制したという**強制使役**の意味を表す。(6)は子供がそこに行くことを母親が許したという**許可使役**の意味を表す。have を使う使役文は**指示や間接的な働きかけによる使役**を表し，(7)は(お金などを払って)「テレビを修理してもらった」という意味を表す。
　make 使役は，(8)に示されるように，受け身文をつくることができるが，埋め込み節は to 不定詞の形をとる。let 使役の受け身に相当する意味は，通常，(let の受け身形ではなく)(9)のように be allowed to を使って表現される。

　　　(8)　The child was made to go.
　　　(9)　The child was allowed to go.

使役の have が使われる文は受け身文をつくることができない。また，have は目的語の後に原形不定詞ではなく過去分詞を続ける形式をとることもある。

　　　(10)　She had her car stolen.

ただし，(10)のような文においては，(通常の状況では)「使役」ではなく「経験」の解釈が生じる。主語の she が，自分の車を盗ませているのではなく，自分の車が盗難され被害を受けたことになるからである。

第8章 複文レベルの構文

おすすめの本と論文

※論文の掲載ページなど詳細は巻末の参考文献を参照のこと。

■ Postal, Paul M. *On raising: An inquiry into one rule of English grammar and its theoretical implications*. MIT Press, 1974.

英語の例外的な格標示を受ける構文（主語から目的語への上昇規則によってつくられる構文）を初期の生成文法の枠組みで分析している本である。1つの構文しか分析の対象になっていないのにもかかわらず、非常に分厚い本である。理論的な枠組みが古くなっていることは否めないものの、そこで提示されているデータの質と量には圧倒される。現在においても、このタイプの構文の分析をする際の基本的なデータはすべて本書で提示されているといっても過言ではない。また、あまり議論されなくなったデータでも、異なった視点で見直すと新たな発見ができるかもしれない。

■ 野田尚史『「は」と「が」』くろしお出版 1996 年

英語の話題化の操作は、話題化する要素を文頭にもってくるが、日本語は「は」という助詞でそれに相当する意味を表す。日本語の「は」は通常必ずといっていいほど文中に現れる要素である。「は」にはいろいろな用法があり、特に、主語をマークする「が」と「は」にどのような違いがあるかについては、従来からさまざまな議論が存在する。本書は、そのような議論の主な論点が章ごとに簡潔にまとめられており、日本語の「は」と「が」がこれまでどのように研究されてきたかを概観できる。

■ Hooper, Joan, & Thompson, Sandra. On the applicability of root transformations. *Linguistic Inquiry*, 4, 1973.

タイトルにある root transformation は、主文において適用される変形規則のことで、root transformation には話題化を含む多くの規則がある。しかしながら、このような規則の適用される範囲は、主文に限られるわけではなく、主文に近い環境を提供する埋め込み節でも適用可能である。本論文は、このような規則がどのような場合に適用可能かを詳細に観察した古典的な論文である。日本語では、「は」による話題化がこのタイプの規則に入ると考えられる。root transformation が適用可能であったり適用不可能であったりする環境は、基本的に日英語で同じであり、本論文で議論されている構文を日本語にあてはめてみると、日本語の話題化のふるまいがこの論文の提供する root transformation の一般化に驚くほど合致していることがわかる。

■ Kiparsky, Paul, & Kiparsky, Carol. Fact. Bierwisch, Manfred & Heidolph, Karl E.（Eds.）, *Progress in linguistics*. Mouton, 1970.

本論文は、英語の regret や forget などの叙実動詞の特性について論じている。本論

文では，regret や forget を叙実動詞とし，その他の claim, believe などの動詞を非叙実動詞に分類する。この 2 つのタイプの動詞は見た目にはまったく同じ従属節（that 節）をとる。しかしながら，実際には，この 2 つのタイプの動詞がとる従属節は異なる性質を示す。本論文は，この 2 つのタイプの動詞のとる従属節のさまざまなふるまいの違いが統語構造の違いから生じることを明快に論じている。

■ Landau, Idan. *Control in generative grammar: A research guide.* Cambridge University Press, 2010.
　コントロール構文は，一般に，発音されない代名詞が現れる構文であるとされる。生成文法では，この目に見えない代名詞を PRO で表記することが多い。理論的には，単純に PRO という理論的構築物を立てるだけである。しかし，PRO が現れる構文にはさまざまなものがあり，複雑なふるまいが観察されることも多く，専門家でも全体像を把握するのはそれほど容易ではない。本書は，専門家向けのガイドとして，複雑なコントロール現象を構文ごとに詳細な解説が加えられている。

■ 岸本秀樹「補文をとる動詞と形容詞：コントロールと上昇」影山太郎（編）『＜日英対照＞形容詞・副詞の意味と構文』大修館書店 2009 年
　英語と日本語のコントロールと上昇構文について解説した論文である。英語については，to 不定詞節にコントロールと上昇の区別が存在し，それにどのような分析がされてきたかを解説している。日本語に関しては，複合動詞構文にコントロールと上昇の区別が存在することを論じている。英語の to 不定詞節には見られない日本語の複合動詞の特徴についても記述があり，日本語と英語のコントロール構文の類似性や違いについて知りたい人は，これを最初に読むとよいであろう。

■ Nakatani, Kentaro. *Predicate concatenation: A study of the V-te predicate in Japanese.* Kurosio, 2013.
　日本語のいわゆるテ形動詞構文では，「て」の後にくる動詞（補助動詞）は限られた種類のものしか現れない。また，一見したところ，この構文はそれほど異なる構造や意味をもっていないようにも思われる。しかしながら，本書では，この構文が見た目ほど単純ではなく，複雑で興味深いふるまいを示すことが指摘されている。テ形動詞構文の先行研究の問題点を指摘した上で，この構文に対して，統語論および意味論に基づく筆者自身の説明を行っている。

■ 久野暲，高見健一『謎解き英文法：使役』くろしお出版 2014 年
　英語の使役表現にはいくつかの種類があり，それがどのように使い分けられるのかについては，英語を学習する日本人にとってはわかりづらいものである。本書では，英語の使役表現を取り上げて，それにどのような意味があるか，どのような用法の制

限があるかなどについて解説されている。一読してなるほどと納得できる説明と英語の例は，著者の鋭い観察に裏打ちされている。本書は専門書ではないが，英語を専門にしている人が読んでも読みごたえのある本に仕上がっているといってよいであろう。

■ Takezawa, Koichi. A comparative study of *omoe* and *seem*. Nakajima, Heizo & Otsu, Yukio (Eds.), *Argument structure: Its syntax and acquisition*. Kaitakusha, 1993.

英語の seem to 構文は，日本語の「～に思える」構文に意味的に対応し，表面上は，この両者が同じタイプの構文であるように見える。しかしながら，英語と日本語では，認識構文に現れる項の文法関係が同じではない。本論文では，事実の詳細な検証を通じて，認識構文が選択する項の文法関係が日英語で異なることを示している。

■ Davies, William, & Dubinsky, Stanley. *The grammar of raising and control*: *A course in syntactic argumentation*. Blackwell, 2004.

コントロール構文と上昇構文は，受動構文とともに，生成文法の初期から頻繁に議論されているいわゆる「花形」構文である。それだけに，理論の変遷や発展に応じて，その扱いにかなりの変化が見られるのも事実である。本書は，コントロール構文と上昇構文について論じられている重要な論文が，ほぼ時間軸に沿って取り上げられている。生成文法でのコントロール構文と上昇構文に関する分析の理論的な進展を概観するのには格好の書となっている。

第9章

関係節と関連構文

1 関係節化 〜先生が本をあげた学生〜
2 付加詞の関係節構文 〜ケーキを切ったナイフ〜
3 主要部削除型関係節構文 〜アイスが冷凍庫にあるの〜
4 条件節の隠れた関係節構文 〜やせる薬〜
5 非制限的用法 〜笑顔がステキな上戸彩〜
6 曖昧な関係節構文 〜太郎が壊した家の窓〜
7 複合関係詞 〜好きな人は誰でも〜
8 縮約関係節 〜カナダからの手紙〜
9 強調構文 〜送ったのは昨日だ〜
10 関係節と同格節 〜優介が爆笑した話〜

第9章 関係節と関連構文

1 関係節化 〜先生が本をあげた学生〜

> 日本語の場合

(1)の文には，主語の「先生」，間接目的語の「学生」，直接目的語の「本」が含まれている。

(1) 　先生が　　　学生に　　　本を　　　あげた。
　　　主語　　**間接目的語**　**直接目的語**

(1)は文であるが，主語の「先生」を説明する表現に書き換えると(2)のような名詞句になる。

(2) 　[関係節構文 [関係節 学生に本をあげた] [主要部 先生]]　　[主語の関係節化]

この章では，「学生に本をあげた」の部分を**関係節**，「先生」の部分を**主要部**，関係節と主要部を合わせたものを**関係節構文**とよぶ。(2)は，(1)で主語だった「先生(が)」が関係節内にはなく主要部に現れていて，文法的である。このように本来関係節内にあるものが主要部に現れることを**関係節化**とよぶ。

関係節化は主語だけでなく直接目的語でもできる。(3)を見てみよう。

(3) 　[関係節 先生が学生にあげた] [主要部 本]　　[直接目的語の関係節化]

(3)は，もともと関係節内で直接目的語だった「本(を)」が主要部に現れていて，文法的である。このことから直接目的語も関係節化ができることがわかる。

さらに日本語は関係節化が間接目的語でもできる。(4)を見てみよう。

(4) 　[関係節 先生が本をあげた] [主要部 学生]　　[間接目的語の関係節化]

(4)は，もともと関係節内で間接目的語だった「学生(に)」が主要部に現れていて，文法的である。このことから間接目的語も関係節化ができることがわかる。

以上のことから，日本語では主語，直接目的語，間接目的語のいずれも関係節化できることがわかる。

> 日本語は主語，直接目的語，間接目的語の関係節化をすべて許すが，英語は間接目的語の関係節化だけは許さず，前置詞の目的語の関係節化で代用する。

英語の場合

今度は英語の関係節化について考えてみよう。まず(5)を見てみよう。

(5)　The teacher　gave　the student　a book.　　(cf. (1))
　　　主語　　　　　　　　間接目的語　直接目的語

(5)は文であるが，主語の the teacher を説明する表現に書き換えると(6)のような名詞句になる。

(6)　　[主要部 the teacher][関係節 who gave the student a book]　(cf. (2))

(6)では，もともと関係節内で主語だった the teacher が主要部に現れていて文法的である。このことから英語でも主語の関係節化は可能であることがわかる。
　直接目的語の a book を(7)のように書き換えても文法的になる。

(7)　　[主要部 the book][関係節 which the teacher gave the student] (cf. (3))

(7)は，もともと関係節内で直接目的語だった a book が主要部に現れていて，文法的である。このことから直接目的語の関係節化も可能であることがわかる。
　しかし，間接目的語の the student を(8)のように書き換えると非文法的になる。

(8)　*[主要部 the student][関係節 whom the teacher gave a book]　(cf. (4))

(8)は，もともと関係節内で間接目的語だった the student が主要部に現れているが，このようにすると非文法的になる。このことから間接目的語の関係節化は不可能であることがわかる。ただし，英語には(9)のように前置詞の目的語を関係節化するという方法がある。(9)は文法的で(8)の代わりとして使うことができる。

(9)　　[主要部 the student][関係節 whom the teacher gave a book to]

第9章 関係節と関連構文

2 付加詞の関係節構文 〜ケーキを切ったナイフ〜

:日本語の場合:

「優麻がナイフでケーキを切り，そのナイフを木田が洗った」という状況は，(1)のような名詞句で表現することができる。

(1) 木田は 優麻がケーキを切ったナイフ を洗った。

「優麻がケーキを切ったナイフ」は，関係節(＝「優麻がケーキを切った」)と主要部(＝「ナイフ」)からなる関係節構文である。(1)の関係節構文であるが，もともとは(2)のような形をしていたと考えられる。

(2) [関係節 優麻がナイフでケーキを切った][主要部 ナイフ]

(2)の関係節は「優麻がナイフでケーキを切った」であり，関係節内にある主要部と同一の「ナイフ」を削除すると(3)のようになる。

(3) *[優麻が~~ナイフ~~でケーキを切った] ナイフ

(3)を見てわかるように，関係節内の「ナイフ」を削除しても助詞の「で」を残したままだと非文法的になってしまう。これは日本語では一般に助詞だけを残すことができないためである。つまり，日本語において文法的な関係節構文をつくるためには，関係節内にある，主要部と同一の名詞を削除するだけでなく，その名詞に**付随する助詞も同時に削除**しなければならないのである。

他の例も見てみよう。

(4) [拓哉が~~壁に~~ボールを投げつけた] 壁
(5) [静香が~~コックから~~このレシピを教わった] コック

(4)では関係節内の「壁」を削除すると同時に，助詞の「に」も削除してあるため文法的になっている。同様に，(5)では関係節内の「コック」を削除すると同時に，助詞の「から」も削除してあるため文法的になっている。

> 日本語では関係節内の名詞とそれに付随する助詞の両方を削除しなければならないのに対して，英語では名詞に付随する前置詞は削除してはならない。

英語の場合

　今度は英語の関係節構文について考えてみよう。「優麻がナイフでケーキを切り，そのナイフを木田が洗った」という状況は，英語では(6)のように表現できる。

(6)　　Kida washed the knife that Yuma cut the cake with .

日本語の場合と同様に，the knife that Yuma cut the cake with は主要部と関係節からなる関係節構文で，その原型は(7)のような形をしていたと考えられる。

(7)　　　[主要部 the knife] [関係節 that Yuma cut the cake with the knife]

(7)の関係節内にある，主要部と同一の名詞(the knife)と付随する前置詞(with)を両方削除した場合(=(8a))と前置詞を残した場合(=(8b))を比べてみよう。

(8)　a.　*the knife [that Yuma cut the cake with the knife]
　　　b.　the knife [that Yuma cut the cake with the knife]

(8a,b)を見てわかるように，英語では，関係節内の名詞といっしょに付随する前置詞も削除した場合には非文法的になるが，前置詞を削除せず残した場合には文法的になる。別の例を見てみよう。

(9)　a.　*the house [that Takuya threw a ball at the house]
　　　b.　the house [that Takuya threw a ball at the house]
(10) a.　*the cook [that Shizuka learned this recipe from the cook]
　　　b.　the cook [that Shizuka learned this recipe from the cook]

(9a)と(10a)では，関係節内の名詞とともに付随する前置詞も削除してあるので非文法的になっている。それに対して，(9b)と(10b)では，前置詞を削除せず残してあるので文法的になっている。

3 主要部削除型関係節構文 〜アイスが冷凍庫にあるの〜

日本語の場合

「アイスが冷凍庫にあり，そのアイスを駿介がこっそり食べた」という状況は(1)のように表現することができる。

(1) 駿介は 冷凍庫にあるアイスを こっそり食べた。

「冷凍庫にあるアイス」は関係節と主要部からなる名詞句(＝関係節構文)であり，もともとは(2)のような形をしていたと考えられる。

(2) [関係節 アイスが冷凍庫にある][主要部 アイス]

(2)では「アイス」が関係節内と主要部の両方に現れていて，(2)のままでは非文法的になってしまう。文法的にするには，(2)からどちらかの「アイス」を削除しなければならない。そこでまずは関係節内にある，主要部と同一の名詞の「アイス」を削除してみよう。削除すると(3)のように文法的になる。(3)は(1)に含まれている関係節構文である。

(3) [~~アイスが~~冷凍庫にある]アイス

今度は(2)の主要部の「アイス」のほうを削除してみよう。主要部の「アイス」を削除(し，「の」を代入)すると(4)のように文法的になる。(4)は(5)に含まれている関係節構文(＝主要部削除型関係節構文)である。

(4) [アイスが冷凍庫にある] ~~アイス~~
　　　　　　　　　　　　　　↑
　　　　　　　　　　　　　　└──「の」を代入

(5) 駿介は アイスが冷凍庫にあるの をこっそり食べた。

(1)と(5)の関係節構文は形こそ違うが意味はほぼ同じである。このように，日本語には，関係節内にある主要部と同一の名詞を削除してできる関係節構文(＝(3))と主要部を削除してできる関係節構文(＝(4))の2種類あることがわかる。

> 日本語は，関係節内にある名詞を削除しても主要部を削除しても，文法的な関係節構文をつくることができる。これに対して英語は，関係節内にある名詞を削除して関係節構文をつくることはできるが，主要部を削除して関係節構文をつくることはできない。

英語の場合

今度は英語の関係節構文について考えてみよう。「アイスが冷凍庫にあり，そのアイスを駿介が食べた」という状況は英語では(6)のように表現できる。

(6)　Shunsuke ate an ice cream that was in the freezer .

日本語の場合と同様に，an ice cream that was in the freezer は主要部と関係節からなる関係節構文で，もともとは(7)のような形をしていたと考えられる。

(7)　[主要部 an ice cream] [関係節 that an ice cream was in the freezer]

(7)では an ice cream が主要部と関係節内の両方に現れていて，(7)のままでは非文法的になってしまう。文法的にするには，どちらかの an ice cream を削除しなければならない。そこでまずは関係節内にある，主要部と同一の名詞の an ice cream を削除してみよう。削除すると(8)のように文法的になる。(8)は(6)に含まれている関係節構文である。

(8)　an ice cream [that ~~an ice cream~~ was in the freezer]　　(cf. (3))

今度は(7)から主要部の an ice cream のほうを削除してみよう。そうすると(9)のように非文法的になってしまう。

(9)　*~~an ice cream~~ [that an ice cream was in the freezer]　　(cf. (4))

このことから，英語には，関係節内にある主要部と同一の名詞を削除する関係節構文(=(8))はあるが，主要部を削除する関係節構文(=(9))はないことがわかる。

第9章 関係節と関連構文

4 条件節の隠れた関係節構文 〜やせる薬〜

> 日本語の場合

日本語には(1)のような関係節構文がある。

(1) やせる薬

「やせる」は関係節で「薬」は主要部だと考えられるが,「やせる」と「薬」の関係はどうなっているのだろうか。(1)は「薬がやせる」という意味ではなく,「その薬を飲むとやせる」という意味である。このことから,(1)は(2)のような,条件節を関係節の内側に含んでいる構造を原型にもっていると考えられる。

(2) [関係節 [条件節 薬を飲むと] やせる] [主要部 薬]

(2)の条件節内にある,主要部と同一の名詞の「薬」を削除すると(3a)のようになる。また,条件節全体を削除すると(3b)のようになる。

(3) a. [[条件節 薬を 飲むと] やせる] 薬
   b. [[条件節 薬を 飲むと] やせる] 薬   (=(1))

(3b)が(1)の構造である。別の例を見てみよう。

(4) トイレに行けなくなるホラー映画

(4)は「そのホラー映画を観るとトイレに行けなくなる」という意味であり,条件節を含んでいる。このことから,(4)は(5a)を原型にもっていると考えられる。

(5) a. [[条件節 ホラー映画を観ると] トイレに行けなくなる] ホラー映画
   b. [[条件節 ホラー映画を観ると] トイレに行けなくなる] ホラー映画

主要部と同一の名詞を含む条件節全体を削除した(5b)が(4)の構造である。

日本語では，条件節の中にある，主要部と同一の名詞(または条件節全体)を削除して関係節構文がつくれるが，英語ではそのような関係節構文はつくれない。

英語の場合

日本語の「やせる薬(=(1))」を直訳した(6)の関係節構文を考えてみよう。

(6)　*the medicine that you will lose weight　　　　　　(cf. (1))

(6)は非文法的である。この非文法性はどこからくるのであろうか。まず，日本語の(1)で仮定された構造と同じ構造が英語の(6)に与えられると考えてみよう。

(7)　[主要部 the medicine] [関係節 that you will lose weight [条件節 if you take the medicine]]

(7)の条件節内にある，主要部と同一の名詞の the medicine を削除しても(=(8a))，同一の名詞を含む条件節全体を削除しても(=(8b))，非文法的になる。

(8) a.　*the medicine [that you will lose weight [if you take ~~the medicine~~]]
　　b.　*the medicine [that you will lose weight ~~[if you take the medicine]~~]

つまり，(6)の原型として(7)を仮定したとしても(8b)のように関係節内の条件節が削除できないため，(6)は非文法的になるのである。

次に「トイレに行けなくなるホラー映画(=(4))」を直訳した(9)を見てみよう。

(9)　*the horror movie that you cannot go to the bathroom　　(cf. (4))

(9)は非文法的であり，この非文法性は(6)の場合と同様に，関係節内の条件節が削除できない(=(10b))ことからきている。

(10) a.　*the horror movie [that you cannot go to the bathroom [if you watch ~~the horror movie~~]]
　　 b.　*the horror movie [that you cannot go to the bathroom ~~[if you watch the horror movie]~~]　　　　　　　　　　　　　　　(=(9))

5 非制限的用法 〜笑顔がステキな上戸彩〜

日本語の場合

(1)は関係節構文で，(2)のように関係節と主要部に分けることができる。

(1) 笑顔がステキな女優
(2) [関係節 笑顔がステキな][主要部 女優]

(1)の関係節の働きは，多くの女優の中で笑顔のステキな人を特定することである。このような働きをする関係節は**制限的用法**の関係節とよばれている。別の例を見てみよう。

(3) 笑顔がステキな上戸彩

(3)の関係節の働きは，上戸彩についての情報を追加することである。このような働きをする関係節は**非制限的用法**の関係節とよばれている。(1)と(3)の違いは主要部の違いだけである。「女優」は一般的な名詞(＝普通名詞)であり，女優である人たちのグループを指す。そのため「女優」だけでは誰を指すのかが特定できない。一方「上戸彩」は固有名詞でありそれだけで個人を特定できる。日本語の関係節構文における主要部と関係節の関係をまとめると(4)のようになる。

(4)

主要部	関係節	例文
普通名詞	制限的用法	(1)
固有名詞	非制限的用法	(3)

なお，固有名詞を普通名詞として使う場合には，関係節は(4)に従い制限的用法になる。たとえば「木村」が複数いる状況では，(5)のような関係節構文が可能となる。その場合関係節は複数の「木村」から1人を特定する制限的用法になる。

(5) 髪が長い木村ではなくて，髪が短い木村

日英語ともに制限的用法と非制限的用法の意味上の区別があるが，英語ではそれぞれに異なる関係詞を用いて形式上も区別している。

英語の場合

(6)は関係節構文で，(7)のように主要部と関係節に分けることができる。

(6)　the actress {who/that} has a beautiful smile　　　　(cf. (1))

(7)　[主要部 the actress] [関係節 {who/that} has a beautiful smile]

主要部の the actress は普通名詞である。日本語と同様に，普通名詞が主要部の関係節は制限的用法であり，女優の中で笑顔のステキな人を特定している。制限的用法の関係詞は主要部が人間の場合 **who** または **that** になる。別の例を見てみよう。

(8)　a.　Ueto Aya, who has a beautiful smile　　　　(cf. (3))
　　　b.　*Ueto Aya {who /that} has a beautiful smile

主要部の Ueto Aya は固有名詞である。日本語と同様に，固有名詞が主要部の関係節は非制限的用法であり，上戸彩についての情報を追加している。非制限的用法の関係詞は主要部が人間の場合 '**, who**' であり，必ずカンマ (＝休止) が必要となる。カンマのない who は非制限的用法の関係詞としては認められない。(非)制限的用法と関係詞の関係をまとめると(9)のようになる。

(9)

	制限的用法	非制限的用法
	who　(cf.(6))	,who　(cf.(8a))
	that　(cf.(6))	~~,that~~

', that' という関係詞がないため，非制限的用法には '**, who**' を使うしかない。
　なお，固有名詞を普通名詞として使う場合には，日本語と同様，関係節は制限的用法になる。この場合には(9)に従い，関係詞には who または that が使われることになる。たとえば，(5)の英訳は(10)のようになる。

(10)　The Kimura who has long hair, not the one that has short hair

第9章 関係節と関連構文

曖昧な関係節構文 〜太郎が壊した家の窓〜

日本語の場合

(1)は(2)と(3)の2通りに解釈できる曖昧表現である。

(1)　太郎が壊した家の窓
(2)　太郎が壊したのは**家**である。
(3)　太郎が壊したのは**家の窓**である。

(1)が曖昧なのは，(1)に2通りの構造が仮定できるからである。まず(1)が(2)の解釈をもつときの構造(=(4))について考えてみよう。

(4)　[関係節構文 [関係節 太郎が壊した][主要部 家]] の 窓　　　(=(2))

(4)で示されているように，「太郎が壊した家」は関係節「太郎が壊した」と主要部「家」からなる関係節構文である。この関係節構文に「の窓」が続いている。(4)では，関係節が「家」だけを限定しているので(2)のような解釈になる。
　次に，(1)が(3)の解釈をもつときの構造(=(5))について考えてみよう。

(5)　[関係節構文 [関係節 太郎が壊した][主要部 家の窓]]　　　(=(3))

(5)の構造と(4)の構造を比較してみると，主要部の中身が異なっていることに気づく。(4)の主要部が「家」であるのに対して，(5)の主要部は「家の窓」である。関係節は「家の窓」全体を限定しているので，(3)のような解釈になる。
　一般に，日本語において(6)のような構造をもつ関係節構文は曖昧な解釈を許す。

(6)　[関係節　　　　][主要部 N_1]①　の　N_2]②

(6)において，主要部に名詞₁(=N_1)だけを含んでいる(=①で主要部のカッコを閉じるので主要部が「N_1」になる)場合(=(4))と，N_2まで含んでいる(=②で主要部のカッコを閉じるので主要部が「N_1 の N_2」になる)場合(=(5))の2通りの構造が仮定できる。このため，(6)は2通りの解釈が可能になるのである。

> 「N_1 の N_2」（日本語）と「N_2 of N_1」（英語）において，どの N までを主要部に含むかによって関係節構文の構造が異なる。そのため解釈に曖昧性が生じる。

英語の場合

(7)は(8)と(9)の2通りに解釈できる曖昧表現である。

(7)　the window of the house that Taro broke　　　　　　　(cf. (1))
(8)　太郎が壊したのは**家**である。
(9)　太郎が壊したのは**家の窓**である。

(7)が曖昧なのは，(7)に2通りの構造が仮定できるからである。まず(7)が(8)の解釈をもつときの構造(=(10))について考えてみよう。

(10)　the window of [関係節構文 [主要部 the house] [関係節 that Taro broke]]

(10)で示されているように，the house that Taro broke は主要部 the house と関係節 that Taro broke からなる関係節構文である。関係節は the house だけ限定しているので，(8)のような解釈になる。

次に，(7)が(9)の解釈をもつときの構造(=(11))について考えてみよう。

(11)　[関係節構文 [主要部 the window of the house] [関係節 that Taro broke]]

(11)と(10)を比べると，主要部が異なっていることに気づく。(10)では主要部が the house であり，(11)では the window of the house である。(11)の関係節は the window of the house 全体を限定しているので，(9)のような解釈になる。

一般に，英語において(12)のような構造をもつ関係節構文は，曖昧な解釈を許す。

(12)　②[N_2 of ①[N_1 主要部] [関係節　　　　　　]]

(12)において，主要部に N_1 だけを含む(=①で主要部のカッコを閉じる)場合(=(10))と，主要部に N_2 まで含む(=②で主要部のカッコを閉じる)場合(=(11))の2通りの構造が仮定できる。そのため(12)は2通りの解釈をもつ曖昧表現になる。

7 複合関係詞 〜好きな人は誰でも〜

日本語の場合

(1)の「好きな人は誰でも」という表現は,「好きな人」と「誰でも」が助詞「は」によって分かれているものの,意味上は1つにまとまっていると考えられる。

(1)　好きな人は誰でも誘っていいよ。

さらに,(1)のように「好きな人は**誰**でも」ならよいが,「*好きな人は**何**でも」に替えると非文法的になる。これはいったいなぜだろうか。

「好きな人は誰でも」は(2)のような構造をもっている。

(2)　[関係節 好きな] [主要部 **人**]　　(は)　　**誰**　でも
　　　　　　　└─強力に結びつけるもの─┘

「好きな人」と「誰でも」が意味上1つにまとまるためには,両者を強力に結びつけるものが必要となる。その役割を演じているのが「好きな人」の「人」と「誰でも」の「誰」である。「人」を尋ねる場合には通常「誰」を使うことを考えると,「人」と「誰」には密接な関係があることがわかる。この「人」と「誰」が中心となって,「好きな人」と「誰でも」が強力に結びつけられているのである。

別の例を見てみよう。

(3)　[関係節 食べたい] [主要部 もの] (は) **何**　でも (注文していいよ)。
(4)　[関係節 話したい] [主要部 **時**] (は) **いつ**　でも (いらしてください)。

(3)は「食べたいもの」と「何でも」が意味的にまとまっている。それは「もの」と「何」の密接な関係による(「もの」を尋ねる場合には通常「何」を使う)。この「もの」と「何」が中心となって,「食べたいもの」と「何でも」が強力に結びつき意味上1つにまとまっている。同様に,(4)において「話したい時」と「いつでも」が意味的にまとまっているのは,「時」と「いつ」の密接な関係による(「時」を尋ねる場合には通常「いつ」を使う)。この「時」と「いつ」が中心となって,「話したい時」と「いつでも」が強力に結びつき意味上1つにまとまっている。

> 日本語の「好きな人は誰でも」は意味の上だけ1つにまとまっているのに対して，英語の whomever you like は意味上だけでなく形式上も1つにまとまっている。

英語の場合

では，今度は日本語の(1)に対応する英語(=(5))を考えてみよう。

(5) You may invite whomever you like.　　　　　　　　(cf. (1))

whomever you like は，日本語の(2)と同じような構造(=(6))を原型にもっている。

(6) 　[whom]ever　　[主要部 **people**]　[関係節 you like]　　　(cf. (2))
　　　└─強力に結びつけるもの─┘

people you like と whomever が意味上1つにまとまるためには，両者を強力に結びつけるものが必要となる。その役割をはたしているのが people you like の people と whomever の whom である。people を尋ねる場合には通常 who(m) を使うことから，people と whom には密接な関係があることがわかる。この people と whom が中心となって，people you like と whomever が強力に結びつけられているのである。ここまでは日本語の場合と同じである。英語ではさらに people が削除され，whomever you like 全体が意味上だけでなく**形式上も1つにまとまっていく**のである。

次に，日本語の(3)と(4)の問題となる部分に相当する英語を考えてみよう。

(7) 　what ever　　[主要部 **thing**]　[関係節 you want to eat]　　(cf. (3))
(8) 　when ever　　[主要部 **time**]　[関係節 you want to talk]　　(cf. (4))

(7)は thing you want to eat と whatever が意味上1つにまとまっているが，それは thing と what の密接な関係により(thing を尋ねる場合 what を使う)，両者が強力に結びつけられているからである。さらに thing が最終的に削除されることで形式上も1つにまとまることになる。(8)でも time you want to talk と whenever が意味上1つにまとまっているが，それは time と when の密接な関係により(time を尋ねる場合 when を使う)，両者が強力に結びつけられているからである。さらに time が最終的に削除されることで形式上も1つにまとまることになる。

8 縮約関係節 〜カナダからの手紙〜

> 日本語の場合

(1)の関係節は簡略化して(2)のようにいうことができる。

(1)　カナダから来た手紙
(2)　カナダからの手紙

(1)と(2)を比べてみると，(2)では「来た」が省略され，代わりに「の」が追加されているのがわかる。(1)の「カナダから来た」は動詞「来た」を含む文であるのに対して，(2)の「カナダから」は「名詞＋後置詞（＝助詞）」の形をしていて動詞は含まれていない。(2)のような簡略化された関係節を**縮約関係節**とよぶ。縮約関係節には次のような例もある。

(3)　京都へ行く道
(4)　京都への道

(3)と(4)を比べると，(4)では「行く」が省略され，代わりに「の」が追加されているのがわかる。(3)の「京都へ行く」は動詞「行く」を含む文なのに対して，(4)の「京都へ」は「名詞＋後置詞」の形をしていて動詞は含まれていない。
　以上のことから，縮約関係節は(5)のような形をしているといえる。

(5)　［名詞＋後置詞］― の ―名詞

(5)で特に注目したいのは，「名詞＋後置詞」と名詞をつなぐ「の」が必要だということである。つまり，「の」が介在しないと全体として1つのかたまりにはならないということである（「*カナダから手紙」や「*京都へ道」は非文法的になる）。
　「の」を介在させると，(6)のような動詞のテ形で終わる関係節も可能となる。

(6)　サラ金に追われての夜逃げ

(6)は(5)の応用形で，「名詞＋後置詞」の代わりに「動詞のテ形」がきている。

> 縮約関係節において，日本語は「名詞＋後置詞」と名詞の間に「の」が介在するが，英語は名詞と「前置詞＋名詞」の間に「の」にあたるものが介在しない。

英語の場合

では，今度は英語の縮約関係節について考えてみよう。(7)の関係節は簡略化して(8)のようにいうことができる。

(7)　the letter which came from Canada
(8)　the letter from Canada

(7)と(8)を比べてみると，(8)では which came が省略されているのがわかる。(7)の which came from Canada は動詞 came を含む文なのに対して，(8)の from Canada は「前置詞＋名詞」の形をしていて動詞は含まれていない。別の例も見てみよう。

(9)　the road which leads to Rome
(10)　the road to Rome

(9)と(10)を比べてみると，(10)では which leads が省略されているのがわかる。(9)の which leads to Rome は動詞 leads を含む文であるのに対して，(10)の to Rome は「前置詞＋名詞」の形をしていて動詞は含まれていない。

以上のことから，英語の縮約関係節は(11)のような形をしているといえる。

(11)　名詞 ― ［前置詞＋名詞］　　　　　　　　　　　　　　(cf. (5))

(11)で特に注目したいのは，英語は名詞と「前置詞＋名詞」との間に日本語の「の」にあたるものが介在しないということである。その分，英語は名詞と「前置詞＋名詞」の結びつきが日本語ほど強くはない。たとえば，(12)で the girl with the binoculars を縮約関係節と捉える読み方（＝「双眼鏡をもっている少女」）もできるが，the girl と with the binoculars を切り離した読み方（＝「John は双眼鏡で少女を見た」）もできる。つまり，(12)は曖昧文である。

(12)　John saw the girl with the binoculars.

9 強調構文 〜送ったのは昨日だ〜

日本語の場合

(1)の文を特に「昨日」を強調した表現に書き換えると(2)のようになる。

(1) 昨日太郎が東京から花子に手紙を送った。
(2) 太郎が東京から花子に手紙を送ったのは昨日だ。

(2)は(3)の構造を原型にもつ。なお「[　]のは□だ」の文型を**強調構文**とよぶ。[　]には**関係節**が，□には強調されるもの(=**焦点**)がくる。

(3) [関係節 昨日太郎が東京から花子に手紙を送った]のは 焦点 昨日だ。

強調構文では，関係節内にある焦点と同一の要素が削除される。したがって，(3)の関係節内の「昨日」が削除され，(4)のようになる。

(4) [~~昨日~~太郎が東京から花子に手紙を送った]のは 昨日 だ。

同様に，(1)を「東京から」と「花子に」を強調した表現に書き換えると，それぞれ(5)と(6)になる。

(5) [昨日太郎が~~東京から~~花子に手紙を送った]のは 東京から だ。
(6) [昨日太郎が東京から~~花子に~~手紙を送った]のは 花子に だ。

注意が必要なのは，焦点にくるのが主語と目的語の場合である。(1)を「太郎が」と「手紙を」を強調した表現に書き換えると，それぞれ(7)と(8)になる。

(7) [昨日~~太郎が~~東京から花子に手紙を送った]のは 太郎**が** だ。
(8) [昨日太郎が東京から花子に~~手紙を~~送った]のは 手紙**を** だ。

(7)と(8)で示されているように，主語と目的語が焦点の位置にくる場合には，それぞれについている格助詞の「が」と「を」を削除しなければならない。

> 日本語も英語も強調構文には関係節が含まれ，関係節内で焦点と同一の要素が削除されている。ただし，日本語では焦点に主語や目的語がくる場合に限り，付随する格助詞(それぞれ「が」と「を」)が削除されなければならない。

英語の場合

今度は英語の強調構文について考えてみよう。(9)の文を特にyesterdayを強調した表現に書き換えると(10)のようになる。

(9) Taro sent a letter to Hanako from Tokyo yesterday. (cf. (1))

(10) It is yesterday that Taro sent a letter to Hanako from Tokyo. (cf. (2))

(11) It is [焦点 yesterday] [関係節 that Taro sent a letter to Hanako from Tokyo yesterday]. (cf. (3))

(10)は(11)の構造を原型にもつ。なお「it is ▢ [ ]」の文型は英語の強調構文とよばれている。日本語の強調構文と同様に▢には焦点が，[ ]には関係節がくる。英語の強調構文でも，関係節内にある焦点と同一の要素が削除される。したがって，(11)の関係節内のyesterdayが削除され，(12)のようになる。

(12) It is [焦点 yesterday] [関係節 that Taro sent a letter to Hanako from Tokyo ~~yesterday~~]. (cf. (4))

同様に，(9)を from Tokyo, to Hanako, Taro, a letter を強調した表現に書き換えると，それぞれ(13)，(14)，(15)，(16)のようになる。

(13) It is [焦点 from Tokyo] [関係節 that Taro sent a letter to Hanako ~~from Tokyo~~ yesterday]. (cf. (5))

(14) It is [焦点 to Hanako] [関係節 that Taro sent a letter ~~to Hanako~~ from Tokyo yesterday]. (cf. (6))

(15) It is [焦点 Taro] [関係節 that ~~Taro~~ sent a letter to Hanako from Tokyo yesterday]. (cf. (7))

(16) It is [焦点 a letter] [関係節 that Taro sent ~~a letter~~ to Hanako from Tokyo yesterday]. (cf. (8))

10 関係節と同格節 〜優介が爆笑した話〜

日本語の場合

(1)は関係節構文の例であり，もともと(2)のような形をしていたと考えられる。

(1)　私が結婚した女性　　　　　　　　　　　　　　　　　[関係節構文]
(2)　[関係節構文[関係節 私が女性と結婚した][主要部 女性]]

(2)の関係節は「私が女性と結婚した」であり，関係節内にある主要部と同一の「女性と」を削除すると(3)のようになる（助詞の削除については9.2節を参照）。

(3)　[関係節構文[関係節 私が <s>女性と</s> 結婚した][主要部 女性]]　　　(=(1))

(1)に対して，(4)は同格節構文の例であり(5)の構造をしていると考えられる。

(4)　私が結婚したという噂　　　　　　　　　　　　　　　[同格節構文]
(5)　[同格節構文[同格節 私が結婚した]という[主要部 噂]]　　　(=(4))

(3)と(5)を比べるとわかるように，関係節内には名詞の「痕跡」が残っているが，同格節内にはそのような痕跡はない。この他にも，節と主要部の間に「という」が入りうるかどうかという違いが見られる。つまり，関係節では「*私が結婚したという女性」のように節と主要部の間に「という」が入らないが，同格節は(4)のように「という」が入る。

では，次の(6)は関係節構文と同格節構文のどちらだろうか。

(6)　優介が爆笑した話

実は，(6)は曖昧で関係節構文と同格節構文のどちらにもとれる。まず，「優介が <s>話に</s> 爆笑した」のように節の中に「話に」の痕跡を想定する場合には，関係節構造をもつことになり，「優介が爆笑した」のがどの「話」かを特定する解釈になる。また，節の中に「話に」の痕跡を想定しない場合には，同格節構造をもつことになり，「優介が爆笑した」ことが「話」の内容となる解釈になる。

> 日本語も英語も関係節と同格節は形式的に類似しているが，節の中に痕跡を想定できるかどうかや，「という」／that が義務的かどうかに違いが見られる。

英語の場合

(7)は関係節構文の例であり，もともと(8)のような形をしていたと考えられる。

 (7) the man that Mary kissed   [関係節構文]
 (8) [関係節構文 [主要部 the man] [関係節 that Mary kissed the man]]

(8)の関係節内にある主要部と同一の the man を削除すると(9)のようになる。

 (9) [関係節構文 [主要部 the man] [関係節 that Mary kissed ~~the man~~]] (=(7))

(7)に対して(10)は同格節構文の例であり，(11)の構造をしていると考えられる。

 (10) the rumor that Mary kissed the man   [同格節構文]
 (11) [同格節構文 [主要部 the rumor] [同格節 that Mary kissed the man]] (=(10))

(9)と(11)からわかるように，関係節内には主要部 the man の「痕跡」が残っているが，同格節内には the rumor の痕跡はない。また，同格節では that が義務的で削除すると非文法的になる(*the rumor ~~that~~ Mary kissed the man)が，関係節では that の省略が許される(the man ~~that~~ Mary kissed)という違いもある。
　では，次の(12)の [ ] の部分は関係節構文と同格節構文のどちらだろうか。

 (12) They rejected [the idea that we had advanced].

実は，(12)は曖昧で関係節構文と同格節構文のどちらにもとれる。まず，the idea that we had advanced ~~the idea~~ のように従属節の中に the idea の痕跡を想定する場合は関係節構造をもつことになり，we had advanced が the idea を特定する解釈になる。また，従属節の中に the idea の痕跡を想定しない場合は同格節構造をもつことになり，we had advanced が the idea の内容となる解釈になる。

第 9 章 関係節と関連構文

おすすめの本と論文

※論文の掲載ページなど詳細は巻末の参考文献を参照のこと。

■ Bresnan, Joan, & Grimshaw, Jane. The syntax of free relatives in English. *Linguistic Inquiry, 9*, 1978.

I'll buy whatever you want to sell にある whatever は自由関係詞(free relative)とよばれている。自由関係詞は，それ自身の品詞と自由関係詞を含んだ節(自由関係節)の品詞が「一致(match)」するという興味深い特徴を示す。この例の場合は自由関係詞(whatever)と自由関係節(whatever you want to sell)はどちらも名詞の性質を表す。また，John will be however tall his father was では however tall と however tall his father was がともに形容詞の性質を表すのに対して，I'll word my letter however you word yours では however と however you word yours ともに副詞の性質を表す。著者はこれらの「一致効果(matching effect)」を統語構造に基づいてきれいに説明している。

■ Harada, Shinichi. Remarks on relativization. *Annual Bulletin, 8*, Research Institute of Logopedics and Phoniatrics. University of Tokyo, 1974.(福井直樹(編)2000.『シンタクスと意味』(大修館書店)に再録)

本論文は原田による関係節構文の研究である。同じ著者の Counter Equi NP Deletion (福井(編)に再録)と合わせて読むことをお勧めする。どちらも 40 年以上前に書かれた論文であるが，現代においてもそれらの論文がもつ理論的意義は非常に大きい。このことは，黒田成幸による「解題 2：逆行同一名詞句削除および関係節化」(福井(編)に所収)にまとめられている。原田の研究によって関係節構文の何がどこまで解明され，現在に至るまでどの部分がまだ解明されていないのかを考えつつ，これからの研究を進めるべきであろう。

■ 長谷川欣佑『言語理論の経験的基盤』開拓社 2014 年

たとえば，John read every book that Mary did. という例を考えてみよう。この例では，did の後ろに動詞句(read every book that Mary did)が削除されていて，その削除された動詞句内にある did の後ろにも動詞句(read every book that Mary did)が削除されていて，以下このことが永遠に繰り返される。このような「繰り返し」現象をどう説明すべきかが現代の理論言語学の 1 つの「難問」とされている。本書で，筆者はそもそもそのような難問など存在しないと反論する。つまり，先行研究がこの現象に対して動詞句削除という分析を採ったのが間違いの元であって，他の分析を採れば難問とはならないと主張する。本書は最近の「主流派」の言語学に異を唱えているが，主流派の分析を正しく理解し，それに対して実に見事な代案を提出している。本書は上級者向けの本であるが，理論言語学における議論の醍醐味を味わうには最適の本である。

■ 井口厚夫「『サラ金に追われての夜逃げ』型の連体構造」『ソフトウエア文書のための日本語処理の研究 11 −計算機用 lexicon のために (3)』情報処理振興事業協会 1992 年
　まず，タイトルにあげられている例文が強烈である。この例文の状況も気になるが，どういった構造をしているのかのほうがもっと気になる。本論文ではこの他にも同型の興味深い例文がたくさん載っている。これらの文はいったいどのような構造をしているのだろうか。また，このような文が許される条件とはいったいどのようなものだろうか。本論文を読みながら著者と一緒に考えてみよう。

■ Kamio, Akio. Restrictive and non-restrictive relative clauses in Japanese. *Descriptive and Applied Linguistics, 10*, 1977.
　英文法で関係節の制限的用法と非制限的用法が出てきたときに戸惑った人はいないだろうか。英語の先生はみな「日本語ではこれらの区別がないから注意してください」という。本当だろうか。たしかに日本語の関係節は見かけ上(あるいは発音上)違いはない。しかし，実は，目に見えない統語構造の上でははっきりとした違いがある。このことをはじめて明確に指摘した論文が本論文なのである。学術論文ではあるが，初歩の生成文法の知識があれば誰にでも読める。普段意識したことのない母語の関係節構造を，本論文を読むことではっきりと感じとることができるだろう。

■ 久野暲「関係節と主題」『日本文法研究』大修館書店 1973 年
　著者は日本語の関係節化(relativization)と話題化(topicalization)との間には密接な相関関係があると主張する。より具体的にいうと，関係節化される主要部と話題化されるトピックでは統語的な性質が類似しているという。一見関係のないような 2 つの構文が関係づけられていて非常に興味深い。久野の仮説に対して Muraki (1974) *Presupposition and Thematization* による重要な反論があるが，本田他(1996)「日本語の関係節構造」(日本言語学会第 112 回大会予稿集 pp.29-34)では久野の仮説に基づいて反対称統語論 (Antisymmetry of Syntax)による分析が提出されている。関係節化と話題化の類似点や相違点はどのように説明されるべきなのか，これからの研究が待たれる。

■ Kuroda, Shigeyuki. Pivot-Independent relativization in Japanese, *Japanese syntax and semantics*. Kluwer Academic Publishers, 1992.
　「リンゴが皿の上にあったのを取って食べた」において，「リンゴが皿の上にあったの」は通常の関係節(皿の上にあったリンゴ)とは形が異なっている。このような関係節を主要部削除型関係節とよぶ。本論文は，生成文法理論に基づいて当該構文をはじめて体系的に検証した論文である。本論文以降，さまざまな統語分析がなされているが，実はいまだに決着がついていない。当該構文は国語学の分野でも古くから議論がなされている。その中でもとりわけ，石垣謙二(1955)『助詞の歴史的研究』(岩波書店)や近藤泰弘(1981)「中古語の準体構造について」(『国語と国文学』)が注目に値する。これら

の本や論文をあわせて読むと，主要部削除型関係節の理解がより増すと思われる。

■ 三宅知宏「複合名詞句の統語構造」『日本語研究のインターフェイス』くろしお出版 2011 年

　本論文は Kamio（1977）とは異なる証拠に基づいて，日本語の関係節の制限的用法と非制限的用法の違いを明らかにした論文である。「あなたは［誰が書いた本］を読みましたか」のような制限的用法では wh 要素（「誰」）を関係節内に含むことができるが，非制限的用法では「*あなたは［誰が書いたその本］を読みましたか」のように wh 要素を関係節内に含むことはできない。この現象の他に，制限的用法と非制限的用法では否定対極表現や時制において顕著な違いが見られることも指摘されている。これらの事実に基づいて著者は，制限的および非制限的関係節の統語構造を提案しているが，興味深いことに，それらは Kamio の提案する構造とほぼ同じになっている。本論文と Kamio をあわせて読むことによって日本語の関係節の理解が深まるだろう。

■ Peranteau, Paul, Levi, Judith, & Phares, Gloria (Eds.). *The Chicago which hunt: Papers from the relative clause festival*. Chicago Linguistic Society, 1972.

　本書は関係節を特集した論文集である。出版年は 1972 年であり，現代のようなインターネットがなく，各国語の関係節のデータを集めることすら大変な時代である。そんな時代背景の中，本論文集の目次のタイトルにある言語を数えるだけでも 20 以上の言語がある。圧巻である。各論文では関係節の例文だけでなく，興味深い分析も試みられている。「古い」論文集ではあるが，掲載されている言語データおよびそれらの分析は，現代的観点から見ても決して古いとはいえない。関係節の比較統語論的研究を志す人は，この論文集から読んでみるとよいだろう。

■ 寺村秀夫『寺村秀夫論文集 I』くろしお出版 1992 年

　「さんまを焼く男」と「さんまを焼くにおい」，英語に直訳できないのはどちらだろうか。本書は，前者のタイプの関係節（＝連体修飾節）を「内の関係」の関係節とよび，後者のタイプの関係節を「外の関係」の関係節とよび区別した。「内の関係」の「さんまを焼く男」では「男がさんまを焼く」という解釈ができるが，「外の関係」の「さんまを焼くにおい」では「においがさんまを焼く」という解釈はできない。「外の関係」の関係節は日本語には一般に見られるが，英語には見られない。このような，日本語にはあるが英語にはない現象を観察することによって，隠されていた英文法の特徴が浮かび上がってくるのである。

日英語構文のミスマッチ

1　存在と出現　〜このビルの2階には高齢者が働いている〜
2　存在と所有　〜誠也はタバコを手に街を歩いた〜
3　数量詞の位置と種類　〜学生が部屋に3人入ってきた〜
4　擬似目的語　〜遥菜はきれいな目をしている〜
5　「純粋な」二重目的語　〜航太は友香の成功を羨んだ〜
6　能動文と受動文の中間の文　〜窓が開けてある〜
7　極性表現　〜リンゴなんか食べない〜
8　全文否定と部分否定　〜桃子のように英語ができない〜
9　全体解釈と部分解釈　〜ゴミ箱がいっぱいだ〜
10　順次解釈と同時解釈　〜酒を飲んで運転した〜

第 10 章　日英語構文のミスマッチ

1 存在と出現 〜このビルの2階には高齢者が働いている〜

:::日本語の場合:::

　日本語では，動作が起こる場所は「で」で示され，「に」は使われない。

　　(1)　このビルの2階 {で／*に} は高齢者が働く。

(1)にあるように，「働く」という動作が起こる場所は「2階で」であって「2階に」ではない。しかし，(1)の「働く」を「働いている」にすると「2階に」が可能になる。

　　(2)　このビルの2階には高齢者が働いている。

このように，「働く」に「いる」がつくことで，存在する場所を示す「に」が可能になる(cf. 部屋にいる)。
　同様の現象が出現を表す場合にも見られる。次の例を見てみよう。

　　(3)　体育館 {で／*に} は子供たちが走った。

(3)にあるように，「走る」という動作が起こる場所は「体育館で」であって「体育館に」ではない。しかし，(3)の「走った」を「走ってきた」にすると「体育館に」が可能になる。

　　(4)　体育館には子供たちが走ってきた。

このように，「走る」に「くる(きた)」がつくことで，到着した場所を示す「に」が可能になる(cf. 部屋にくる)。なお，出現を表す「くる」は主に「走る」や「歩く」のような運動を表す動詞とともに使われる。
　以上のことをまとめると，**動作を表す動詞に「いる」がつくと存在を表し，「くる」がつくと出現を表す**。このように，日本語では「いる」や「くる」を動詞につけることで，動詞の意味を変化させていることがわかる。

> 日本語では動詞が「いる」と「くる」をともなうと存在や出現の意味を表すが，英語では動詞が倒置文で使われると存在や出現の意味を表す。

英語の場合

英語では，動作を表す動詞が場所を表す前置詞句と使われた場合，**動作を表す解釈**と**存在を表す解釈**の2つがある。

(5) Two young women *worked on the second floor.*
  (i) 2階で働いた。　　　　　　　　　　　［動作を表す解釈］
  (ii) 働きながら2階にいた。　　　　　　　［存在を表す解釈］

このことは，(5)を否定文にするとより明らかになる。

(6) Two young women did not *work on the second floor.*

(6)は not が work にかかると(5i)の動作を表す解釈の否定になるため，「働いていなかった」という意味になる。一方，not が on the second floor にかかると(5ii)の存在を表す解釈の否定になるため，「（働いてはいたが）2階にはいなかった」という意味になる。しかし，(5)を倒置文にした(7)には存在を表す解釈しかない。

(7) On the second floor *worked* two young women.

このように，**倒置文にすると動作を表す動詞が存在の意味を表すようになる**。
　同様の現象が運動を表す動詞の場合にも見られる。次の例を見てみよう。

(8) a. John ran {into/in} the room.
  b. {Into/*In} the room ran John.

(8a)にあるように，run は into the room をともない出現の意味を表すことも，in the room をともない動作の意味を表すこともできる。しかし，(8a)を倒置文にした(8b)では，into the room をともなう出現の解釈しか許されない。このように，**倒置文にすると運動を表す動詞が出現の意味を表すようになる**。

第10章 日英語構文のミスマッチ

2 存在と所有 〜誠也はタバコを手に街を歩いた〜

> 日本語の場合

日本語では，背景となる状況を表す際に「XをYに」という句(「**XをYに**」句)が使われる。

 (1) [そのコンサートを最後に] 彼女は引退した。

(1)のカッコの部分が「XをYに」句であるが，主節の「彼女は引退した」という出来事に対する背景的な状況を表している。(1)の「XをYに」句を独立した文にすると(2)になる。

 (2) そのコンサートが最後である。

(2)にあるように，(1)の「XをYに」句は解釈上，存在を表す「ある」が補充される。
 しかし，「XをYに」句は常に解釈上，存在を表す「ある」が補充されるわけではない。次の例を見てみよう。

 (3) 誠也は [タバコを手に] 街を歩いた。

(3)の「XをYに」句を独立した文にすると(4)になる。

 (4) 誠也がタバコを手にもっている。

(4)にあるように，(3)の「XをYに」句は解釈上，主節の主語と所有を表す「もつ」が補充される。以上のことから，**存在を表す「XをYに」句と所有を表す「XをYに」句があることがわかる**。

 (5) a. [そのコンサートを最後に (**ある**)] [存在を表す「XをYに」句]
   b. [(誠也が) タバコを手に (**もつ**)] [所有を表す「XをYに」句]

> 日本語では「XをYに」句が存在と所有の2つのタイプをもち，英語ではwith句が存在と所有の2つのタイプをもつ．

英語の場合

英語では，背景となる状況を表す際に **with** 句が使われる．

(6) a.　I sat at work *with the window open*.
　　b.　He was walking *with a stick in his hand*.

(6a)と(6b)のwith句を独立した文にすると，それぞれ(7a)と(7b)になる．

(7) a.　The window **IS** open.　　　　　　　((6a)のwith句の意味)
　　b.　He **HAS** a stick in his hand.　　　　((6b)のwith句の意味)

(7a)にあるように，解釈上，(6a)のwith句は存在を表すbe動詞(is)が補充される．一方，(7b)にあるように，解釈上，(6b)のwith句は主節の主語と所有を表すhaveが補充される．このように，**存在を表すwith句と所有を表すwith句がある**ことがわかる．

(8) a.　[with [the window (**IS**) open]]　　　　[存在を表すwith句]
　　b.　[with [(**he HAS**) a stick in his hand]]　　[所有を表すwith句]

さらに，with句は原因や理由を表すこともあるが，この場合も，with句は存在と所有の2つの意味を表す．

(9) a.　<u>With the bus drivers on strike</u>, we'll have to ride our bicycles.
　　　　(=Because the bus drivers **ARE** on strike,)
　　b.　<u>With a girl in every port</u>, Harry feels contented.
　　　　(=Because Harry **HAS** a girl in every port,)

以上のことから，(6)や(9)のように主節の出来事に補足説明を加えるwith句には，存在と所有の2つのタイプがあることになる．

3 数量詞の位置と種類 〜学生が部屋に3人入ってきた〜

日本語の場合

日本語では，数量を表す数量詞が名詞につく場合，「の」が必要となる。

(1) ｜全員／3人｜の学生が部屋に入ってきた。
    (cf. *｜全員／3人｜学生が部屋に入ってきた。)

(1)の数量詞は，「学生」から遊離することもできる。

(2) 学生が部屋に｜全員／3人｜入ってきた。

(2)では，数量詞の「全員」や「3人」が「学生」から離れて「部屋に」の後ろに現れているが，「｜全員／3人｜の学生」という(1)の解釈が依然として成り立つ。
しかし，数量詞の位置によって解釈の違いが出てくる。

(3) a. 200ページの本を昨日読んだ。
    b. 本を昨日200ページ読んだ。

(3a)のように数量詞の「200ページ」が「の」をともなって名詞を修飾している場合は，本の総ページ数が200ページであるという意味になる。一方，(3b)のように「200ページ」が「本」から遊離している場合は，「200ページ」は読んだページ数を表し，本自体の総ページ数は200ページ以上あることを意味する。
さらに，複数の人数が全員で同じ行為をする場合，数量詞は遊離できない。

(4) a. 今朝も学生がこの雑誌を5人買っていった。
    b. *今朝も学生がこの雑誌を5人読み合っていた。
      (cf. 今朝も**5人の**学生がこの雑誌を読み合っていた。)

(4a)のように学生が5人<u>別々</u>に雑誌を買っていった場合は，数量詞の「5人」は「学生」から遊離できる。しかし，(4b)の「読み合う」のように，5人の学生がいっしょに行う行為の場合は，数量詞の遊離は許されない。

> 日本語では数量詞の位置が重要で，数量詞の位置の違いによって文の解釈が異なる。一方，英語では数量詞の種類が重要で，全称数量詞と存在数量詞とでは使われ方が異なる。

英語の場合

英語では，数量を表す数量詞を名詞に直接つけることができる。

(5)　{All/Three} students have come into my office.　　　　(cf. (1))

しかし，all や both のように数量全体を示す**全称数量詞**と many や three のようにどれだけの数量が存在するのかを示す**存在数量詞**とでは使われ方が異なる。

(6) a.　{All/Both} the students have come into my office.
　　b.　{Many/Three} **of** the students have come into my office.

(6a)の全称数量詞の all や both は the students に直接つけることができるが，(6b)の存在数量詞の many や three は the students につける場合，of が必要となる。さらに，of を必要としない(6a)の全称数量詞だけが遊離が可能である。

(7) a.　The students have {all/both} come into my office.
　　b.　*The students have {many/three} come into my office.

(7a)にあるように，全称数量詞の all や both は the students から離れて have の後ろにくることができるが，(7b)にあるように，存在数量詞の many や three は the students から離れることができない。その他にも，there 構文の後置主語の修飾語として全称数量詞は許されないが，存在数量詞は許されるといった違いもある(例：There are {*all/*both/many/three} students in the room.)。このように，**英語では全称数量詞と存在数量詞の区別が重要となる**。

なお，(6b)の of 挿入は，一見，(1)の日本語の「の」挿入と同じ現象のように思えるが，両者は意味が異なる。たとえば，「3人の学生」の場合は学生の総数が3人である((3a)も参照)が，three of the students の場合は学生が3人以上いて，その中の3人という意味になる。

4 擬似目的語 〜遥菜はきれいな目をしている〜

> 日本語の場合

日本語では，身体の一部を表す名詞が「している」の目的語として現れることがある。

(1) 遥菜はきれいな目をしている。

(1)は主語の身体的特徴を表すため**身体属性文**とよばれるが，**身体属性文の目的語は必ず修飾語を必要とする**。次の対比を見てみよう。

(2) a. *遥菜は目をしている。　　　　　　　　　　　　(cf. (1))
　　b. 優花はダンスをしている。　(cf. 優花は激しいダンスをしている。)

(2a)にあるように，身体属性文の場合，目的語の「目」に修飾語がないと文として成り立たない。これに対して，(2b)の通常の他動詞文の場合は，目的語の「ダンス」に修飾語がなくても文として成り立つ。

また，**身体属性文を否定文にした場合，目的語の存在自体を否定する解釈は出ない**。

(3) a. 遥菜は<u>きれいな目をしていない</u>が，きれいな鼻をしている。
　　b. 慎也は<u>大きな車をもっていない</u>が，大きなバイクをもっている。

(3a)の下線部は，「目がない」ことではなく「目がきれいではない」ということを意味している。つまり，(3a)の身体属性文の否定文では，「ない」は目的語の「目」ではなく修飾語の「きれいな」を否定している。これに対して，(3b)の下線部は「車をもっていない」という解釈が可能である。つまり，(3b)の通常の他動詞文の否定文では，「ない」は目的語の「車」の存在自体を否定することができる。

以上のことをまとめると，(1)のような身体属性文は，(i)目的語が必ず修飾語を必要とし，(ii)否定文において「ない」が目的語の存在自体を否定することができない，という性質をもつ。通常の他動詞文の目的語はこのような性質をもたないことから，**身体属性文の目的語は擬似目的語である**といえる。

> 日本語の身体属性文の目的語と英語の同族目的語は，通常の他動詞文の目的語とは異なる擬似目的語である。

英語の場合

英語では，動詞が同形の名詞を目的語にとることがある。

(4)　She smiled a charming smile.

(4)では，動詞の smile が同形の名詞の smile を目的語にとっている。このような目的語は**同族目的語**とよばれるが，通常の他動詞文の目的語とは異なり，**同族目的語は必ず修飾語を必要とする**。

(5)　*She smiled a smile.　　　　　　(cf. She bought a book.)

(5)にあるように，同族目的語の smile に修飾語がないと文として成り立たない。また，**否定文にした場合，同族目的語の存在自体を否定する解釈は出ない**。

(6) a.　She did not smile a charming smile.
　　b.　She did not buy an expensive book.

(6a)は，「笑わなかった」ことではなく「笑い方が魅力的でなかった」ということを意味している。つまり，not は同族目的語の smile ではなく修飾語の charming を否定している。これに対して，(6b)は「本を買わなかった」という解釈が可能である。つまり，通常の他動詞文の場合は，not が目的語の book の存在自体を否定することができる。

さらに，通常の他動詞文の目的語とは異なり，**同族目的語は代名詞の it で受けることができない**。

(7)　She smiled *a charming smile*. *She smiled *it* to make people happy.
　　(cf. She bought *an expensive book*. I want to read *it*.)

このように，通常の他動詞文の目的語とは性質が異なる**同族目的語は擬似目的語である**といえる。

5 「純粋な」二重目的語 〜航太は友香の成功を羨んだ〜

> 日本語の場合

　日本語では，通常，目的語は「を」で表される(例：本を読む)。しかし，動詞が2つの目的語(以下，**二重目的語**)をとる場合，両者が「を」で表されることは許されない。次の使役文の例を見てみよう。

(1) a. *美来は晃を本を読ませた。
　　b. 　美来は晃に本を読ませた。

通常，使役文では動作をさせられる人に対して「を」が使われる(例：希美は安奈を走らせた)。しかし，(1a)のように「晃を本を読ませた」とはいえず，(1b)のように「晃に本を読ませた」にしなければならない。つまり，**日本語では二重目的語がともに「を」で表されることは許されない**。

　さらに，次の例を見てみよう。

(2) a. 　航太は友香を羨んだ。
　　b. 　航太は(彼女の)成功を羨んだ。
　　c. *航太は友香を(彼女の)成功を羨んだ。

(2a, b)にあるように，「羨む」は目的語に人(「友香を」)をとることも出来事(「(彼女の)成功を」)をとることもできる。しかし，(2a, b)を組み合わせた(2c)は二重目的語がともに「を」で表されるため許されない。ただし，次の(3)の下線部のように，「を」で表される名詞句が副詞を表す場合がある。

(3) 　優は急な坂を自転車を押した。

(3)は「坂を押した」という意味にはならないことからも明らかなように，下線部の「坂を」は「押す」の目的語ではなく，経路を表す副詞である。よって，(3)は二重目的語ではない。

　このように，**日本語には「を」で表される目的語を2つとる「純粋な」二重目的語はない**。

> 日本語には純粋な二重目的語はないが，英語には純粋な二重目的語がある。

英語の場合

　英語には，2つのタイプの二重目的語がある。1つ目は **make** タイプの二重目的語で，この場合，前置詞の目的語が動詞の目的語になる。

(4) a.　John made a model plane for his son.
　　b.　John made his son a model plane.

(4a)では前置詞 for の目的語である his son が(4b)では make の目的語になっている。しかし，(4b)の his son は make の純粋な目的語とはいえない。次の対比を見てみよう。

(5) a.　John made a model plane.
　　b.　*John made his son.

(5)の対比にあるように，(4b)の2つの目的語のうち，a model plane は単独で make の目的語になれるが，his son は単独では make の目的語になれない。よって，**make** タイプは純粋な二重目的語ではないことがわかる。
　次に，2つ目の **envy** タイプの二重目的語を見てみよう。

(6) a.　John envied Mary for her success.
　　b.　John envied Mary her success.

(6)にあるように，前置詞 for が使われる(6a)も二重目的語をとる(6b)も，ともに envy の目的語は Mary である(cf. (4))。さらに，(6b)の二重目的語の Mary と her success はともに単独で envy の目的語になれる(cf. (5))。

(7) a.　John envied Mary.
　　b.　John envied her success.

このことから，**envy** タイプは純粋な二重目的語であることがわかる。

第10章 日英語構文のミスマッチ

6　能動文と受動文の中間の文 〜窓が開けてある〜

> 日本語の場合

　日本語には，他動詞に「てある」がつく文(以下，**「てある」文**)がある。この「てある」文では，受動文のように動詞に「られ」がつくことなく，他動詞の目的語が主語として現れる。

（1）a.　窓が開けてある。　　　　　　　　　(cf. 窓を開ける。)［「てある」文］
　　 b.　窓が開けられた。　　　　　　　　　　　　　　　　　　［受動文］

(1a)の「てある」文では，(1b)の受動文のように受動形の「開けられ(る)」が使われることなく，他動詞「開ける」の目的語の「窓」が主語になっている。
　さらに，「てある」文は，受動文とは異なり，動詞が表す動作を行う人を「〜によって」という句を使って表すことができない。

（2）a.　＊窓が尚子によって開けてある。　　　　　　　　　　　［「てある」文］
　　 b.　窓が尚子によって開けられた。　　　　　　　　　　　　［受動文］

上の対比にあるように，(2a)の「てある」文は，(2b)の受動文とは異なり，「尚子によって」という句を使って窓を開ける人を表すことができない。しかし，「てある」文では，動作を行う人の存在が意味的には含意される。

（3）　この肉はナイフで切ってある。

(3)にあるように，「てある」文には「ナイフで」のような道具を表す表現が現れることができる。道具は必ず使う人を必要とするため，「てある」文では，動作を行う人の存在が意味的には含意されていることになる。
　このように，「てある」文は能動文と同じく動詞に「られ」がつかないが，受動文と同じく他動詞の目的語が主語になっている。さらに，「てある」文は能動文とも受動文とも異なり，動作を行う人を文中に表すことができない(能動文では，通常，動作を行う人は主語になる(例：尚子が窓を開ける))。以上のことから，「てある」文は能動文と受動文の中間的な特徴をもつ文であるといえる。

> 日本語の「てある」文と英語の中間構文は，能動文と受動文の中間的な特徴をもつ文である。

英語の場合

英語には，動詞が受動形になることなく，他動詞の目的語が主語として現れる**中間構文**とよばれる文がある。

(4) a. This book sells well.　　　(cf. Mary sells this book.)［中間構文］
　　b. This book *was sold*.　　　　　　　　　　　　　　　　［受動文］

(4a)の中間構文では，(4b)の受動文のように受動形の was sold が使われることなく，他動詞 sell の目的語の This book が主語になっている。

さらに，中間構文は動詞が表す動作を行う人を by 句で表すことができない。

(5) a. *This book sells well by Mary.　　　　　　　　　　　［中間構文］
　　b. This book *was sold* by Mary.　　　　　　　　　　　　［受動文］

上の対比にあるように，(5a)の中間構文では，(5b)の受動文とは異なり，by Mary という句を使って本を売る人を表すことができない。しかし，中間構文では，動作を行う人の存在が意味的には含意される。

(6)　This meat cuts easily with a knife.

(6)にあるように，中間構文には with a knife のような道具を表す表現が現れることができる。道具は必ず使う人を必要とするため，中間構文では，動作を行う人の存在が意味的には含意されていることになる。

以上のことから，能動文と受動文と中間構文の関係は次のようにまとめられる。

(7)

	能動文	中間構文	受動文
「be + 過去分詞」が使われる	×	×	○
目的語が主語になる	×	○	○
動作を行う人を表せる	○	×	○

このように，英語の中間構文は能動文と受動文の中間的な特徴をもつ。

第 10 章　日英語構文のミスマッチ

7 極性表現 〜リンゴなんか食べない〜

> 日本語の場合

　日本語では，低評価を表す表現として「なんか」と「くらい」がある。通常，「なんか」は否定文で使われ，「くらい」は肯定文で使われる。

(1) a.　太郎はリンゴ**なんか**食べない。　　　　　　　　　　[否定文]
　　b.　太郎はリンゴ**くらい**食べる。　　　　　　　　　　　[肯定文]

そのため，否定的な意味を表す環境では「なんか」が使われる。

(2) a.　太郎はためらい{**なんか**／*くらい} <u>なし</u>に答えた。
　　b.　太郎はリンゴ{**なんか**／*くらい} <u>嫌い</u>だ。

(2a)の「なし(＝ない)」や(2b)の「嫌い」のように否定的な意味を表す表現が使われている場合は，「なんか」のみ可能である。
　この両者の違いは，条件節での使われ方にもよく表れている。

(3) a.　アメ{**なんか**／*くらい} 食べたら，虫歯になるよ。
　　b.　おかゆ{*なんか／**くらい**} 食べられたら，体調も良くなるのに。

(3a)のように，「アメを<u>食べてほしくない</u>」という否定の期待がある場合は，「くらい」ではなく「なんか」が使われる。一方，(3b)のように，「おかゆを<u>食べてほしい</u>」という肯定の期待がある場合は，「なんか」ではなく「くらい」が使われる。さらに，このようなニュアンスの違いは疑問文にも見られる。

(4) a.　手紙**なんか**来てますか？
　　b.　手紙**くらい**来てますか？

(4a)のように「なんか」が使われると，「手紙が来ていない」という否定の答えも想定された通常の疑問文になるが，(4b)のように「くらい」が使われると，「手紙が来ているはずだ」という肯定の答えが期待されている疑問文になる。

> 日本語では低評価を表す「なんか」と「くらい」が極性(肯定・否定)と関係しているが，英語では数量詞の any と some が極性と関係している。

英語の場合

英語では，通常，数量詞の **any** は否定文で使われ，**some** は肯定文で使われる。

(5) a.　John does not eat **any** apples.　　　　　　　　　［否定文］
　　b.　John eats **some** apples.　　　　　　　　　　　　［肯定文］

そのため，否定的な意味を表す環境では any が使われる。

(6) a.　John answered <u>without</u> {**any**/*****some**} hesitation.
　　b.　John <u>disliked</u> {**any**thing/*****some**thing} cold.

(6a)の without や(6b)の dislike のように否定的な意味を表す表現が使われている場合は，any のみ可能である。
　この両者の違いは，条件節での使われ方にもよく表れている。

(7) a.　If you eat {**any**/*****some**} candy, I'll beat you.
　　b.　If you eat {*****any**/**some**} spinach, I'll give you $10.

(7a)のように，「アメを<u>食べてほしくない</u>」という否定の期待がある場合は，some ではなく any が使われる。一方，(7b)のように，「ほうれん草を<u>食べてほしい</u>」という肯定の期待がある場合は，any ではなく some が使われる。さらに，このようなニュアンスの違いは疑問文にも見られる。

(8) a.　Are there **any** letters for me?
　　b.　Are there **some** letters for me?

(8a)のように any が使われると，「手紙が来ていない」という否定の答えも想定された通常の疑問文になるが，(8b)のように some が使われると，「手紙が来ているはずだ」という肯定の答えが期待されている疑問文になる。

8 全文否定と部分否定 〜桃子のように英語ができない〜

> 日本語の場合

(1)の文は(i)と(ii)の2通りの解釈が可能である。

(1)　良宏は<u>桃子のように</u>英語ができない。
　　(i)　良宏は**桃子と同じく**英語ができない。
　　(ii)　良宏は**桃子ほど**英語ができない。

まず，(i)の解釈の場合，(1)の下線部の「桃子のように」にも否定の「ない」が含まれる。よって，(1)は(2)のように表すことができる。

(2)　良宏は[**英語ができない**桃子のように]英語ができない。　　(=(i))

(2)にあるように，(i)の解釈は，否定の「ない」が「桃子のように」も含む**文全体にかかる全文否定**となっている。
　一方，(ii)の解釈の場合，(1)の下線部の「桃子のように」には否定の「ない」が含まれない。よって，(1)は(3)のように表すことができる。

(3)　良宏は[**英語ができる**桃子のように]英語ができない。　　(=(ii))

(3)にあるように，(ii)の解釈は，否定の「ない」が「桃子のように」を含まない**部分的なかかり方をする部分否定**となっている。
　おもしろいことに，(4)のように，「桃子のように**は**」とすると(ii)の部分否定の解釈しか出ない。

(4)　良宏は<u>桃子のように**は**</u>英語ができない。

このことは，「は」がついて話題としてピックアップされると，否定の「ない」が「桃子のように」にかからなくなることを示している。
　このように，否定の「ない」が「桃子のように」のような副詞表現にかかる場合は全文否定の解釈になり，かからない場合は部分否定の解釈になる。

> 日本語において，否定の「ない」がどこまでかかるかで全文否定か部分否定かが決まるように，英語においても，否定の no がどこまでかかるかで全文否定か部分否定かが決まる。

英語の場合

(5)の文は(i)と(ii)の2通りの解釈が可能である。

(5) He showed me no small kindness.
 (i) 彼は私に**大変親切**にしてくれた。
 (ii) 彼は私にまったく**親切**にしてくれなかった。

まず，(i)の解釈の場合，下線部にある no は small kindness にのみ部分的にかかり「小さくない親切」という意味を表す。よって，「小さくない親切を示した → 大変親切にしてくれた」という解釈になる。通常，(5)は(i)の部分否定の解釈で使われる。

一方，(ii)の解釈の場合，下線部にある no が文全体にかかる全文否定となっている。よって，「どんな小さな親切も示さなかった → まったく親切にしてくれなかった」という解釈になる。この場合，(5)は(6)のように書き換えられる。

(6) He did **not show** me **any** small kindness.   (=(ii))

nothing が使われる場合も，部分否定と全文否定で解釈が違ってくる。

(7) I like nothing better than your swimsuit.

通常，(7)は全文否定の解釈を表し，「君の水着より好きなものはない → 君の水着は最高だ」という意味になる。この場合，(7)は(8)のように書き換えられる。

(8) I do **not like anything** better than your swimsuit.

しかし，(7)を部分否定で解釈した場合，nothing は「何もない状態 → 裸」という意味になるため，「水着を身に着けているより裸の方が好き」という意味になる。

第10章 日英語構文のミスマッチ

9 全体解釈と部分解釈 〜ゴミ箱がいっぱいだ〜

> 日本語の場合

(1)の文は(i)と(ii)の2通りの解釈が可能である。

 (1) ゴミ箱がいっぱいだ。
  (i) ゴミ箱にゴミがあふれている。
  (ii) ゴミ箱がたくさんある。

まず，(i)の解釈では，「ゴミ箱」はゴミを捨てる場所として捉えられている。よって，この場合，(1)は(2)のように書き換えられる。

 (2) <u>ゴミ箱が</u> <u>ゴミで</u> いっぱいだ。
  《場所が》《物で》

(2)はゴミ箱にゴミがあふれている((i)の解釈)ということから，ゴミ箱全体にゴミがあるという解釈になる。よって，場所が主語になり，物が「で」で表される場合，**場所全体に物があるという全体解釈**になることがわかる。
 一方，(ii)の解釈では，「ゴミ箱」は物として捉えられている。この場合，ある場所にゴミ箱がたくさんあるという解釈になるため，(1)は(3)のように書き換えられる((3)では仮に場所として「倉庫」を使っている)。

 (3) <u>倉庫に</u> <u>ゴミ箱が</u> いっぱいだ。
  《場所に》《物が》

(3)は倉庫にゴミ箱がたくさんある((ii)の解釈)というだけで，必ずしも倉庫全体にゴミ箱があるという解釈にはならない。よって，場所が「に」で表され，物が主語になる場合，**場所の一部に物があるという部分解釈**になることがわかる。
 以上のことをまとめると，(2)の《場所が…物で》の場合は場所全体に物があるという全体解釈になるが，(3)の《場所に…物が》の場合は場所の一部に物があるという部分解釈になる。

> 日本語では，場所が主語になり，物が「で」で表される場合に場所全体に物があるという全体解釈になるが，英語では，場所が主語になり，物が with で表される場合に全体解釈になる。

英語の場合

(4a)の文は(4b)のように書き換えることができる((4)では便宜上，生き物も《物》と表示している)。

(4) a. <u>Bees</u> are swarming in <u>the garden</u>.　　　　[部分解釈]
　　　　《物》　　　　　　　　《場所》
　　b. <u>The garden</u> is swarming with <u>bees</u>.　　　　[全体解釈]
　　　　《場所》　　　　　　　　　《物》

(4a, b)ではともに swarm (群がる) という動詞が使われ，ハチが庭に群がっている状況を表しているが，両者には解釈の違いがある。まず，(4a)はハチが庭の一部にいるというだけで，必ずしも庭全体にいるという解釈にはならない。つまり，物が主語になり，場所が前置詞句で表される場合，場所の一部に物があるという部分解釈になる。一方，(4b)は庭全体にハチがいるという解釈になる。つまり，場所が主語になり，物が with で表される場合，場所全体に物があるという全体解釈になる。

(4a)が部分解釈を表し，(4b)が全体解釈を表すことは，以下の対比からも明らかである。

(5) a. <u>Bees are swarming in the garden</u>, but most of the garden has no bees in it.
　　b. *<u>The garden is swarming with bees</u>, but most of the garden has no bees in it.

(5a)の下線部(=(4a))は，ハチが庭の一部にいるという部分解釈になる。そのため，but 以下で「庭のほとんどの部分にはハチがいない」と続けても矛盾しない。これに対して，(5b)の下線部(=(4b))は，庭全体にハチがいるという全体解釈になる。よって，but 以下の文を続けると意味的に矛盾してしまうため非文法的となる。

第10章 日英語構文のミスマッチ

10 順次解釈と同時解釈 ～酒を飲んで運転した～

> 日本語の場合

(1)の下線部では，「動詞＋て(で)」で表される**テ形節**が使われているが，(1)のテ形節は(i)と(ii)の2通りの解釈が可能である。

(1) <u>酒を飲んで</u>運転した。
 (i) 酒を飲んでから運転した。
 (ii) 酒を飲みながら運転した。

まず，(i)の解釈では，テ形節の「酒を飲んで」が「運転した」より前に行われている。この場合，テ形節は2つの行為が順次起こったという**順次解釈**を表している。一方，(ii)の解釈では，テ形節の「酒を飲んで」が「運転した」と同時に行われている。この場合，テ形節は2つの行為が同時に起こったという**同時解釈**を表している。

このように，テ形節は順次解釈と同時解釈を表すが，順次解釈を表すテ形節と同時解釈を表すテ形節は文中での位置が異なる。

(2) a. [動詞句 時速100キロで 酒を飲んで 運転した]。　　　　［同時解釈］
  b. <u>酒を飲んで</u> 愚かにも [動詞句 運転した]。　　　　　　　　［順次解釈］

(2a)の「時速100キロで」は「運転した」の様態を表すため，「時速100キロで運転した」で1つの動詞句である。よって，「時速100キロで」と「運転した」の間にあるテ形節の「酒を飲んで」は動詞句内にあることになる。(2a)は「時速100キロで**酒を飲みながら**運転した」という同時解釈が自然であることから，**テ形節が動詞句内にある場合は同時解釈を表す**ことがわかる。一方，(2b)の「愚かにも」は「運転した」の様態ではなく話者の評価を表すため，動詞句内にはない。よって，「愚かにも」の左側にあるテ形節の「酒を飲んで」は動詞句内にはないことになる。(2b)は「愚かなことに**酒を飲んでから**運転した」という順次解釈が自然であることから，**テ形節が動詞句内にない場合は順次解釈を表す**ことがわかる。

以上のことをまとめると，テ形節が動詞句内にある場合は同時解釈を表し，テ形節が動詞句内にない場合は順次解釈を表す。

> 日本語ではテ形節に順次解釈と同時解釈があり，英語では分詞構文に順次解釈と同時解釈がある。

英語の場合

　(3)の下線部では，動詞の ing 形を使った**分詞構文**が使われているが，(3a)と(3b)の分詞構文では解釈が異なる。

(3) a. <u>Opening the box</u>, he laid the paper inside. 　　[順次解釈]
　　b. The children greeted us, <u>waving little flags</u>. 　　[同時解釈]

　まず，(3a)は opening（開けた）の後に laid（敷いた）が行われた順次解釈（=**箱を開けてから箱の内側に紙を敷いた**）を表す。一方，(3b)は waving（振った）が greeted（歓迎した）と同時に行われている同時解釈（=**旗を振りながら歓迎した**）を表す。このように，分詞構文は順次解釈と同時解釈を表す。
　基本的には，**分詞構文は行為が起こった順番によって前に置かれるか後ろに置かれるかが決まる**。そのため，「名前を叫んでからこだまの数を数えた」という状況を表す場合は，(4a)であって(4b)ではない。

(4) a. He shouted his name, <u>counting the number of echoes</u>.
　　b. <u>Counting the number of echoes</u>, he shouted his name

　(4a)は shouted（叫んだ）の後に counting（数えた）が行われたという意図した通りの解釈になる。しかし，(4b)はその逆の順番になるため，「こだまの数を数えてから名前を叫んだ」という（状況が分かりにくい）解釈になってしまう。
　分詞構文が同時解釈を表す場合は，通常，(3b)のように文末に置かれるが，同時解釈であっても，その行為が（やや）先に起こったということを含意する場合は分詞構文が前に置かれる。

(5) <u>Smiling pleasantly</u>, the stranger turned as if to speak to me.

　(5)は「微笑みながら振り返った」という同時解釈を表すが，smiling（微笑んだ）が turned（振り返った）よりも（やや）先に起こったということを含意している。

第10章　日英語構文のミスマッチ

おすすめの本と論文

※論文の掲載ページなど，詳細は巻末の参考文献を参照のこと．

■ 畠山雄二，本田謙介，田中江扶『日英比較構文研究』開拓社 2015 年

　本書は畠山雄二・本田謙介・田中江扶の 15 年間の共同研究の集大成であり，24 本の論文が収められている．テクニカルなミニマリストの分析ではたして言語学の本当のおもしろさを伝えることができるのだろうか，機能文法の一見正しそうなやり方に問題はないだろうか，認知言語学のアプローチで本当に言語の本質に迫れるのだろうか，こういった疑問が本共同研究の出発点となっている．そのため，本書にある論文はどれも，(i)流行に流されず，(ii)直観の効く日本語の分析をメインにしながら，(iii)とにかくわかりやすいことばを使って，(iv)言語学の本当のおもしろさを伝えていく，という観点から書かれており，ことばのおもしろさを専門家や一般の方を問わず，できるだけ多くの人に味わってもらえる内容になっている．

■ 畠山雄二（編）『くらべてわかる英文法』くろしお出版 2012 年

　Mary threw him the box. とはいえるが，*Mary pushed him the box. とはいえない．「彼の方に箱をなげる(throw)」という状況も「彼の方に箱を押す(push)」という状況もともに実際にありえるが，push は二重目的語構文では使えない．それはなぜなのだろうか．本書ではこのように文法的な文と非文法的な文を比べ，両者の違いを言語学の知見に基づいてわかりやすく説明している．扱っているデータは音韻論，形態論，統語論，意味論，語用論と幅広く，興味深いデータばかりである．

■ 畠山雄二（編）『日本語の教科書』ベレ出版 2009 年

　「ケンはアユミのように英語ができない」という文は「ケンはアユミほど英語ができない」という解釈の他に「ケンはアユミと同様に英語ができない」というまったく異なる解釈ができるという興味深い特徴をもつ．本書はこのように，多くの人が素通りしてしまうような《何の変哲もない文》に目を向け，日本語の奥深さと不思議さを示している．また，英語との比較も行われ，深いレベルでは日英語が共通の特徴をもっていることも示されている．人間のことばの普遍性に目を向けさせてくれる書でもある．

■ 藤田耕司，松本マスミ，児玉一宏，谷口一美（編）『最新言語理論を英語教育に活用する』開拓社 2012 年

　本書では，これまでの言語学の知見がどのように英語教育に活かされるかが論じられている．本書には 42 本の論文が収録され，生成文法，認知文法，構文文法等，さまざまな言語理論が扱われている．また，英語教育に応用するという観点から書かれているため，言語理論が簡潔にわかりやすく紹介されている．そのため，本書はどのよ

うな言語理論があるかを把握し，それらを比較するのにも適している。

■ 宮島達夫，仁田義雄（編）『日本語類義表現の文法（上）（下）』くろしお出版 1995 年
　「温泉旅行|なんか／くらい|自分のお金で行って来い」のように,「なんか」と「くらい」はともに低評価を表す。しかし,「温泉旅行なんか行くもんか」とはいえても「*温泉旅行くらい行くもんか」とはいえない。本書では，このような普段意識したことのない日本語の類義表現を数多く取り上げ，どのような場合に使えて，どのような場合に使えないのかを記述している。本書は具体例が豊富で記述的妥当性も高いため研究のテーマ探しにも活用できる。事実，畠山雄二・本田謙介・田中江扶 (2013)「低評価を表すナンカと否定極性表現 any の類似性」『日本語文法』13 巻 2 号 (pp. 164-171) は，本書に掲載された「なんか」と「くらい」に関する論文からアイデアのヒントを得ている。

■ 柴谷方良『日本語の分析』大修館書店 1978 年
　本書は生成文法理論に基づいて日本語に見られる文法現象を考察している。本書の特徴の 1 つは,扱っているデータが今でもなお「使える」ものであるということである。たとえば,「花子に本を読ませた」とはいえるが,「*花子を本を読ませた」とはいえない。ここから,「1 つの文の中に 2 つ以上の対格目的語 (= ヲ格目的語) は許されない」という一般化が得られる。そうすると,「急な坂を自転車を押した」は一見反例に見えるが,この場合「坂を」は副詞であり目的語ではない。このような今でも活用できる有用なデータが本書には豊富にある。

■ 影山太郎（編）『日英対照：動詞の意味と構文』大修館書店 2001 年
　本書は語彙意味論の観点から，多数の動詞を意味グループに分け，それらが使われる構文との関係において，動詞を含む文全体の意味を総合的に捉えようとしている。そのため，本書では「中間構文」「壁塗り構文」「二重目的語構文」等，さまざまな構文が取り上げられている。また，日本語と英語の比較も行われており，例文も豊富であるため，研究テーマを見つけるのに最適の本といえる。

■ 岸本秀樹『統語構造と文法関係』くろしお出版 2005 年
　本書の特徴は 2 つある。1 つは，日本語と英語の比較から両者の共通性を浮き彫りにし，そこからさらに言語一般に見られる普遍性を探ろうとしていることである。とくに，英語において得られた知見が日本語においても有効であることが示されている。もう 1 つは，1 つの現象を深く掘り下げることで言語の一般化を試みていることである。たとえば，英語の there 構文や日本語の「ある／いる交替」が取り上げられ,「存在」と「所有」という 1 つのテーマが深く考察されている。本書を読めば，1 つの現象を深く掘り下げることがいかに言語研究において有用であるかがわかってもらえるだろう。

第10章 日英語構文のミスマッチ

■ 薬袋善郎『学校で教えてくれない英文法』研究社 2003 年

本書の「はじめに」には,「「文法用語が難しければ,使わないで説明しよう」という方向に行くのではなく,「文法用語が難しければ,どうしたらその用語をわからせることができるだろう」という方向に工夫を凝らすべきだ」と書かれている。この方針通り,本書は日常用語のみを使い「簡単に」いい換えたり,イラストを多用し「楽しく」するようなことは一切していない。あくまで学校文法をベースにして,従来の説明では十分な理解を得られないところを論理的に説明している。Much of the world is one harvest away from starvation. ― この文が「世界は飢え寸前だ」という解釈になる理由を説明できない方は,ぜひ,本書を読んでみてほしい。

■ 綿貫陽,マーク・ピーターセン『表現のための実践ロイヤル英文法』旺文社 2011 年

言語研究にとって大事なのは質の高いデータである。質の高いデータからは経験的妥当性の高い一般化が得られ,そこから妥当性の高い理論構築が可能になる。本書の特徴はその文法解説もさることながら,そこで取り上げられているデータが質量ともに高いことがあげられる。本書では,コーパスを用い,幅広い分野からデータを集め,それらをマーク・ピーターセン氏が必要に応じて英語として自然な文に書き直している。このように,ネイティブ感覚を柱とし,自然な英文にこだわっている英文法書は他にないといえる。言語研究にも有用な英語のデータが数多く得られる必携の書である。

参考文献

Akmajian, A., Steel, S. M., & Wasow, T. (1979). The category AUX in universal grammar. *Linguistic Inquiry, 10*, 1–64.
Emonds, J. (1976). *A transformational approach to English syntax*. New York: Academic Press.
Fillmore, C. J. (1968). The case for case. In E. Bach & R. T. Harms (Eds.), *Universals in linguistic theory* (pp. 1–88). New York: Holt, Rinehart, & Winston.
Grimshaw, J., & Mester, A. (1988). Light verbs and theta-marking, *Linguistic Inquiry, 19*, 205–232.
池上嘉彦(1981).『「する」と「なる」の言語学』大修館書店.
井上和子(1976).『変形文法と日本語・上』大修館書店.
影山太郎(1993).『文法と語形成』ひつじ書房.
影山太郎(編)(2001).『日英対照動詞の意味と構文』大修館書店.
岸本秀樹(2005).『統語構造と文法関係』くろしお出版.
Kishimoto, H. (2007). Negative scope and head raising in Japanese. *Lingua, 117*, 247–288.
Levin, B., & Rappaport, M. R. (1995). *Uuaccusativity*. Cambridge, MA: MIT Press.
松尾聡(1966).『徒然草全釈』清水書院.
日本語記述文法研究会(編)(2007).『現代日本語文法3：第5部　アスペクト　第6部　テンス　第7部　肯否』くろしお出版.
寺村秀夫(1982).『日本語のシンタクスと意味I』くろしお出版.
Stowell, T. A. (1981). *Origins of phrase structure*. Doctoral dissertation, MIT.
安井稔(編)(1987).『現代英文法事典』大修館書店.
由本陽子(2011).『レキシコンに潜む文法とダイナミズム』開拓社.

第2章

Abney, S. (1987). *The English noun phrase in its sentential aspect*. Doctoral dissertation, MIT.
Bruening, B. (2006). Against predicate-based reflexivity: anaphors as subjects of embedded clauses, ms., University of Delaware, DE. [Available from http://udel.edu/~bruening/Downloads/ReflSUNYHO.pdf]
Grimshaw, J. (1990). *Argument structure*. Cambridge, MA: MIT Press.
Hicks, G. (2009). *The derivation of anaphoric relations*. Amsterdam: John Benjamins.
Hoji, H. (1990). Kare. In C. Georgopoulous & R. Ishihara (Eds.), *Interdisciplinary approaches to language: Essays in honor of Professor S.-Y. Kuroda* (pp. 287–304). Dordrecht: Kluwer Academic Publishers.
Hoji, H. (2003). Falsifiability and repeatability in generative grammar: A case study of anaphora and scope dependency in Japanese. *Lingua, 113*, 377–446.
Hornstein, N. (2001). *Move! A minimalist theory of construal*. Oxford: Blackwell.
Huang, C.-T. J., & Ochi, M. (2014). Remarks on classifiers and nominal structure in East Asian. In C.-T. J. Huang & F.-h. Liu (Eds.), *Peaches and Plums* (pp. 53–74). Taipei, Taiwan: Academia Sinica. [Available from ling.auf.net/lingbuzz/001671/current.pdf]

Jackendoff, R. (1990). *Semantic structures*. Cambridge, MA: MIT Press.
影山太郎 (1993). 『日本語研究叢書　文法と語形成』ひつじ書房.
影山太郎 (編) (2011). 『日英対照　名詞の意味と構文』大修館書店.
神尾昭雄 (1977). 「数量詞のシンタックス」『言語』6(9), 83–91.
神尾昭雄 (1983). 「名詞句の構造」井上和子 (編)『講座現代の言語 (第1巻) 日本語の基本構造』三省堂, pp. 77–126.
Katada, F. (1988). LF-binding of anaphors. *The proceedings of WCCFL 7*. Stanford, CA: CSLI, 171–185.
久野暲, 高見健一 (2004). 『謎解きの英文法：冠詞と名詞』くろしお出版.
三原健一 (1994). 『日本語の統語構造：生成文法理論とその応用』松柏社.
三原健一, 平岩健 (2006). 『新日本語の統語構造：ミニマリストプログラムとその応用』松柏社.
Munn, A. (1995). The possessor that stayed close to home. *Proceedings of 24th Western Conference on Linguistics* (*WECOL 24*), 181–195.
Ochi, M. (2012). Numeral classifiers, plural/collective elements, and nominal ellipsis. *Nanzan Linguistics, 8*, 89–107.
奥津敬一郎 (1974). 『生成日本文法論：名詞句の構造』大修館書店.
Quirk, R., Greenbaum, S., Leech, G., & Svartvik. J. (1985). *A comprehensive grammar of the English language*. London & New York: Longman.
Reinhart, T., & Reuland, E. (1993). Reflexivity, *Linguistic Inquiry, 24*, 657–720.
白畑知彦 (2006). 『第二言語習得における束縛原理：その利用可能性』くろしお出版.
Uchibori, A. (2000). *The syntax of subjunctive complements: Evidence from Japanese*. Doctoral dissertation, University of Connecticut.
van Hout A., Kamiya, M., & Roeper, T. (2013). Passivization, reconstruction and edge phenomena: Connecting English and Japanese nominalizations. *Natural Language and Linguistic Theory, 31*, 137–159.
Watanabe, A. (2006). Functional projections of nominals in Japanese: Syntax of classifiers, *Natural Language & Linguistic Theory, 24*, 241–306.

Betty, B., & Ward, G. (1998). *Information status and noncanonical word order in English*. Amsterdam: John Benjamins.
Carlson, G. (1974). *References to kinds in English*. New York: Garland.
Horn, L. (1989). *A natural history of negation*. Chicago: University of Chicago Press.
影山太郎 (1980). 『＜日英比較＞語彙の構造』松柏社.
影山太郎 (2003). 「軽動詞構文としての「青い目をしている」構文」『日本語文法』4, 22–37.
岸本秀樹 (2001). 「壁塗り構文」影山太郎 (編)『＜日英対照＞動詞の意味と構文』大修館書店, pp. 100–126.
岸本秀樹 (2001). 「二重目的語構文」影山太郎 (編)『＜日英対照＞動詞の意味と構文』大修館書店, pp. 127–153.
Kratzer, A. (1995). Stage-level and individual-level predicates. In G. Carlson & F. Pelletier (Eds.), *The generic book* (pp. 125–175). Chicago: University of Chicago Press.

Kuno, S. (1973). *The structure of the Japanese language.* Cambridge, MA: MIT Press.
Levin, B. (1993). *English verb classes and alternations.* Chicago: University of Chicago Press.
Levin, B., & Rappaport M. (1986). The formation of adjectival passives. *Linguistic Inquiry, 17,* 623–661.
Levin, B., & Rappaport Hovav, M. (1995). *Unaccusativity: At the syntax-lexical semantics interface.* Cambridge, MA: MIT Press.
Landau, I. (2010). *The locative syntax of experiencers.* Cambridge, MA: MIT Press.
益岡隆志（編）(2008).『叙述類型論』くろしお出版.
野村雅昭 (1973).「否定の接頭苦『無・不・未・非』の用法」『ことばの研究』4, 31–50, 国立国語研究所論集.
奥津敬一郎 (1981).「移動変化動詞文：いわゆる spray paint hypallage について」『国語学』127, 21–33.
Petsesky, D. (1995). *Zero syntax: Experiencers and cascades.* Cambridge, MA: MIT Press.
Plag, I. (2003). *Word-formation in English.* Cambridge: Cambridge University Press.
Simpson, J. (1983). Resultatives. In L. Levin, M. Rappaport & A. Zaenen (Eds.), *Papers in lexical-functional grammar* (pp. 143–157). Bloomington, IN: Indiana University Linguistics Club.

第4章

江川泰一郎 (1991).『英文法解説』金子書房.
畠山雄二（編）(2011).『大学で教える英文法』くろしお出版.
畠山雄二（編）(2012).『くらべてわかる英文法』くろしお出版.
Huddleston, R., & Pullum, G. K. (2002). *The Cambridge grammar of the English language.* Cambridge: Cambridge University Press.
池田英喜 (1995).「シタコトガアルとシテイル：経験を表す二つの形式」宮島達夫, 仁田義雄（編）『日本語類義表現の文法（上）』pp. 143–148, くろしお出版.
庵功雄, 清水佳子 (2003).『日本語文法演習　時間を表す表現：テンス・アスペクト』スリーエーネットワーク.
伊藤笏康 (2014).『逆転の英文法：ネイティブの発想を解きあかす』NHK 出版.
金田一春彦 (1976).『日本語動詞のアスペクト』麦書房.
金水敏 (1994).「連体修飾の『～タ』について」田窪行則（編）『日本語の名詞修飾表現』pp. 29–65, くろしお出版.
マーク・ピーターセン (2010).『日本人が誤解する英語』光文社.
松岡弘（監修）, 庵功雄, 高梨信乃, 中西久実子, 山田敏弘 (2000).『初級を教える人のための日本語文法ハンドブック』スリーエーネットワーク.
三原健一 (1992).『時制解釈と統語現象』くろしお出版.
三原健一 (1997).「連用形の時制指定について」『日本語科学』1, 5–36.
三原健一, 仁田義雄（編）(2012).『活用論の前線』くろしお出版.
名柄迪（監修）, 井口厚夫, 井口裕子 (1994).『日本語文法整理読本』バベルプレス.
大西泰斗, ポール・マクベイ (1995).『ネイティブスピーカーの英文法』研究社.
竹沢幸一, John Whitman (1998).『格と語順と統語構造』研究社.

刀祢雅彦 (2013).『見える英文法』ジャパンタイムズ.
綿貫陽,マーク・ピーターセン (2011).『表現のための実践ロイヤル英文法』旺文社.
安井稔 (1996).『英文法総覧』開拓社.

第5章

Culicover, P. (1999). *Syntactic nuts: Hard cases, syntactic theory, and language acquisition.* Oxford, UK: Oxford University Press.
江川泰一郎 (1991).『英文法解説』金子書房.
遠藤喜雄 (2010).「終助詞のカートグラフィー」長谷川信子 (編)『統語論の新展開と日本語研究』開拓社,67–94.
石垣謙二 (1955).『助詞の歴史的研究』岩波書店.
神尾昭雄 (1990).『情報のなわ張り理論:言語の機能的分析』大修館書店.
岸本秀樹,菊地朗 (2008).『叙述と修飾』研究社.
近藤康弘 (1981).「中古語の準体構造について」『国語と国文学』58(5), 18–31.
此島正年 (1983).『助動詞・助詞概説』桜楓社.
益岡隆志 (編) (1993).『日本語の条件表現』くろしお出版.
南不二男 (1974).『現代日本語の構造』大修館書店.
南不二男 (1993).『現代日本語文法の輪郭』大修館書店.
Nishigauchi, T. (1990). *Quantification in the theory of grammar.* Dordrecht: Kluwer Academic Publishers.
西垣内泰介 (1999).『論理構造と文法理論:日英語のWH現象』くろしお出版.
Nishiyama, K. (2013). Decomposing demonstratives and wh-words. *JELS, 30*, 159–165.
尾上圭介 (2001).『文法と意味1』くろしお出版.
Takami, K. (1988). The syntax of *if*-clauses: Three types of *if*-clauses and X'-theory. *Lingua, 74*, 263–281.
Tanaka, H. (1997). Invisible movement in *shika-nai* and the linear crossing constraint. *Journal of East Asian Linguistics, 6*, 143–188.
渡辺実 (2001).『さすが! 日本語』ちくま新書.
Whitman, J. (2010).「否定構造と歴史的変化:主要部と否定極性表現を中心に」加藤泰彦,吉村あき子,今仁生美 (編)『否定と言語理論』pp. 141–169, 開拓社.

第6章

戸次大介 (2010).『日本語文法の形式理論』くろしお出版.
Horn, L. (1989). *A natural history of negation.* Chicago: University of Chicago Press.
伊藤たかね,杉岡洋子 (2002).『語の仕組みと語形成』研究社.
影山太郎 (1993).『文法と語形成』ひつじ書房.
影山太郎 (1996).『動詞意味論』くろしお出版.
片岡喜代子 (2006).『日本語否定文の構造:かき混ぜ構文と否定呼応表現』くろしお出版.
Kato, Y. (1986). Negative sentences in Japanese. *Sophia Linguistica XIX.* Sophia University.
加藤泰彦,吉村あき子,今仁生美 (編) (2010).『否定と言語理論』開拓社.
岸本秀樹 (2000).「非対格性再考」『日英語の自他の交替』pp. 71–110, ひつじ書房.

工藤真由美(2000).「否定の表現」金水敏,工藤真由美,沼田善子(著)『時・否定と取り立て』pp. 95-150, 岩波書店.

久野暲(1983).『新日本文法研究』大修館書店.

久野暲,高見健一(2005).『謎解きの英文法：文の意味』くろしお出版.

久野暲,高見健一(2007).『謎解きの英文法：否定』くろしお出版.

松本曜(1998).「日本語の語彙的複合動詞における動詞の組み合わせ」『言語研究』114, 37-83. 日本言語学会.

益岡隆志(1991).『モダリティの文法』くろしお出版.

三原健一(1998).『生成文法と比較統語論』くろしお出版.

日本語記述文法研究会(編)(2009).『現代日本語文法2：第3部　格と構文　第4部　ヴォイス』くろしお出版.

仁田義雄(編)(1991).『日本語のヴォイスと他動性』くろしお出版.

大石強,西原哲雄,豊島庸二(編)(2005).『現代形態論の潮流』くろしお出版.

太田朗(1980).『否定の意味　意味論序説』大修館書店.

Perlmutter, D., & Postal, P. (1984). The 1-Advancement Exclusiveness Law. In D. Perlmutter & C. Rosen (Eds.), *Studies in relational grammar* (Vol. 2, pp. 81–125). Chicago: University of Chicago Press.

寺村秀夫(1982).『日本語のシンタクスと意味I』くろしお出版.

吉村あき子(1999).『否定極性現象』英宝社.

第7章

Belletti, A. (1988). The case of unaccusatives, *Linguistic Inquiry, 19*, 1–34.

Chomsky, N. (1986). *Barriers*. Cambridge, MA: MIT Press.

Goldberg, A. (1995). *Constructions: A construction approach to argument structure*. Chicago: University of Chicago Press.

長谷川信子(1999).『生成日本語学入門』大修館書店.

Hirata, I. (2005). Predicate coordination and the phrase structure in Japanese. *Gengo Kenkyu, 127*, 141–157.

影山太郎(1996).『動詞意味論：言語と認知の接点』くろしお出版.

金子義明,遠藤喜雄(2001).『機能範疇』研究社.

黒田成幸(2005).『日本語から見た生成文法』岩波書店.

中島平三(編)(2001).『英語構文事典』大修館書店.

並木崇康(2009).『単語の構造の秘密』開拓社.

日本語記述文法研究会(編)(2010).『現代日本語文法1：第1部　総論　第2部　形態論』くろしお出版.

西垣内泰介,石井康男(2003).『英語から日本語を見る』研究社.

Ross, J. R. (1986). *Infinite syntax*. Norwood, NJ: Ablex.

柴谷方良(1978).『日本語の分析』大修館書店.

寺村秀夫(1991).『日本語のシンタクスと意味III』くろしお出版.

Tsujimura, N. (1996). *An introduction to Japanese linguistics*. Malden, MA: Blackwell.

Vendler, V. (1967). *Linguistics in philosophy*. Ithaca, NY: Cornell University Press.

第8章

Chomsky, N. (1981). *Lectures on government and binding.* Dordrecht: Foris.

Hooper, J., & Thompson, S. (1973). On the applicability of root transformations. *Linguistic Inquiry, 4,* 465–497.

Inoue, K. (1978). 'Tough sentences' in Japanese. In J. Hinds & I. Howard (Eds.), *Problems in Japanese syntax and semantics* (pp. 122–154). Tokyo: Kaitakusha.

岸本秀樹 (2009).「補文をとる動詞と形容詞：コントロールと上昇」影山太郎 (編)『日英対照 形容詞・副詞の意味と構文』pp. 152–190. 大修館書店.

Kiparsky, P., & Kiparsky, C. (1970). Fact. In M. Bierwisch & K. Heidolph (Eds.), *Progress in linguistics* (pp. 143–173). The Hague: Mouton.

久野暲, 高見健一 (2014).『謎解き英文法：使役』くろしお出版.

Kuroda, S.-Y. (1992). *Japanese syntax and semantics.* Dordrecht: Kluwer Academic Publishers.

Landau, L. (2010). *Control in generative grammar: A research guide.* Cambridge: Cambridge University Press.

Lasnik, H., & Fiengo, R. (1974). Complement object deletion. *Linguistic Inquiry, 5,* 535–571.

Lasnik, H., & Uriagereka, J. (1988). *A course in GB syntax: Lectures on government and empty categories.* Cambridge, MA: MIT Press.

Nakatani, K. (2013). *Predicate concatenation: A study of the V-te predicate in Japanese.* Tokyo: Kurosio.

野田尚史 (1996).『「は」と「が」』くろしお出版.

Postal, P. (1974). *On raising: An inquiry into one rule of English grammar and its theoretical implications.* Cambridge, MA: MIT Press.

Radford, A. (1997). *Syntax: A minimalist introduction.* Cambridge: Cambridge University Press.

Shibatani, M. (1973). The semantics of Japanese causativziation. *Foundations of Language, 9,* 323–373.

Takezawa, K. (1993). A comparative study of *omoe* and *seem.* In H. Nakajima & Y. Otsu (Eds.), *Argument structure: Its syntax and acquisition* (pp. 75–95). Tokyo: Kaitakusha.

William, D., & Dubinsky, S. (2004). *The grammar of raising and control: A course in syntactic argumentation.* Malden, MA: Blackwell.

第9章

Bresnan, J., & Grimshaw, J. (1978). The syntax of free relatives in English. *Linguistic Inquiry, 9,* 331–391.

福井直樹 (編) (2000).『シンタクスと意味：原田信一言語学論文選集』大修館書店.

Haegeman, L., & Guéron, J. (1999). *English grammar: A generative perspective.* Oxford: Blackwell.

Harada, S. (1974). Remarks on relativization. *Annual Bulletin, 8,* Research Institute of Logopedics and Phoniatrics, University of Tokyo, 133–144.（福井 (編) (2000) に再録）

長谷川欣佑 (2003).『生成文法の方法：英語統語論のしくみ』研究社.

長谷川欣佑 (2014).『言語理論の経験的基盤』開拓社.

本田謙介他 (1996).「日本語の関係節構造」日本言語学会第112回大会予稿集, 29–34.

本田謙介 (2005).「英語における主要部末尾現象について」今西典子 (編)『言語研究の宇宙』pp. 339–354, 開拓社.

Huddleston, R., & Pullum, G. (2002). *The Cambridge grammar of the English language*. Cambridge: Cambridge University Press.

井口厚夫 (1992).「『サラ金に追われての夜逃げ』型の連体構造」『ソフトウエア文書のための日本語処理の研究 11：計算機用 lexicon のために (3)』情報処理振興事業協会, 99–111.

井上和子 (1976).『変形文法と日本語』大修館書店.

井上和子 (1989).『日本文法小事典』大修館書店.

Jackendoff, R. (1977). *X' syntax: A study of phrase structure*. Cambridge, MA: MIT Press.

Kamio, A. (1977). Restrictive and non-restrictive relative clauses in Japanese. *Descriptive and Applied Linguistics, 10*, 147–168.

神尾昭雄 (1983).「名詞句の構造」井上和子 (編)『日本語の基本構造』pp. 77–126, 三省堂.

Keenan E. (1985). Relative Clauses. In T. Shopen (Ed.), *Language typology and syntactic description. Vol 2. Complex constructions* (pp. 141–170). Cambridge: Cambridge University Press.

金水敏 (1994).「連体修飾の『〜タ』について」田窪行則 (編)『日本語の名詞修飾表現』pp. 29–65, くろしお出版.

久野暲 (1973).『日本文法研究』大修館書店.

Kuroda, S.-Y. (1992). *Japanese syntax and semantics*. Dordrecht: Kluwer Academic Publishers.

益岡隆志 (1994).「名詞修飾節の接続形式」田窪行則 (編)『日本語の名詞修飾表現』pp. 5–27, くろしお出版.

Matsumoto, Y. (1989). *Grammar and semantics of adnominal clauses in Japanese*. Doctoral dissertation, University of California, Berkeley.

McCawley, J. (1988). *The syntactic phenomena of English*. Chicago: University of Chicago Press.

三宅知宏 (2011).『日本語研究のインターフェイス』くろしお出版.

Muraki, M. (1974). *Presupposition and thematization*. Tokyo: Kaitakusha.

Peranteau, P., Levi, J., & Phares, G. (Eds.). (1972). *The Chicago which hunt: Papers from the relative clause festival*. Chicago Linguistic Society.

寺村秀夫 (1992).『寺村秀夫論文集 I』くろしお出版.

第10章

Abney, S. (1987). *The English noun phrase in its sentential aspect*. Doctoral dissertation, MIT.

Anderson, S. (1971). On the role of deep structure in semantic interpretation. *Foundation of Language, 7*, 387–396.

畠山雄二 (編) (2009).『日本語の教科書』ベレ出版.

畠山雄二 (編) (2012).『くらべてわかる英文法』くろしお出版.

Hatakeyama, Y., Honda, K., & Tanaka, K. (2004). The locative construction in English and Japanese. *Linguistic Analysis, 34*, 55–65.

畠山雄二, 本田謙介, 田中江扶 (2004).「日英語の場所句倒置構文をめぐって」『言語』33(12), 82–87.

畠山雄二, 本田謙介, 田中江扶 (2005). 「名詞と限定詞：語順を中心に：特集＜徹底研究＞英語の"数"に迫る」『英語教育』54(7), 22–24.

畠山雄二, 本田謙介, 田中江扶 (2006). 「同族目的語構文と「上戸彩はきれいな目をしている」構文」『英語教育』55(8), 45–47.

畠山雄二, 本田謙介, 田中江扶 (2008). 「英語の二重目的語構文と所有者昇格構文：所有関係から見える構文間のつながり」『英語教育』57(5), 64–66.

畠山雄二, 本田謙介, 田中江扶 (2009). 「「太郎は花子のように英語ができない」の曖昧性をめぐって」『日本語文法』9(1), 88–98.

Hatakeyama, Y., Honda, K., & Tanaka, K. (2011). The physical attribute construction in Japanese and the cognate object construction in English. *Journal of Japanese Linguistics, 27*, 1–16.

畠山雄二, 本田謙介, 田中江扶 (2013). 「低評価を表すナンカと否定極性表現の any の類似性」『日本語文法』13(2), 164–171.

畠山雄二, 本田謙介, 田中江扶 (2015). 『日英比較構文研究』開拓社.

本田謙介 (2012). 「With 構文の構造とその汎用性」藤田耕司, 松本マスミ, 児玉一宏, 谷口一美 (編)『最新言語理論を英語教育に活用する』pp. 361–371. 開拓社.

Kageyama, T. (1980). The role of semantic relations in the *Spray Paint* hypallage. *Papers in Japanese Linguistics, 7*, 35–64.

岸本秀樹 (2001). 「壁塗り構文」影山太郎 (編)『日英対照 動詞の意味と構文』pp. 100–126. 大修館書店.

岸本秀樹 (2005). 『統語構造と文法関係』くろしお出版.

岸本秀樹, 菊地朗 (2008). 『叙述と修飾』研究社.

Lakoff, R. (1969). Some reasons why there can't be any *some-any* rule. *Language, 45*, 608–615.

益岡隆志 (1984). 「「―てある」構文の文法：その概念領域をめぐって」『言語研究』86, 122–138.

松瀬育子, 今泉志奈子 (2001). 「中間構文」影山太郎 (編)『日英対照 動詞の意味と構文』, pp. 184–211. 大修館書店.

McCawley, J. (1983). What's with WITH? *Language, 59*, 271–287.

薬袋善郎 (2003). 『学校で教えてくれない英文法』研究社.

Nakajima, H. (2001). Verbs in locative constructions and the generative lexicon. *The Linguistic Review, 18*, 43–67.

中西久実子 (1995). 「ナド・ナンカとクライ・グライ：低評価を表すとりたて助詞」宮島達夫, 仁田義雄 (編)『日本語類義表現の文法 (上)』pp. 328–334, くろしお出版.

大室剛志 (1990). 「同族目的語構文の特異性」『英語教育』39(9), 74–77.

佐藤琢三 (2003). 「『青い目をしている』型構文の分析」『日本語文法』3(1), 19–34.

柴谷方良 (1978). 『日本語の分析』大修館書店.

綿貫陽, マーク・ピーターセン (2011). 『表現のための実践ロイヤル英文法』旺文社.

山田昌史 (2010). 「「A を B に」構文の統語構造：「して」省略のメカニズム」*Scientific Approaches to Language, 9*, 109–132.

あとがき

　どこもかしこもグローバル化である。そして,「グローバル化＝英語化」という単純な発想のもと,グローバル化を謳っているところはどこも英語だけに力を入れていたりする。英語なんてグローバリズムのワン・オブ・ゼムにすぎないのだが。

　教育の分野に特化して話をすれば,その最たるものが高校の英語の授業であろう。英語の授業では日本語を介さずに原則英語のみで行うといったアレである。「日本語をマスターしたように英語をマスターしよう！」というプロパガンダに騙され,文科省の主導ではじめられたこの「英語で授業」であるが,さて,この先日本人の英語力はどうなることやら。こんなことをいってはなんだが,おそらく,聞けて話せても読んだり書いたりすることができない「英語文盲」が増殖することであろう。

　では,大学ではどのような動きがあるかというと,これまた無駄で無益で無意味な「構造改革」が横行していたりする。TOEICの一大旋風の煽りを受けてか,今日では,多くの大学が大規模な英語のテストを取り入れていたりする。大学によっては,習熟度別のクラスをつくるために授業の最初にプレイスメントテストを行っているところがあれば,学習の到達度を測るために授業の最後にアチーブメントテストをしているところもある。また,その両方をやっているところもあったりする。

　学生の習熟度に応じてクラスをつくるのもいいであろう。でも,その前に,教員を能力別に分けて教員の能力と適性に合ったクラス編成をした方がいいというものだ。学生の能力もピンキリであるが,今日では教員の能力も同じくピンキリである。まずはこのことに気づいた方がよい。というかしっかり認識した方がよい。

　アチーブメントテストにしても,英語力が伸びきった状態で半年ないし1年片手間に英語を勉強したところで,そもそも英語の力がアップするとでも本気で思っているのだろうか。多額のお金と膨大な時間を費やして大規模なテストをしたところで,それに見合うだけの教育効果があると本当に思っているのであろうか。私にいわせたら,これまたこんなことをいってはなんだが,プレイスメントテストにしてもアチーブメントテストにしても,いわゆる箱物行政と

やっていることは何ら変わりがない。

　その一方で，リアルな教育の構造改革を断行すべきだということで，いわゆるカリキュラム改革に着手しているところもある。でも，カリキュラム改革をしたところで，授業をする人間が変わらないというのに，いったい教育の何が変わるというのだろうか。パチンコ屋の新装開店じゃあるまいし，やっていることが稚拙で問題の本質が何もわかっちゃいないというものだ。というか，新台を入荷しているだけパチンコ屋の方がまだマシだともいえるが。

　教育とは教師という生身の人間がやるものであり，教師が変わるなり替わらなければ教育は何も変わらない。教育というのは本来お金のかからないものである。したがって，教育にお金をかけだし，そして教育のシステムを変えるようになったら，何か間違った方向にいっている（というか逝っている）と考えてよい。

　教育とは生身の人間がやるものであり，教師の器の大きさで教育のクオリティの99％は決まるといっても過言ではない。授業のクラスを小規模にしたところで，教師が無能であれば，被害の規模が小さくなるだけで被害者がゼロになるわけではない。教育の本質といったものはこういったところにあるのだ。

　有能な教師というのは，そもそも，学生数が多かろうが少なかろうが，最高のサービスを提供できるものだ。一方，無能な教師は，マン・ツー・マンでやっても十分なサービスを提供できないものだ。ぶっちゃけた話，授業のクラスサイズは教育効果とは関係ない。さらにいうと，クラスが玉石混淆状態で，できる学生とできない学生が混在していても，できる教師というのは，どの学生をも満足させることができるものだ。

　教育に携わる者は，自分の教育力の低さを学生のせいにしたりカリキュラムのせいにしたりすべきではない。教育改革と称して多額のお金を注ぎ込み，そしてシステムをいじりはじめたら，問題の所在ないしその本質が見えなくなってきていると考えて間違いない。

　最近の英語教育改革ならぬ英語教育改悪について軽く触れさせてもらったところで，今度は，これからの大学の英語教育で求めれるものについて手短に触れさせてもらえたらと思う。最近は，英語教育といえばコミュニケーション一辺倒で，中学から大学まで会話（コミュニケーション）がメインとなりつつある。そのためか，あるいは他に理由があるのかもしれないが，話せて聞けるけど論説文やアカデミックな文章がちゃんと読めず，そして書けない学生が増えつつある。

コミュニケーション重視というか文法軽視の授業の功罪の「罪」の部分が着実に実を結ぼうとしているのである。指導要領ならびに文科省のお達しのために，中学や高校で文法を重点的に教えられないのであれば，大学でこそ，これからは英文法をしっかり指導してやる必要がある。というか，率先してやらなければならない。今，そしてこれから大学の英語教育で求められているもの，それはもうおわかりかと思うが，他でもなく，英文法の徹底した指導なのである。

　これはすぐにでもはじめないといけない。そうしないと，学生は，専門書であれ論文であれ，英語で書かれたアカデミックなものをちゃんと読めなくなってしまう。そのようになってしまったら学生が困るのはいうまでもないことだが，実は，長い目で見ると，大学が，そしてゆくゆくは日本という国自体が困ることになるのだ。大げさないい方ではなく，国益を大きく損なう事態にまで発展しかねないのである。

　英文法を無視して英語を勉強することはできないし，英文法の知識なしに英語を読めて書け，そして話せて聞けたりすることもない。ああだこうだいっても，そして屁理屈を並べたり能書きを垂れても，英語をマスターするにあたっては，英文法の勉強を避けて通ることはできないのだ。

　では，英文法の知識（すなわち文法知識）を身につければそれで十分かというと……実は，そうでもないのだ。すなわち，知識は万能ではないのだ。いい換えれば，文法知識は英語をマスターするための十分条件とはなりえないのである。では，英語をマスターするにあたっての十分条件とはいったい何であろうか。それが，文法知識ならぬ文法知恵であるのだ。

　文法に関する知恵を身につけると，どんな英文にも対処することができるばかりか，なぜある文はダメで似たようなある文はいいのか，それを自分で判断できるようになるのだ。これらのことからわかるように，これからの大学生ならびにすべての英語学習者に必要なもの，それは，文法知識ではなく文法知恵であるのだ。

　また，これまでの話からわかるように，これからの英語教育というか英語教師に求められるもの，それもまた，文法知識ではなく文法知恵であるのだ。とにもかくにも，英語を教える立場にある人も，そして教えてもらう立場にある人も，文法知恵を手にしたのであれば，もう英語を恐れる理由はどこにもない。

　英文法の知識を身につけるだけなら英語の勉強をすればそれで事足りる。しかし，高度な英文法の知識を身につけようと思ったら，本書を読み終えた皆さ

んならもうおわかりかと思うが，母語である日本語の文法知識もどうしても必要になってくる。そして，文法知識ではなく文法知恵までも手にしようと思ったら，これまた皆さんならもうおわかりのように，高度な英文法の知識と高度な日本語文法の知識の両方がどうしても必要になってくるのだ。

　高度な文法知識だけでなく文法知恵までもゲットできる本，それが本書であるが，読者の皆さんは，今頃，英語を，英文法を，そして文法そのものを多面的にかつ多角的に，しかも合理的かつ論理的に理解することができていることであろう。つまり，文法の知識はもとより文法の知恵といったものまでをも身につけていることであろう。

　さて，本書をつくるにあたり，6人の「文法の達人」に集まってもらったが，各達人の担当箇所は次の通りである。

I.　文の基本要素：文の骨格
第1章　動詞と助動詞（平田一郎）
第2章　名詞と代名詞（寺田寛）
第3章　格助詞と形容詞（岸本秀樹）

II.　文の補助要素：文の筋肉
第4章　時制と相（畠山雄二・本田謙介・田中江扶）
第5章　疑問詞と副詞，そして終助詞（本田謙介）
第6章　態と否定（今仁生美）

III.　構文から見た日本語文法
第7章　単文レベルの構文（平田一郎）
第8章　複文レベルの構文（岸本秀樹）
第9章　関係節と関連構文（本田謙介・田中江扶・畠山雄二）
第10章　日英語構文のミスマッチ（田中江扶・本田謙介・畠山雄二）

　執筆者には本書の趣旨とねらいを十二分に理解してもらった上で原稿を書いてもらったが，編者の私がいうのもなんだが，ほんと，人選には間違いがなかったと思っている。「餅は餅屋」や「適材適所」といった箴言があるが，本書をつくりながらその箴言の意味するところを再確認できたほどである。そのぐらい私としてはいいものができたと自負している。

本書を刊行するにあたって，くろしお出版の斉藤章明氏にはことばでいい表すことができないほどお世話になった。同氏とはお友達であるとともに日本の英語教育を変える「同志」でもあるが，「編集の達人」である斉藤氏と今回もタッグを組めて私は本当に幸せ者だと思っている。本書が無事刊行できたのも，ひとえに斉藤氏の献身的な裏方の仕事のおかげである。そして，本書がこのように最高の仕上がりになったのも，他ならぬ「編集の達人」の斉藤氏のおかげである。「導師」である私の声に耳を傾けてくれ，そして私の考えに共感してくれた「同志」の斉藤氏には心から感謝する次第である。
　最後になるが，本書をお読みになられ，さらに英文法の真髄に触れたい方は，続けて次の本を読むことをお勧めする。

『大学で教える英文法』（くろしお出版）

そして，さらに英文法の琴線に触れてみたい人には，上の本の姉妹編である次の本も併せて読んでみるといいであろう。

『くらべてわかる英文法』（くろしお出版）

　また，自然言語ならびに理論言語学の真髄ならびに琴線に触れてみたいという方には，本書の兄弟編のものとして位置づけられる次の本も併せて読まれることを勧める。

『ことばの本質に迫る理論言語学』（くろしお出版）

本書と併せて上の3冊も読めば，必ずや，文法知識はもとより文法知恵も確実に身につけることができ，ぶっちゃけた話，巷の言語学の研究者と互角に渡りあえるぐらいにまでなっていることであろう。
　本当に最後になるが，文法知恵を手にした読者諸氏に幸あれ！　である。

　　　　ギター片手にブルースを適当に奏でながら

　　　　　　　　　　　　　　　　　　　　　　　　　　　　　編者

執筆者紹介（掲載順）

平田　一郎（ひらた・いちろう）　専修大学文学部　教授
(専門分野) 統語論・語用論
(主要業績)「肯定の意味素性指定を受けた NegP と形式動詞の挿入について」『言語研究』137，"Coordination, Subject Raising, and AgrP in Japanese"（Linguistic Inquiry, 37），『語彙範疇（Ⅱ）名詞・形容詞・前置詞』（共著，研究社出版）

寺田　寛（てらだ・ひろし）　大阪教育大学教員養成課程　教授
(専門分野) 統語論
(主要業績)「再構築方略について」（『最新言語理論を英語教育に活用する』開拓社），『書評で学ぶ理論言語学の最先端』（共著，開拓社），『朝倉日英対照言語学シリーズ5 統語論』（共著，朝倉書店）など。

岸本　秀樹（きしもと・ひでき）　神戸大学大学院人文学研究科　教授
(専門分野) 統語論・語彙意味論
(主要業績)『統語構造と文法関係』（くろしお出版），『ベーシック生成文法』（ひつじ書房），『文法現象から捉える日本語』（開拓社）など。

本田　謙介（ほんだ・けんすけ）　茨城工業高等専門学校人文科学科　准教授
(専門分野) 理論言語学
(主要業績)「With 構文の構造とその汎用性」（『最新言語理論を英語教育に活用する』開拓社），『ことばの本質に迫る理論言語学』（共著，くろしお出版），"The Verb Doubling Construction in Japanese"（共著，Journal of Japanese Linguistics, 31）など。

今仁　生美（いまに・いくみ）　名古屋学院大学外国語学部　教授
(専門分野) 形式意味論
(主要業績)『意味と文脈』（共著，岩波書店），「否定と意味論」（『否定と言語理論』開拓社），「否定の諸相」（『意味論講座第一巻』ひつじ書房）など。

田中　江扶（たなか・こうすけ）　信州大学教育学部　准教授
(専門分野) 理論言語学・語彙意味論
(主要業績)「Way 構文の動詞の特性」（『最新言語理論を英語教育に活用する』開拓社），『日英比較構文研究』（共著，開拓社），"The Locative Construction in English and Japanese"（共著，Linguistic Analysis, 34）など。

編者紹介

畠山　雄二（はたけやま・ゆうじ）

1966年静岡県生まれ。東北大学大学院情報科学研究科博士課程修了。博士（情報科学）。現在，東京農工大学准教授。専門は理論言語学。著書に『情報科学のための自然言語学入門：ことばで探る脳のしくみ』（丸善出版），『ことばを科学する：理論言語学の基礎講義』（鳳書房），『情報科学のための理論言語学入門：脳内文法のしくみを探る』（丸善出版）『理工系のための英文記事の読み方』（東京図書），『英語の構造と移動現象：生成理論とその科学性』（鳳書房），『科学英語読本：例文で学ぶ読解のコツ』（丸善出版），『言語学の専門家が教える新しい英文法：あなたの知らない英文法の世界』（ベレ出版），『科学英語の読み方：実際の科学記事で学ぶ読解のコツ』（丸善出版），『科学英語を読みこなす：思考力も身につく英文記事読解テクニック』（丸善出版），『理系の人はなぜ英語の上達が早いのか』（草思社），『ことばの分析から学ぶ科学的思考法：理論言語学の考え方』（大修館書店），『科学英語を読みとくテクニック：実際の英文記事でトレーニングする読解・分析・意訳』（丸善出版），『大人のためのビジネス英文法』（くろしお出版），『英文徹底解読 スティーブ・ジョブズのスタンフォード大学卒業式講演：ジョブズが本当に伝えたかったこと』（ベレ出版）がある。訳書に『うまい！と言われる科学論文の書き方：ジャーナルに受理される論文作成のコツ』（丸善出版），『研究者のための上手なサイエンス・コミュニケーション』（東京図書），『完璧！と言われる科学論文の書き方：筋道の通った読みやすい文章作成のコツ』（丸善出版），『まずはココから！科学論文の基礎知識』（丸善出版），『大学生のための成功する勉強法：タイムマネジメントから論文作成まで』（丸善出版），『成功する科学論文：構成・プレゼン編』（丸善出版），『成功する科学論文：ライティング・投稿編』（丸善出版），『おもしろいように伝わる！科学英語表現19のツボ』（丸善出版），『テクニカル・ライティング必須ポイント50』（丸善出版），『実験レポート作成法』（丸善出版）がある。編著書に『言語科学の百科事典』（丸善出版），『日本語の教科書』（ベレ出版），『理科実験で科学アタマをつくる』（ベレ出版），『大学で教える英文法』（くろしお出版），『くらべてわかる英文法』（くろしお出版），『日英語の構文研究から探る理論言語学の可能性』（開拓社），『書評から学ぶ理論言語学の最先端（上）（下）』（開拓社），『数理言語学事典』（産業図書），『ことばの本質に迫る理論言語学』（くろしお出版），『ことばの仕組みから学ぶ 和文英訳のコツ』（開拓社）がある。また，ニコニコ生放送の「くろしおトークライブ」でパーソナリティを務めている。

・ホームページ：
http://www.shimonoseki-soft.com/~hatayu/

	徹底比較　日本語文法と英文法
発　行	2016年4月15日　第1刷発行 2022年3月31日　第3刷発行
編　著	畠山雄二 ^{はたけやまゆうじ}
装　丁	折原カズヒロ
発行所	株式会社　くろしお出版 〒102-0084 東京都千代田区二番町4-3 phone 03-6261-2867　fax 03-6261-2879 https://www.9640.jp/　e-mail: kurosio@9640.jp
印刷所	シナノ書籍印刷株式会社

© Yuji Hatakeyama 2016, Printed in Japan
ISBN 978-4-87424-689-4　C3080

● 乱丁・落丁はおとりかえいたします。本書の無断転載・複製を禁じます。